금융과 리스크 관리

FINANCE and RISK MANAGEMENT

FINANCE and RISK MANAGEMENT

금융과 리스크 관리

서영수 지음

(주)교 문 사

머리말

필자는 학교로 직장을 옮기기 전에 보험회사에서 리스크 관리업무를 약 10년 정도 수행하였다. 어느 정도 업무가 눈에 들어오면서 가장 불편했던 것은 관련부서와의 의사소통이었다. 근원적으로 업무가 어렵고 공유하기에는 난감한 전문용어들이 많았기 때문이었다. 간혹 고위임원에게 보고할라치면 상당히 난감하였다. 어려운 용어를 쉽게 풀어 설명한다는 것은 쉬운 일이 아니다. 그때부터 기회가 되면 쉽게 풀어쓴 리스크 관련 교재를 만들어야겠다고 다짐했었다. 많은 시간이 흘러 이제야 그 결실을 보게 되었으니 감회가 너무 새롭다.

최근 글로벌 금융환경은 녹록지 않다. 2008년 미국발 금융위기가 잠잠해지자, 2009년 동유럽에서 시작된 유럽의 재정위기가, 2010년에는 남유럽을 통하여 2012년 7월 현재는 그리스, 스페인, 이탈리아 등이 최악의 상황에서 헤어나지 못하고 있다. 중국 경기도 상당히 불확실하다. 지금은 전 세계가 한 치 앞을 내다볼 수 없는 불확실성이 가장 팽배한 시기이다. 금융시장이 불확실할수록 리스크 관리를 철저히 해야 한다. 이유는 간단하다. 안정적인 고수익을 얻기 위해서는 그만큼 리스크를 부담해야 하기 때문이다. 또한 금융시장에서 전혀 예상치 못한 일련의 사건들이 빈번하게 발생하고 있다. 이제는 수익추구보다는 수익에 내재된 리스크까지 관리하는 시대라고 해도 과언이 아니다.

안타깝게도 일반 개인들은 리스크 관리에 취약하다. 합리적인 사람이라면 투자 시 가능한 한 수단을 동원하여 사전에 적합한 투자전략을 수립하고 이를 실행하고자 한다. 그러나 대다수가 시간이 흐를수록 수익 위주의 본성과 감정에 휩쓸려 수익에 숨어 있는 리스크를 간과한 채 오로지 수익률에만 관심을 두곤 한다. 또한, 지금까지 리스크와 위험을 혼동하여 리스크는 무조건 나쁜 것이라고 간주하여 도외시하였다. 지금부터라도 변해야 한다. 우선적으로 글로벌금융의 흐름과 리스크동향을 파악하는 연습을 많이 해야 하는데, 주변에 편하게 접할 수 있는 교재나 정보가 있으면 금상첨화다. 그러나 시중의 대부분 리스크 관련 서적들은 어렵다. 그리고 많지도 않다. 더군다나 금융기관 입장에서 쓰여진 것들이다. 그러니 일반 개인들에게는 생소하거나 이해하지 못하는 내용이 다분하다. 그런 측면에서 본서는 아주 유용하게 활용될 것으로 사료된다.

본서는 기존의 리스크 관련 책들과 두 가지 면에서 다르다. 첫째, 금융기관보다는 일반 개인 입장에서 집필하여 리스크 관리가 어렵고 딱딱하다는 선입관을 배제하였다. 이제는 개인들도 리스크관리를 체계적으로 해야 하기 때문이다. 둘째, 복잡하고 전문적인 용어를 지양하고 쉬운 문체를 사용하였다. 따라서 금융기관 종사자뿐만 아니라 일반투자자나 개인들도 쉽게 접할 수 있다. 또한, 실생활에 도움이 되는 쉬운 예제와 참고자료를 추가하여 전체적으로 이해가 쉽도록 구성하였다.

본서는 총 4부로 구성되었다. 제1부에서는 리스크 관리에 앞서 금융 바로알기를 기술하였다. 금융세상에서 아주 교묘하게 숨어 있는 리스크를 제대로 파악하기 위해서는 무엇보다 금융에 관한 기본적인 개념과 전체적인 흐름을 분명하게 이해해야 한다. 더불어 금융의 핵심기저인 화폐의 신용창조나 인플레이션의 개념도 알아야 하며, 최근 금융환경의 특징도 꿰뚫고 있어야 한다.

2부에서는 리스크 입문단계로 리스크의 개념과 리스크가 불확실성, 위험 및 수익 등과 어떤 차이가 있는지를 알아보고, 리스크를 산출하기 위한 요건과 리스크 취향 및 분류에 대하여 기술하였다.

3부에서는 리스크를 어떻게 측정하는지를 기술하였다. 이에는 주식리스크, 채권리스크, 외환리스크, 금리리스크, 유동성리스크, 신용리스크, VaR(Value at Risk), 순수리스크로 구분하여 각각의 의의와 측정방법을 예제를 통하여 기술하였다.

4부에서는 리스크 관리가 왜 필요하며, 이를 금융기관과 일반 개인으로 구분하여 세부적인 리스크 관리절차를 기술하였다. 그리고 실제 금융기관에서 사용하고 있는 실무사례를 추가하였다. 또한, 각 장마다 추가적으로 필요한 내용을 '참고'로 첨부하여 보다 폭넓게 공부하고자 하는 학생이나 기타 전문적인 내용이 필요한 사람들의 기대에 부응하였고, 대학교 경상계열의 전공교양과목이나 금융기관 종사자들에게 업무에 필요한 사전학습 자료로도 활용토록 하였다.

본서를 집필하면서 국회도서관과 국립중앙도서관에 비치된 리스크 관련 경제금융 서적과 필자가 근무하였던 회사의 리스크 관련 실무자료를 주로 참고하였다. 일부 내용이나 도표는 상당 부분 그대로 인용하였다. 이 자리를 대신하여 동료와 후배님들에게 감사를 표한다. 또한 출판하는 과정에서 전체 흐름과 목차에 대하여 조언을 해 주신 교문사의 양계성 상무님, 탈고에 도움 주신 모은영 부장님에게도 심심한 감사를 표한다.

탈고하는 과정에서 많은 사람들의 노력과 헌신에도 불구하고 본서의 추가적인 오류발생은 전적으로 필자의 어리석음 때문이다. 이후에 드러나는 독자들의 따끔한 질책과 의견을 겸허히 수용할 것임을 다짐한다. 마지막으로 늘 안쓰러우신 부모님, 거듭될수록 알찬 내조와 아름다움이 드러나는 아내 박성애, 듬직하고 총명한 아들 승민, 밝고 순수한 딸 유나에게도 무한한 감사와 잔잔한 사랑을 보낸다.

2012년 7월

서울사이버대 연구실에서

저자 서영수

차 례

PART 4

리스크 관리

부 록

PART 1

금융 바로 알기

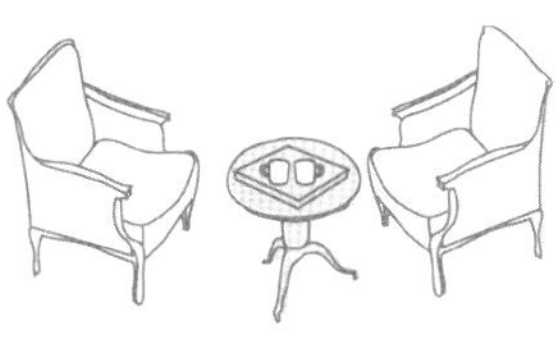

(대표적으로 예금시장 등)으로, 거래의 범위에 따라 국내금융시장과 국제금융시장으로 구분된다. 또한 거래되는 금융상품의 형태에 따라 예금과 대출시장, 외환시장, 파생상품시장 등으로 나뉘며, 거래단계에 따라 발행시장(primary market ; 1차 시장)과 유통시장(secondary market ; 2차 시장)으로, 거래절차에 따라 거래소시장과 장외시장으로 분류된다. 이처럼 금융시장은 분류기준에 따라 다양하다. 그림 1-1은 우리나라 금융시장을 정리한 것이다.

그림 1-1 금융상품으로 구분한 금융시장

출처 : 김학은(2007). p.709

그림 1-2 만기로 구분한 금융시장

출처 : 김학은(2007). p.711

한편, 금융시장 이전인 18세기 영국의 산업혁명 이후 자본주의가 탄생하면서 이미 더 넓은 시장이 형성되어 있었는데, 바로 생산요소시장과 생산물시장이다. 흔한 표현으로 실물시장이라 하는데, 이 시장은 사회에 필요한 수요에 비해 상대적으로 한정된 자원을 배분하기 위해 탄생하였다. 생산요소시장은 가장 기초적인 시장으로 노동, 토지 및 자본의 생산요소가 혼합되어 배분되는 시장이며, 고용시장과 원자재시장으로 나뉜다. 생산물시장은 제품이 거래되는 도매시장과 소매시장으로 나뉜다. 생산요소시장과 생산물시장을 통하여 일차적으로 자금이 넘친 사람과 부족한 사람이 생기게 된다. 이 두 부류를 연결시켜 주는 곳이 바로 금융시장이며 이곳에서 궁극적으로 금융자산의 가격과 이자율이 결정되고 신용창출이 파생되면서 현재의 금융제도로 정착되었다. 그러므로 금융시장은 생산요소시장과 생산물시장을 활성화하고 유지하는 핵심역할을 하고 있는 셈이다. 결국 금융자산에 투자함으로써 얻게 될 미래 이득은 실물자산의 투자성과에 달려 있다고 할 수 있다. 여기서부터 자본주의 시장은 포괄적으로 금융시장과 실물시장으로 나뉘기 시작했으며, 서로 뒤섞이기도 하면서 상호 보완적으로 발전하였다. 또, 투자대상에 따라 실물자산과 금융자산으로 자연스럽게 구분되었다.

실물자산이란 토지, 기계 등과 같이 제품을 생산하는데 필요한 유형자산과 생산과정에 동원되는 인적자원의 지식과 기술 등을 포함한 모든 무형자산으로 나뉜다. 금융자산은 그 자체가 제품을 생산하는데 직접 사용되지 않고, 실물자산의 이용으로부터 얻어질 미래소득에 대한 청구권을 나타내는 자산을 말한다. 금융자산은 경제발전에 따라 화폐가 본격적으로 유통되면서 주로 금융기관의 일시적인 자금과부족을 메워 주는 화폐금융자산과 실물투자에 필요한 자금을 장기로 조달하는 비화폐 금융자산으로 나뉘게 된다.

화폐금융자산이 거래되는 시장이 오늘날 만기 1년 이내의 단기금융시장으로, 이곳은 주로 금융기관이나 중앙은행이 수익보다는 유동성거래와 국가의 통화신용정책이 실행되는 곳으로 자리 잡게 되었다. 따라서 시중의 통화량이나 자금흐름 정책을 파악하려면 단기시장에 관한 지표나 관련 통계를 이해해야 한다.

대표적으로 콜[1)](call), 환매조건부채권[2)](RP ; Repurchase Agreement), 양도성예

Footnote

1) 콜시장은 주로 금융회사 간에 초단기자금을 차입(call money)하거나 대여(call loan)하는 시장으로 1일 내지 수일 이내의 자금을 주로 전화 또는 통신망을 통해 거래하며 은행 간의 시장에서 가장 중요한 시장이다.

2) 이는 특정한 유가증권, 즉 주로 채권을 매매한 뒤 일정 기간 후 매매 당시의 가격에다 소정의 이자를 더한 가격으로 되사거나 되팔 것을 약정한 매매 당사자 간의 계약을 의미한다. 현재 RP시장은 자금의 원활한 수급조절을 통해 단기금융시장의 자금흐름을 원활히 하고, 수익성이 높으나 유동성이 낮은 채권을 유동화할 수 있는 장점이 있다. 금융회사 간 RP거래는 단기자금과부족 조절을 목적으로 은행, 투신운용사, 증권회사, 보험회사, 상호저축은행 등 콜시장 참가기관이 참여하고 있다.

금증서[3](CD ; Certificate of Deposit) 등이 있다. 비화폐 금융자산을 흔히 증권(securities)이라 부르며, 주식과 채권이 대표적이다. 이러한 자산이 거래되는 시장을 단기금융시장과 구분하여 장기금융시장이라 한다. 흔히 단기금융시장을 화폐시장, 장기금융시장을 자본시장이라고도 한다. 자본시장은 만기 1년 이상인 금융청구권이 거래되는 시장으로 저축을 장기적인 생산적 투자로 연결시키는 것이 주된 목적이다.

한편, 비화폐성 금융자산은 해당 자산으로부터 실현되는 미래수익의 불확실성 여부에 따라 무위험자산(risk-free asset)과 위험자산(risky asset)으로 구분된다. 무위험자산이란 미래수익에 대한 불확실성이 없는 자산을 말한다. 가장 대표적인 무위험자산은 만기가 짧은 정부보증 채권이다. 반면에 위험자산이란 미래수익이 불확실한 자산을 말한다. 예를 들어 주식투자에서 얻을 수 있는 수익은 기업의 영업실적에 따라 달라지며, 부동산에 투자하여 얻을 수 있는 수익은 경제상황에 따라 달라진다.

증권시장은 재산의 권리를 표시한 증서인 증권이 발행되고 유통되는 시장으로 광의로 단기금융시장과 자본시장을 포괄하고 협의로는 자본시장을 의미한다. 자본시장은 거래되는 증권에 따라 주식시장, 채권시장, 파생상품시장으로, 자본이나 증권의 전달경로에 따라 발행시장과 유통시장으로 나뉜다. 우리나라는 2009년 2월 자본시장법[4]이 통합 시행되면서 자본시장은 금융투자상품이 거래되는 시장이 되었다. 금융투자상품을 계속적이고 반복적인 방법으로 매매, 중개, 집합투자, 자문, 신탁 등을 행하는 자를 금융투자업자라고 한다. 따라서 자본시장은 금융투자업자들에 의하여 금융투자상품이 거래되는 시장이라고 할 수 있다. 국내 자본시장은 크게 주식시장[5], 채권시장[6], 파생상품시장[7], 자산유동화증권[8](ABS ; Asset Backed Securities)시장으로 구분된다.

Footnote

3) 이는 은행의 정기예금에 대해 무기명으로 발행된 증서로서, 금융시장에서 자유롭게 매매될 수 있으며, 주로 은행 간의 자금조절이나 단기자금 조달 수단으로 많이 활용된다. 또한, 법적성격은 일반예금처럼 일정 기간 소유권을 이전했다가 반환해 오는 계약이며, 권리의 이전과 행사에 예금증서가 필요하므로 상법상 유가증권에 해당된다.

4) 이 법은 은행법, 보험업법 등을 제외하고 자본시장을 규율하는 총 15개 법률 중 증권거래법, 선물거래법, 자산운용업법, 신탁업법, 종합금융회사에 관한 법률, 증권선물거래소법, 기업구조조정투자회사법 등 7개 법률을 통합하고 나머지 법률도 일괄 정비하여 금융투자회사가 거의 모든 금융상품을 취급할 수 있도록 제정된 법률이다. 이에 따라 기존 증권업, 자산운용업, 선물업, 종금업, 신탁업 등 5개 자본시장 관련업이 금융투자업이란 단일 업종으로 합쳐져 겸영이 가능하고, 기본적으로 규제를 최대한 없애 증권사를 축으로 한 대형 투자은행을 키우겠다는 것이다. 금융투자회사는 투자매매 및 중개, 자문, 신탁, 집합투자, 투자일임에 해당되는 6개 업무를 전부 취급할 수도 있으며, 원하는 업종만 선택할 수도 있다. 이 법의 시행으로 금융시장은 크게 은행, 보험, 금융투자회사 3대 축으로 재편되었다.

5) 주식에 관한 자세한 사항은 '3부 리스크 측정, 제6장 주식리스크' 참조 바람

6) 채권에 관한 자세한 사항은 '3부 리스크 측정, 제7장 채권리스크' 참조 바람

7) 파생상품에 관한 자세한 사항은 본 장 끝 〈참고 1-1〉에 별도 기술하였다.

8) 이는 부동산, 매출채권, 주택저당채권(mortgage) 등과 같이 유동성은 떨어지나 재산적 가치가 높은 유·무형의 유동화 자산을 기초로 하여 발행된 증권을 말한다. 즉, 자산보유자는 보유하고 있는 기초자산을 특수목적회사(SPC; Special Purpose Company)에 양도하여, 이 SPC로 하여금 ABS를 발행·매각하게 하고, 그 매각대금을 기초자산을 양도한 대가로 받음으로써 자금을 조달하게 된다. SPC는 자산보유자와 기초자산의 법률적 관계를 분리하기 위해 설립되는 '서류상의 회사(paper company)' 이다.

시간이 지나고 경제가 발전할수록 개인투자자들이 설비 · 기계 등 실물자산에 직접적으로 투자하는 기회는 줄어들게 되나, 금융자산의 투자기회는 증가하게 된다. 장기적으로 볼 때 금융자산에 대한 투자는 국가경제를 발전시키는 실물자산에 대한 투자를 촉진시킨다. 예를 들어 어느 기업이 1,000억 원의 자금이 소요되는 공장을 건설하려 할 때 이 기업은 자금을 마련하기 위해 은행에서 차입을 하거나 자체적으로 주식이나 채권을 발행하려고 한다. 이때 은행에서 차입한 자금은 은행이 판매하는 예금에 투자자들이 투자하는 자금이며, 채권이나 주식을 발행하여 조달한 자금은 투자자들이 해당 증권을 직접적으로 매입한 자금이다. 그러나 자원의 희소성과 개발 여력 한계로 인하여 점차 실물자산에 대한 투자보다는 금융자산 자체의 투자가 증가하고, 그 속도가 빨라지면서 서서히 금융자산이 실물자산을 앞지르는, 즉 금융경제가 실물경제를 좌우하게 되는 금융자본주의 시대가 도래한 것이다. 이러한 현상은 시대적으로 불가피하다는 주장과 오히려 부작용이 많아져 자본주의가 피폐해질 수밖에 없다는 비관적인 주장이 지금도 팽팽히 맞서고 있다. 아무튼 국가가 선진화될수록 금융경제가 상대적으로 발전할 수밖에 없다는 것은 누구나 인정하고 있다는 사실에 주목할 필요가 있다.

2. 금융의 연결고리

전체적으로 금융의 기본 골격을 파악했다면 다음에는 그 연결고리를 이해해야 한다. 이러한 관계는 시간이라는 사슬이 엮여 있어 복잡하게 움직인다. 사실 현재가치와 미래가치 간의 역학 관계가 바로 금융 때문에 성립되는지도 모르겠다. 〈자본의 전략〉의 저자인 천즈우(陳志武)는 금융의 핵심은 시공간을 초월한 가치교환이고 가치를 지닌 모든 것, 혹은 수입을 다른 시간과 공간 사이에서 효율적으로 운용하기 위한 거래를 모두 금융거래라고 하였다. 그는 금융거래의 실체인 화폐로 인해 시간을 초월한 가치의 저장과 공간을 초월한 가치의 이동이 가능해졌으며, 그로 인해 세계 경제가 혁신적으로 발전했다고 주장한다. 또한 그는 시간을 초월한 가치교환은 미래에 일어날 일과 관련되어 있다는 것과, 공간이라는 것은 미래에 나타날 많고 적은 이익이나 손실 및 기타 다양한 상황들을 뜻한다고 하였다. 그의 핵심은 금융이란 미래의 불확실성이고 결국 종착점은 리스크 관리라는 것이다.

금융에서 시공간을 초월한 가치교환은 금융자유화, 금융국제화라는 대변혁을 가져왔다. 금융자유화란 말 그대로 금융제도에 필요한 각종 규제를 없애거나 느슨하게 한다는 의미이다. 대표적인 규제로 금리규제, 국제 간 자금 이동에 관한 규제, 외국 금융기관의 진출규제, 그리고 금융기관의 업무규제 등이 있다. 이 중에 금리규제와 업무규제가 금융자유화의 핵심이다. 금융자유화는 금융기관, 특히 은행의 편의주의에서 태동되었다. 20세기 이후 기업이나 개인의 자산규모가 커지자 이들은 은행예금으로 만족하지 못하고 보유자산을 직간접적으로 운용하는 데에 관심을 가졌다. 이에 은행은 위기감을 느끼고 기존의 전통적인 예금업무 외에 추가 업무, 즉 투자업무가 가능하도록 정부기관에 규제완화를 요구하면서부터 금융자유화가 시작되었다. 더불어 국제무역이 활발해지면서 국가 간의 금융에 대한 상호 의존관계가 높아지게 되었고, 새로운 금융기법, 즉 자산유동화나 파생금융상품이 지속적으로 개발되면서 금융자유화가 본격적으로 확산되었다. 금리규제는 국가 간의 자금이동이 빈번해지자 국내금융시장과 국제금융시장 간의 금리규제에 따른 금리차를 이용한 재정거래(arbitrage)[9]가 활발해졌는데, 국가마다 이러한 폐단을 막고자 금리자유화가 덩달아 이루어졌다.

금융국제화는 국가 간 금융제도의 독자성이나 주체성은 그대로 유지하면서, 단지 국내 시장을 개방하고 자금의 유입과 유출만을 자유롭게 하는 것을 의미한다. 반면에 금융통합화는 각국의 금융시장과 제도를 보편적인 통합기준과 규칙을 기초로 개편하여 통합적 금융·자본시장을 형성한다는 의미이다. 따라서 금융통합화로 인해 세계 어느 금융시장에서도 24시간 거래가 가능해졌고, 거래상품도 주식과 채권, 외환, 심지어 파생상품까지 다양해졌다. 그 결과 자연스럽게 금융거래가 늘어나게 되었고, 각국의 금융시장은 더욱 통합화를 추구하게 되는 순환구조가 형성되기 시작하였다. 심지어 금융거래규칙이나 제도 자체도 단일화되기 시작하였다. 대표적인 예가 유로존(EURO Zone)이다.

한편, 최초로 탄생한 국제적 통일기준은 국제결제은행(BIS ; The Bank for International Settlement)이 1988년 7월에 제정한 '자기자본 규제에 관한 국제적 통일기준'이었다. 이후 BIS는 꾸준히 보완되어 왔는데, 1997년 12월 신BIS 자기자본 규제에 이어 2004년 바젤II 협약을 체결하여 2006년 말부터 회원국을 대상으로

Footnote

9) 예를 들어, 현물과 선물가격 차이를 이용하여 무위험수익을 노리는 거래를 말한다.

시행하였으며, 우리나라는 2008년부터 도입하여 운영하고 있다. 2010년 9월에는 바젤 Ⅲ 규제안을 발표하였는데, 이는 미국 서브프라임(subprime) 사태로 태동된 글로벌 금융위기를 통해 많은 국가에서 은행의 과도한 레버리지(leverage), 자기자본의 질 허약, 유동성 위기에 대한 취약성이 크게 부각되자 이를 보완하고자 도입된 것이었다.

금융증권화란 금융시장에서 증권을 이용한 자금조달과 이의 운용이 보편화된다는 것을 의미하는데, 이를 통해 금융중개방식도 직접 금융화되었고 대출채권도 증권화되었다. 증권화가 진행되면서 은행업과 증권업 간의 업무영역 다툼이 더욱 치열해졌는데, 이로 인해 금융패턴도 상당히 변하였다. 우선 국제금융시장의 자금조달방법이 대출시장에서 채권시장으로 변경되었으며, 국제적으로 자금이동 속도가 엄청나게 빨라졌다. 또한, 증권화로 기초자산에서 파생된 다양한 금융상품이 무한정 개발되어 보급되었다. 그로 인해 건전한 금융발전보다는 오히려 부정적으로 악용되는 사례도 빈번하였다. 대표적인 것이 2008년 미국 월스트리트 금융자본가들이 주축이 되어 만든 서브프라임 모기지 대출상품이다. 이 때문에 전 세계 금융투자자들이 엄청난 고통을 받았다는 것은 익히 알고 있을 것이다.

한편, 금융은 자의든 타의든 순환과정을 거치면서 성장과 축소를 반복한다. 금융세상에서 금융의 거품이나 붕괴만큼 드라마틱한 현상은 없다. 우리가 알고 있는 대부분의 금융사건은 다음과 같은 순환과정을 거쳐 왔다.

> 상식선의 투자 → 지나친 투자 → 투기 → 광적인 투기(버블, 거품) → 거품 붕괴 → 금융위기 발생 → 구조조정 → 상식선의 투자

모든 금융거래에서 문제의 발단은 위의 순환과정의 투기단계를 넘어선 광적인 투기에서부터 시작되었는데, 이미 수많은 과거 사례를 통해 투기를 통한 버블 조짐이나 내재된 거품이 결국에는 터졌다는 것을 익히 경험하였다. 그럼에도 또 당한다. 금방 이익이 날 것 같은 환상은 그동안 경험하였던 학습효과를 한순간에 마비시켜 버리는 마약과 같은 것이다.

일반적으로 버블은 어떤 이유로 인해 그 자산의 가격이 계속 폭등한다는 것이며, 이에는 합리적인 이유를 댈 수 없다. 그럼에도 굳이 이론적으로 표현하자면 버블은 자산의 내재가치보다 거래되는 가격이 높은 경우를 말한다. 〈버블경제학〉의 저자 오바타 세키는 버블이란 금융이론으로는 설명할 수 없는 가격폭등이라고 지적했다.

흔한 예로 어떤 주식이 고평가되었다 또는 저평가되었다고 할 때 고평가가 버블의 원천이다. 일단 버블이 형성되면 버블 자체가 상승 동력으로 작용하여 또 다른 버블을 키운다. '사니까 가격이 오르고, 가격이 오르니까 다시 사는' 머니게임으로 확산되는데, 이는 인간의 군중심리가 크게 작용하기 때문이다. 금융거래에서 거품 자체가 문제되지는 않는다. 자본주의 세상에서 수익을 추구하는 이해관계자들에게는 태생적으로 거품이 존재할 수밖에 없기 때문이다. 문제는 거품이 붕괴될 때이다. 따라서 붕괴 조짐을 미리 예견하고 사전에 준비하지 않으면 약육강식의 금융세상에서 바로 낙오되거나, 심지어는 단 한 번의 손실로 인생이 끝나 버리는 경우도 허다하다. 금융세상에서 살아남기 위한 가장 평범한 진리는 금융현상을 주의 깊게 관찰하고 끊임없이 고민하고 공부하는 것뿐이다. 달리 왕도가 없다.

거품붕괴 후 찾아오는 금융위기는 누구나 피하고 싶어 한다. 금융위기는 주식시장 붕괴, 자산가격의 버블 붕괴, 통화위기 및 외채위기 등 여러 경우를 포함하며, 그 용어도 전염(contagion), 은행위기(banking crisis), 뱅크런(bank run), 은행 패닉(banking panic) 등 다양하다. 금융위기는 크게 금융시장의 위기와 금융기관의 위기로 나뉜다. 금융시장 위기는 주식시장, 채권시장, 외환시장 등 금융시장에서 발생한 위기를 말한다. 대표적으로 주식시장은 1987년 10월 19일 미국의 블랙먼데이(Black Monday)의 대폭락, 채권시장은 1998년 8월 러시아의 모라토리엄 선언으로 인한 채권가격의 대폭락, 외환시장은 1997년 동아시아의 외환위기 등을 꼽을 수 있다. 금융기관 위기는 은행, 증권사, 보험사 등 금융시장의 주요 참가자인 금융기관에서 문제가 발생하여 금융시스템 전체와 경제 전반의 위기로 파급되는 과정을 말한다.

한편, 주식시장이나 부동산 등 자산가격의 버블 붕괴로 촉발되는 금융위기가 있다. 역사적으로 볼 때 심각한 금융위기는 주식시장 붕괴보다는 자산가격 버블붕괴에서 초래하였으며, 자산가격 버블이 은행의 과도한 신용팽창과 결부되어 발생하는 경우에 금융위기 가능성이 높아졌고, 실물경제에 미치는 영향도 컸다. 1980년대 이후부터는 금융위기라 하면 거의 다 자산가격 버블의 영향이어서 이 부분이 가장 큰 관심사였다. 가장 흔한 패턴은 경기부양을 목적으로 시중에 돈을 푼 경우이다. 그럴 경우 유동성이 넘쳐나고, 이는 다시 신용팽창 및 자산가격 상승으로 이어져 버블을 형성한다. 만일 경제적 충격이 발생하여 자산가격이 폭락하면, 이는 다수 기업 및 가계 부도를 발생시키고, 이어 은행 및 외환위기로 전이되어 국가경제에 엄청난 악영향을 미친다. 2009년 동유럽 금융위기로 촉발되었던 유럽 재정위기가 좋은 예이다. 한편, 금융위기보다 포괄적인 개념인 경제위기는 금융을 포함한 경제 전반이 극도로 불안하거나 어려운 상태를 말하며, 통상 금융위기를 동반한다. 그러나 아프리카 등에서 흔히 발생하는 자연재해, 전쟁 등에 의한 경제위기는 금융위기를 동반하지 않는다.

일상적인 금융거래에서 흔히 나타나는 금융불안으로 시작되어 금융위기가 발생한 경우도 있다. 금융불안의 원인은 거시적인 측면과 미시적인 측면으로 구분해서 파악할 수 있다. 거시적인 측면에서, 경기 호황 시 자산가격의 상승에 대한 지나친 기대로 부동산, 주식 등의 시장에 거품이 발생하고, 이 거품이 붕괴되면서 연쇄적인 금융불안이 조성된다. 또한 경기불황으로 거품이 붕괴되어 자산가격이 급락할 경우, 금융기관은 높아지는 신용위험과 재무건전성 악화를 우려해 대출자산을 회수하고, 그 결과 신용경색 상태가 초래되어 지급결제기능이 중단될 수도 있다. 미시적인 측면에서, 금융시장 참여자 사이에 정보의 비대칭성이 존재하여 이를 이용하는 도덕적 해이와 그에 따른 위험 선호적 투자가 과도하게 이루어질 경우 금융불안으로 이어질 수 있다. 또한 금융규제 완화, 시장규율 완화 등으로 과잉 경쟁상태가 될 경우 개별 금융기관의 공격적 경영과 자금운용상 부담해야 하는 리스크가 늘어나게 되면서 금융불안이 초래된다.

금융위기의 특징으로는 첫째, 경제주체의 집단행동이나 쏠림현상이 한 방향으로 강하게 나타날 때 위기의 가능성이 커진다는 것이다. 둘째, 금융위기의 강도는 금융기관 대출행태나 다른 자산시장으로의 메아리효과로 인한 크기에 좌우된다. 지금까지 금융위기를 살펴보면 항상 금융위기에 앞서 대부분의 금융기관이 과도하게 대출을 확대하였으며, 대출확대가 가속기 역할을 하고, 특정부문의 과도한 호황이나 거품을 유발하면서 위기가 발생한다. 셋째, 여러 개의 자산시장에서 동시에 변동성이 확대될 때 위기의 강도가 커진다.

금융위기로 인한 파급영향은 금융기관의 경우, 한 금융기관의 예금지급 불능이 다른 금융기관으로 전염되는 예금인출사태의 확산, 금융기관의 자금중개기능 마비로 인한 신용경색의 장기화 등이 대표적이다. 금융시장의 경우는 대규모의 외화유출과 금융기관 포트폴리오의 급격한 변동, 고정환율제도의 포기와 같은 시장제도의 근본적인 변화, 일정 기간 거래가 중단되는 시장폐쇄 등이 있다. 실물경제에 미치는 파급영향으로는 금융불안으로 인한 마이너스 성장 또는 장기간의 저성장과 같이 정상적인 경기순환 과정을 크게 벗어나는 경기침체를 유발하는 것이 대표적이다.

참고 1-1

Reference

파생상품(derivatives)

(1) 파생상품의 개요

파생상품은 실물자산(농산물, 비철금속, 귀금속, 에너지 등), 금융자산(통화, 주식, 채권 등)과 같은 여러 기초자산(underlying asset)의 미래 가격을 현재 시점에서 결정한 후 미리 정해진 조건에 따라 계약이 이루어지는 상품이다. 이중 금융자산만을 기초자산으로 하면 파생금융상품(financial derivatives)이 된다. 파생상품은 본거래에서 파생된 거래라는 의미로, 원래 본 거래에 내재된 리스크를 줄이기 위해 도입되었다.

예를 들어 원자재로 구리를 계속 사들여야 하는 전선 제조회사가 있다고 하자. 이 회사는 구리가 주원료인 제품을 만들기 때문에 구리 가격의 변동에 따라 원가도 변동된다. 만약 회사가 구리 가격의 오르내림에 따라 고객에게 받는 제품가격을 마음대로 조정할 수 있으면 구리 가격이 변동되더라도 회사가 손실을 볼 위험은 없다. 그러나 현실적으로 구리 가격 변동에 따른 원가의 변동을 제품가격에 바로 반영시키지 못하는 경우가 대부분이다. 따라서 구리 가격이 오르면 회사는 이익이 줄거나 손해를 보게 되며, 반대로 구리 가격이 떨어지면 이익이 늘어난다. 다행히 이익이 늘어나면 좋지만 이익이 줄거나 손해를 보는 경우에는 회사에 치명적일 수 있다. 이를 피하기 위해 회사는 구리 납품회사와 미래의 일정 기간 동안 구리 가격을 미리 확정해 놓는 계약을 맺고 싶어 한다. 한편, 구리 납품회사 측은 전선 제조회사와는 반대되는 위험한 상황에 직면하게 된다. 즉 구리 가격이 오르면 이익을 보고 구리 가격이 떨어지면 손해를 보게 된다. 이런 상황에서 일정 기간 동안 정해진 가격의 납품계약이 성사되면 양측 모두 구리 가격의 변화에 상관없이 일정한 이익을 유지할 수 있게 된다. 전선 제조회사 입장에서는 갑자기 오른 구리 가격으로 인해 원가가 급격히 올라 치명적 손실을 입게 될 가능성을 없앨 수 있고, 구리 납품회사 입장에서는 갑자기 구리 가격이 떨어져 발생할 손실가능성을 없앨 수 있다.

이 사례처럼 전선 제조회사와 구리 납품회사가 서로 치명적 손실을 줄이고자 정해진 조건으로 장기계약을 미리 할 수 있다면 가격변동의 위험을 줄일 수 있다. 그러나 양측의 조건이 맞지 않아 어느 한쪽에서라도 장기계약에 동의하지 않으면 가격변동의 위험은 사라지지 않는다. 당사자 간 장기계약이 성립되지 않을 경우에는 제3의 기관이 개입하여 가격 변동의 위험을 떠안고 그 대가로 수수료를 받는 금융수익모델이 있다. 이렇게 본 계약의 위험을 떠안고 그 대가를 받는 상품을 파생상품이라 한다.[10] 따라서 파생상품은 다른 금융상품에 비하여 위험하다. 파생금융거래는 거래상대방의 채무불이행 위험이 높고, 거래구조가 복잡하여 투기적 거래에 대한 내부통제가 이루어지지 않을 경우에는 대형기관이라도 쉽게 재무적 어려움에 처할 가능성이 높다.

파생거래는 기초자산에 바로 투자하는 것보다 간편하며, 소액의 증거금 또는 프리미엄만으로 거래가 가능하기 때문에 수익과 손실 변동 폭이 아주 높다. 가격 1point당 50만 원인 주가지수선물의 예를 들어 보자. 만일 어떤 투자자가 선물가격 100포인트일 때 주가지수선물 1계약에 매수포지션을 취했다면 그는 100×50만 원=5,000만 원에

(계속)

Footnote

10) 최운화(2009), 『거대한 착각』, pp.109~111 인용·정리

해당하는 포지션을 취한 셈이다. 이를 액면금액이라 한다. 그러나 투자자는 이 돈의 15%만 초기증거금으로 납부하면 주문을 내고 포지션을 취할 수 있다. 즉, 5,000만 원을 거래하는데 15%×5,000만 원=750만 원만 있으면 된다.

따라서, 5,000만 원 기준으로 10% 수익, 즉 500만 원의 수익이 발생하면 이 투자자는 사실상 $\frac{500\text{만 원}}{750\text{만 원}} \times 100 = 66\%$ 의 수익을 올린 것이다. 반대로 −10% 손실이 발생하면 역으로 −66% 손실이 발생한다. 이를 레버리지 효과라고 한다.

옵션거래는 초기증거금 없이 권리금[11]만 납부하면 되므로 선물거래보다 더 소액으로 해당 포지션을 취할 수 있다. 따라서 레버리지 효과가 선물거래보다 훨씬 크다. 파생상품은 여러 계약형태를 이용하여 기초자산만으로 불가능한 다양한 포트폴리오를 구성할 수 있으며, 고수익형 투자자 또는 안정적인 투자자 등 투자자별로 원하는 욕구를 충족시켜 준다.

(2) 파생상품의 가격결정[12]

파생상품은 남의 위험을 떠안고 그에 대한 대가를 받는 상품이기 때문에 위험가능성에 대한 정확한 예측이 관건이다. 예측을 잘못해서 위험부담에 대한 보상을 제대로 받지 못할 경우 파생상품회사의 손실로 연결되며, 이런 계약이 많을 경우 부도가 날 수 있다. 다시 전선제조회사의 예로 돌아가 보자. 현재 회사의 생산원가상 구리 가격이 1톤에 1,000달러로 설정되었고, 1톤의 구리로 전선을 만들면 1,100달러의 가격으로 판매할 수 있다. 회사가 한 달에 1만 톤의 구리로 전선을 만들어 판매한다고 하면, 회사는 한 달에 1,100만 달러의 매출을 올리고 구리 구입대가로 1,000만 달러를 지급해서 100만 달러의 이익을 얻는다. 그런데 어느 달에 구리 가격이 1톤당 1,200달러로 오르면 생산원가에서 구리가 차지하는 금액이 1,000만 달러에서 1,200만 달러로 올라 100만 달러의 손실이 발생한다. 회사는 내부비용을 감안할 때 구리 가격이 올라도 견딜 수 있는 한계수준이 있다. 예를 들어 구리 가격이 1,100달러 이상이면 회사가 심각해진다고 하자. 그러면 회사는 구리 가격이 1,100달러 이상 오르더라도 1,100달러에 구리를 살 수 있는 계약을 맺고 싶어 한다. 이때 그러한 파생상품을 파는 금융기관은 회사에 구리 가격이 아무리 오르더라도 1,100달러에 구리를 살 수 있는 계약을 한다. 그러면 회사는 손실을 볼 위험을 제거할 수 있게 된다. 한편, 파생상품을 판매한 금융기관은 만약 구리 가격이 1,100달러를 넘어가면 1,100달러 이상의 가격에 구리를 사서 회사에 1,100달러에 넘겨야 하는 손실의 위험을 안게 된다. 따라서 금융기관은 이 위험에 대한 보상으로 회사에 수수료를 요구하는데, 이를 리스크프리미엄(risk premium)이라 한다.

리스크프리미엄은 금융기관이 예상하는 구리 가격의 인상 가능성, 즉 확률에 의해 정해진다. 만약 구리 가격이 1,100달러를 넘어설 확률이 매우 높으면 파생상품을 판 금융기관의 위험이 높아지기 때문에 리스크프리미엄이 커지고, 반대로 확률이 낮으면 리스크프리미엄은 작아진다. 예를 들어 금융기관이 구리 가격이 1,100달러를 넘어서 1,200달러가 될 가능성이 50%라고 가정했다고 하자. 전선 제조회사가 1만 톤에 대한

(계속)

Footnote

11) 보통 해당 기초자산의 변동성만큼 계산한다.
12) 최운화(2009), 『거대한 착각』, pp.112~114 인용·정리

구리 가격을 1,100달러로 확정하는 파생상품을 계약한다고 하면 금융기관의 예상손실은 1,200달러에서 1,100달러를 뺀 100달러의 1만 배인 100만 달러가 된다. 그런데 1,200달러가 될 확률이 50%이므로 100만 달러의 50%인 50만 달러가 금융회사의 기대손실이다. 그러면 금융기관은 회사에 대해 50만 달러 이상의 리스크프리미엄을 수수료로 받고자 한다. 그렇지 않으면 계약이 성사되지 않는다.

(3) 파생상품의 분류

① 거래목적별 분류

- 투기거래(speculation) : 투기거래는 파생금융상품 자체의 수요와 공급을 예측하여 수익을 실현시키고자 하는 거래로, 일종의 방향성 맞추기 게임처럼 수익과 손실의 보상관계가 극명하게 드러난다. 투기거래자는 현물과 상관없이 파생금융시장에서 가격변동의 위험을 감수하면서 자기 책임하에 시세차익을 추구하는 사람으로, 파생시장에서 이들의 존재와 역할은 매우 중요하다. 즉, 시장유동성을 제공하고 시장정보를 분석하면서 헤지의 위험을 인수하는 거래상대방의 역할을 수행한다.

  투기거래자에게 파생시장은 언제든지 반대매매를 통해 포지션을 청산할 수 있기 때문에 접근이 용이하다. 또한, 현물시장에서 수반되는 각종 절차에 대하여 신경 쓸 필요가 없으며, 비교적 적은 자본(증거금)으로 큰 거래를 할 수 있기 때문에 상당히 매력적인 시장으로 인식된다. 투기거래자는 보유기간에 따라 초단기거래자(scalper), 일일거래자(day trader), 포지션거래자(position trader)로 구분한다.
- 헤지거래(hedge) : 헤지거래는 단기, 중기적으로 현물거래의 손실을 헤지하기 위한 파생금융거래를 말한다. 예를 들어 현물시장의 포지션과 반대포지션을 선물시장에서 취함으로써 한쪽 시장의 가격변동을 다른 쪽 시장의 가격변동으로 상쇄시키는 거래이다. 이러한 거래가 성공적으로 되기 위해서는 양쪽 시장의 가격변동이 정확히 일치하여야 하는데, 이론적인 선물가격과 실제가격과의 차이로 인하여 완벽한 헤징은 불가능하다. 이에 따라 선물가격의 결정요인, 현물과 선물가격의 상관관계 등 여러 가지 요인을 분석한 후 선물시장에서의 포지션 크기를 조정함으로써 최대한 헤징효과를 거두어야 한다.

  헤지거래는 매도헤징과 매입헤징으로 나뉜다. 예를 들어 보자. 수출업자는 현물시장에서 미래에 달러를 팔아야 하는, 즉 현재 달러를 가지고 있는 것과 동일한 매수포지션(long position) 상태이다. 이는 향후 달러 가격이 내려가면 불리하게 작용하기 때문에 선물시장에서 매도포지션을 취하게 되는데, 이를 매도(short)헤징이라 한다. 반면 수입업자는 달러 채무를 가지고 있어 미래에 달러를 매입하여야 하므로(이는 달러 현물매도포지션과 동일한 short포지션 상태임) 가격상승에 대비하여 선물을 매입하게 되는데, 이를 매입(long)헤징이라 한다.
- 차익거래(arbitrage) : 일반적으로 선물을 이용한 헤징은 대부분 선물계약이 만기가 되기 전에 종료된다. 따라서 선물가격이 만기에는 물론, 만기 이전에도 항상 현물과 일정한 관계를 갖고 현물과 같은 방향으로 움직이는 것이 매우 중요하다. 실제 선물시장에서 선물가격이 항상 현물가격과 동떨어지지 않고 움직이는 것은 시장에 차익거래자가 있기 때문이다.

(계속)

차익거래는 현물과 선물가격 간의 차이인 베이시스(basis)가 이론적인 수준을 벗어날 경우 이의 가격 차를 노린 거래를 말한다. 차익거래자는 이러한 거래를 통하여 자본을 투입하지 않고 아무런 위험 없이 이익을 챙길 수 있다. 이들은 현물과 선물시장에 동시에 참여하면서 낮은 거래비용으로 거래를 하는 대규모 기관투자자들이 대부분이다.

- 스프레드거래(spread) : 파생시장에서 단순히 향후 시장가격이 어떻게 변할 것인지에 투자하는 것을 아웃라이트(outright)거래라고 한다. 파생시장에서는 아웃라이트거래를 하는 사람들도 많지만, 그보다 파생가격 간의 관계에 관심을 가지고 동시에 서로 다른 두 계약을 사고파는 거래를 하는 투자자들이 있다. 이런 거래를 스프레드거래라 한다. 이들의 관심사항은 향후 가격수준보다는 파생가격 간의 관계이다.

예를 들어, 향후 금리가 어떻게 변할지에 대한 전망은 어렵지만 단기금리가 장기금리에 비하여 더 빨리 상승할 것이라고 믿는 투자자가 있다고 하자. 그는 선물시장에서 단기금리선물을 매도하고 동시에 장기금리선물을 매수한다. 실제로 미래에 이 투자자의 전망이 맞아 단기금리가 좀 더 상승하게 되면 상대적으로 단기금리선물의 가격이 더 많이 하락할 것이므로 단기금리선물의 이익이 장기금리선물의 손실을 보전하고도 남아 전체적으로 이익을 내게 된다. 스프레드 거래대상은 같은 상품의 계약 월 간, 서로 다른 상품 간, 서로 다른 거래소에 상장되어 있는 상품 간 등 제한이 없다.

② 거래유형별 분류

- 선도거래(forward) : 선도거래는 특정상품을 미래의 일정 시점에 미리 정한 가격으로 매매하기로 현재 시점에서 합법적으로 계약을 하고, 그 일정 시점에 매매가 완료되는 거래를 말한다. 이의 장점은 거래자의 필요에 따라 자유롭게 계약내용을 조정할 수 있고, 선물계약이 없을 경우에는 이를 대처하는 역할을 수행하는 장외거래(Over The Counter ; OTC, 알아서 자유롭게 마음대로)시장이다.
- 선물거래(future) : 선물거래는 표준화된 특정상품을 제도화된 시장에서 미래의 일정 시점에 미리 정한 가격으로 매매하기로 현재 시점에서 합법적으로 약속하는 거래로, 주가지수선물, 개별주식선물, 채권/금리선물, 통화선물, 상품선물 등이 있다. 동 거래는 선도거래와 대부분 유사하나 장내거래로 거래상품이 표준화되어 있다는 것이 가장 큰 차이점이다. 장내거래가 가능하기 때문에 선물거래는 결제일 전에 가격변동이 본인에게 유리할 경우 반대매매에 의해 언제든지 청산이 가능하다. 선물거래자는 크게 위험회피거래자, 투기거래자, 차익거래자로 나뉜다. 한편, 선물거래는 다양한 시장 참가자들의 공통된 예측을 집약함으로써 시장가격을 선도하고, 기회비용 절감과 현금흐름의 변형을 가능케 하여 자금흐름의 탄력성을 증대시키며, 투자자에게 새로운 투자수단을 제공하고 자산배분의 안정과 효율성을 증대시킨다. 다음 표 1-1은 상품과 금융으로 구분하여 선물거래를 정리한 것이다.

(계속)

Chapter 02

금융의 속성

금융거래에는 반드시 돈이 따르게 마련이므로 돈의 흐름, 크게는 화폐의 신용창출 과정을 알아야 한다. 이를 이해하면 바로 자본주의, 특히 금융자본주의에서 왜 투자를 해야 하는지, 그로 인해 왜 빈부격차가 발생하는지를 한눈에 파악할 수 있게 된다. 투자를 하면서 필연적으로 등장하는 것이 바로 남의 돈, 즉 부채이다. 부채를 조달하면 그에 따른 비용인 이자를 지불해야 하는데, 이 개념과 돈의 상대 파트너인 물건 가격이 어떤 관계인지 파악해야 한다. 확대해 보면 금융세상과 실물세상을 오가면서 필연적으로 나타나는 인플레이션과 디플레이션 현상, 그리고 이의 파급효과를 알아야 비로소 금융의 속성을 파악하게 된다. 금융의 속성을 알게 되면 거래단위가 크든지 작든지, 장소가 국내든지 국외든지 간에 상관없이 발생하는 모든 금융패턴의 진행과정과 앞으로의 진행방향에 대하여 완벽하지 않더라도 나름대로 판단할 수 있게 된다. 이런 학습이 지속되다 보면 최고 전문가 수준은 아니더라도 국내외 금융 전반에 대한 명시적인 흐름과 그 속에 숨어 있는 암묵적인 흐름까지도 파악할 수 있는 혜안이 생기게 된다.

1. 화폐의 신용창조

화폐란 상품을 매매하고, 채권·채무 관계를 청산하는 거래에서 일반적으로 통용되는 지불수단을 말한다. 따라서, 지폐와 동전 이외에 금융기관의 예금을 포함, 다양한 금융자산을 화폐로 볼 수 있다. 통화란 어떤 특정 경제사회에서만 통용되는 화폐를 의미하고, 어느 일정 시점에서 국민경제에 유통되고 있는 화폐량을 통화량이라 하며, 통화량을 측정하는 기준이 되는 지표를 통화지표라 한다. 통화를 금융상품의 입장에서 보면 자산이지만, 금융상품의 발행자 입장에서 보면 부채가 된다. 금융기관 입장에서 보면 통화는 '유동성 부채'로 파악되며, 현행 우리나라의 통화는 금융기관별로 유동성의 정도에 따라 분류한다. 우선 본원통화(RB : reserve base)이다. 이는 중앙은행만의 유동성 부채를 통화로 간주하는 것으로, 지준예치금과 화폐발행액을 합한다. 다음으로 중앙은행과 예금은행의 유동성 부채를 통화로 간주하는 것으로 M_1(통화), M_2(총통화), M_3(총유동성)로 나뉜다. 숫자가 커질수록 통화의 범위가 넓어진다. 그만큼 시중에 통화량이 많음을 의미한다.

통화공급은 중앙은행에서 처음 발권하는 본원통화에서 시작되며, 이는 실제로 눈에 보이는 화폐이다. 이후 각 시중은행들에게 유통되며, 은행은 다시 일반개인들에게 화폐를 유통시킨다. 이 과정에서 눈에 보이지 않는 새로운 화폐가 만들어지는데, 이를 본원통화와 구분하기 위해 신용통화라 한다. 따라서 시중에 흘러 다니는 통화량은 본원통화와 신용통화를 합한 것을 말한다.

신용통화는 어떻게 만들어지는가? 간단한 예를 들어 보자. 우선 중앙은행인 한국은행이 본원통화 1,000원을 시중에 공급하는데 편의상 A은행에만 준다고 하면 다음 그림 2-1처럼 A은행에 본원적 예금 1,000원이 입금된다. 은행은 고객이 예금한 돈

표 2-1 통화지표의 범위

구 분	내 용
M_1(통화)	현금통화+요구불 예금+수시입출식 저축성예금
M_2(총통화)	M_1+2년 이하 정기 예·적금, 실적배당형상품, 금융채+시장형 상품+기타(투신증권저축, 종금사 발행어음)
M_3(총유동성)	M_2+만기 2년 이상 정기 예·적금 및 금융채 등+한국증권금융㈜의 예수금+생명보험회사의 보험계약준비금 등
MCT	총통화(M_2)+양도성예금증서(CD) 발행액, 은행금전신탁(TRUST)

그림 2-1 화폐의 신용창조과정

을 가지고 다시 대출을 할 때에 일정 비율의 돈을 지불준비금 형태로 금고에 비치해야 하는데, 이 비율을 지급준비율이라 한다. 만약 예금에 대한 지급준비율이 10%일 경우, A은행은 지급준비금 100원을 금고에 예치하고 남은 잔액인 900원을 신규로 대출해 줄 수 있다. 900원을 대출 받은 개인이 자기의 거래은행인 B은행에 다시 예금한다면 B은행은 A은행과 마찬가지로 지급준비금 90원을 남겨 둔 잔액 810원을 또 다시 대출해 줄 수 있다. 810원을 대출 받은 개인은 또 다시 자기의 거래은행인 C은행에 예금하는 등 계속해서 예금-대출 과정이 이루어지게 된다. 이런 반복적인 과정을 화폐의 신용창조과정이라 한다.

앞의 예를 일반화해 보자. 중앙은행이 S원을 발행, 동시에 동일금액이 A은행에 요구불 예금으로 예치되고, 지급준비율 r을 제외하고는 전액 대출된다고 가정하자. S는 최초로 시중에 유출된 돈이다. 그리고 S(1-r)은 A은행에서 지불준비금만 남기고 또 다른 은행에 대출된 돈이다. 앞의 예처럼 이런 과정이 지속된다면 전체 시중의 통화량은 다음과 같은 식으로 계산된다.

$$\text{통화량} = S + (1-r)S + (1-r)^2S + (1-r)^3S + \cdots\cdots\cdots$$

위의 식은 두 번째 항부터 (1-r)을 각 항마다 곱한 다음 이를 모두 합하도록 되어 있다. 이를 수학적으로 무한한 수가 일정비율만큼 곱해져 모두 더해졌다고 해서 무한등비급수라 하는데, 이의 합을 구하기 위한 공식은 다음과 같다. 전체 합은 처음 항과 공통의 항만 있으면 계산할 수 있다.

$$\text{무한등비급수 합산공식} = \frac{\text{초항(처음항)}}{1-\text{공비(공통의 항)}}$$

공식에 의하면 통화량 전체의 합은 다음과 같이 계산된다.

$$통화량 = \frac{S}{1-(1-r)} = \frac{S}{r}$$

앞의 예에서 최종적으로 새로 창조된 예금은 위의 공식에 대입해 계산해 보면, 본원예금 1,000원의 10배인 10,000원 된다. 따라서 신용통화 9,000원이 새로 만들어진 셈이다. 만약 지급준비율이 5%만 되면 신용통화는 20배로 늘어나게 된다. 늘어난 10배 또는 20배를 통화승수라 한다. 통화승수는 본원통화와 광의통화인 총통화금액의 비율로 시중은행이 신용창조를 얼마나 했는지를 나타내는 지표이며, 우리나라의 경우 매월 한국은행에서 통화유동성 통계지표에 통화승수를 고시하고 있다. 결국 시중통화량은 통화정책 당국이 통화량에 결정적인 영향을 미치는 본원통화의 지급준비율을 어떻게 결정하는가에 달려 있는 것이다. 은행의 화폐를 통한 신용창조, 즉 대출금의 창조로 개인들은 빚인 부채가 새로 형성되고, 이 빚은 또 다른 수익을 내기 위해 재투자되거나 단순소비를 위해 투자되면서 금융거래의 윤활유 역할을 한다. 그러므로 한 나라의 은행은 국가 전반적인 경제흐름에 상당히 중요한 역할을 하고 있는 셈이다.

한편, 신용경색이라는 용어가 언론매체에 자주 등장하는데, 이는 말 그대로 자금수요자와 자금공급자 간의 신용, 즉 대출이 잘 이루어지지 않는다는 것을 의미하며, 그 원인이 자금공급자에 있는지, 아니면 자금수요자에 있는지에 따라 국가경제에 미치는 파급효과가 상당히 달라진다. 지금까지 발생한 대부분의 신용경색은 주로 자금공급자가 원인을 제공하였는데, 대부분은 단순히 마음에 안 들면 돈을 안 빌려 주겠다는 지극히 '갑'의 입장에서 판단하였기 때문이다. 이것이 바로 신용화폐의 창조능력을 갖고 있는 은행과 그렇지 못한 사람들 간의 현실이다.

진짜 문제는 화폐의 신용창조 현실보다 이런 원리로 인해 시중의 누군가는 금전적인 피해를 입어야 한다는 것이다. 이를 통해 부자와 가난한 사람 간의 빈부격차가 발생했으며 그 격차는 확대될 뿐이지 해소되지는 않는다. 만약 돈이 필요해서 부득불 은행을 통하여 돈을 빌렸다면 정해진 때에 은행에서 빌린 돈의 원금과 이자를 갚아야 하며, 만약 제때에 갚지 못하면 담보로 잡혔던 자산을 은행에 넘겨주어야 한다. 자산을 지키고 싶다면 다른 누군가의 돈, 즉 원금을 가져와야 한다. 시장에 있는 돈은 오로지 원금뿐이기 때문이다. 결국 이자는 허상일 뿐이고 실제로는 존재하지 않는 돈이다. 이런 현상은 의자 뺏기 게임과 비슷하다. 모두 의자에 앉으려고 하지만 의자가 사람 수만큼 충분하게 준비되어 있지 않다. 당연히 의자에 앉지 못하는 사람이 생긴다. 전체적으로 항상 빌린 금액보다 갚아야 할 금액이 더 많아지는데, 이를 '빚의 무한 순환'이라고 한다. 결국 이러한 시스템에서는 누군가는 파산할 수밖에 없다. 이는 개인이나 기업, 심지어 정부도 해당된다. 만약 정부가 경기부양을 위해 추가 재정지출을 결의했다면 재원, 즉 돈이 필요하다. 이 돈은 국민들에게 추가로 세금을 걷거나 혹 여의치 않다면 후손들이 내야 할 세금을 담보로 증권, 즉 국채를 발행하여 조달한다. 집행될 돈은 누군가 언젠가는 갚아야 할 빚인데, 대부분 후손들에게 떠넘겨진다. 정부 역시 화폐 신용창조 시스템의 일원일 뿐이다.

그렇다면 이런 시스템에서 화폐가 줄어들 경우는 없는가? 두 가지 경우가 있는데, 하나는 누군가 부도가 나서 돈을 갚지 못해 그 액수만큼 돈이 허공으로 날아가는 것이고, 다른 하나는 은행, 엄밀히 말하면 중앙은행이 시중의 돈을 회수하는 것이다. 이 두 가지 모두 금융경제생활에서 자주 발생하지는 않는다. 일단 돈은 한번 풀리면 그 나름대로 자생력을 갖추고 흘러가며, 물리적으로 방해하려고 하면 저항력이 생겨서 마찰을 불러오기 때문이다. 자본주의하에서 화폐의 신용창조 시스템은 우선적으로 은행이 주도하고 있기 때문에 그와 관련된 수많은 행적과 스캔들이 동서고금을 막론하고 발생하였으며, 아직도 드러나지 않은 음모와 의혹 등은 이미 여러 책에서 소개되고 있다.

2. 인플레이션(Inflation)

인플레이션은 물가가 지속적으로 현저하게 상승하는 현상을 말한다. 반대로 물가가 지속적으로 하락하면 디플레이션이라고 한다. 한 나라의 경제가 성장하는 과정에서는 일상적인 인플레이션이 발생하는데, 경기 사이클(cycle)상 이는 염려할 필요가 없는 안정적인 단계로 그 나라 경제에 부정적인 영향보다는 긍정적인 영향을 더 많이 끼친다. 물가가 하락하는 경제후퇴기, 즉 디플레이션은 나라 경제에 부정적인 영향만 미치므로 위정자들이 가장 경계해야 하는 경기 사이클이다. 대표적인 예가 일본으로, 지난 2000년대부터 전형적인 디플레이션 현상을 겪고 있는 중이다. 이밖에 경제성장률이 하락하면서, 즉 경기가 불황이면서 물가가 상승하는 현상이 나타나기도 하는데, 이런 특이한 경기현상을 스태그플레이션(stagflation)이라고 한다.

물가는 우선적으로 물건을 만드는 데 필요한 원자재의 수요와 공급에 의하여 결정된다. 만약 원자재 공급이 어떤 이유로 인해 줄어들면 당연히 물건 개수가 줄어들게 되고 물건 값은 상승하게 된다. 사실 물가의 상승과 하락은 자본주의 경제에서 충분히 예견된 사안인 만큼 어느 경제주체이든지 간에 사전에 충분히 대처가능한 일이다. 더군다나 자본주의 역사상 수많은 시행착오를 겪으면서 축적된 노하우가 있기 때문에 물가 문제는 대부분 해결할 수 있었다.

그러나 원자재 이외의 요인으로 물가가 상승한다면 문제는 복잡해진다. 가장 대표적인 것이 시중의 통화량이다. 통화량의 많고 적음으로 인해 물건의 구매력을 나타내는 화폐가치가 요동친다면 물가 자체의 변동 때보다 훨씬 더 혼란에 빠지게 된다. 만약 물건의 생산량이 화폐량과 같은 속도로 증가한다면 물가는 안정될 것이다. 더구나 소득증가에 따라 사람들이 화폐를 보유하고자 한다면 시중에 돈이 줄어들어 오히려 물가는 점진적으로 하락할 수도 있다. 화폐 측면에서 인플레이션은 화폐증가율이 물가상승률보다 높은 경우에 나타난다. 이는 화폐증가율만 조절하면 인플레이션을 충분히 조절할 수 있다는 의미이다. 그러나 이게 만만치가 않다. 밀턴 프리드만(Milton Friedman)은 그의 저서 〈화폐경제학〉에서 '인플레이션은 화폐가 직접적인 원인이고 물가상승은 그 결과이다.' 라고 주장하였다. 그는 단적으로 인플레이션은 화폐량이 생산량보다 더 급속히 증가할 때 발생하는 화폐적 현상이라고 하였다. 그러면서 화폐의 과도한 발행이 가장 큰 문제라고 지적하였다. 그는 인플레이션과 알코올 중독을 교훈적으로 비유하였다. 알코올 중독자가 술을 마시기 시작하면 처음에는 기분이 좋다. 그러나 다음날 아침 숙취에서 깨어날 때에야 비로소 나쁜 효과가 있었음을 깨닫는다. 그리고는 후회한다. 다시는 먹지 않겠다고 말이다. 인플레이션도 마찬가지이다. 한 나라가 인플레이션 과정에 처음 들어설 때 그 효과는 좋아 보인다. 화폐 증가는 그 처분권을 가진 자가 누구든지 간에 다른 어느 누구의 지출감소를 강요하지 않고서도 지출을 늘어날 수 있게 해준다. 이에 따라 일자리가 늘어나고 사업이 활기를 띄면서 거의 대부분의 사람들이 행복해진다. 처음에는 그렇다. 사회경제적으로도 좋은 효과이다. 그러나 점차 지출이 증가하면서 물가 상승압박이 나타나기 시작한다. 근로자들은 명목임금은 상승하였지만 그에 상응한 화폐구매력이 떨어지는 것을 알게 되고, 사업가들은 매출이 증가했더라도 생산비가 상승하여 제품의 가격상승 없이는 예상했던 수지가 맞지 않는다는 점을 알게 된다. 서서히 가격인상과 소비감소 등 나쁜 효과들이 나타난다. 알코올 중독자의 경우처럼 화폐발행을 더욱 늘리고 싶은 유혹이 생긴다. 더군다나 어느 누구도 화폐발행을 반대하지 않기 때문에 이런 유혹을 물리치기란 결코 쉽지 않다.

인플레이션을 처방하는 방법은 알코올 중독을 처방하는 것과 거의 유사하다. 금주(禁酒)를 결심한 알코올 중독자는 처음에는 거부반응에 대한 심한 통증을 느끼다가, 점차 한 잔 마시고 싶은 욕구를 느끼지 않는 행복한 상태가 된다. 인플레이션의 경우도 마찬가지이다. 화폐증가율 감소에 따른 효과로 경제성장 둔화, 일시적인 실업 증대가 나타나지만, 1~2년이 지나면 비로소 인플레이션의 진정, 안정적인 경제성장과 같은 좋은 효과가 나타나기 시작한다.

1971년 달러를 매개로 한 세계 각국의 통화가치를 금으로 묶어 두었던 브레턴우즈 협정(Bretton Woods Agreements)이 붕괴되면서 화폐를 금으로 교환할 수 있는 안전장치가 사라져 버렸다. 그 결과 미국을 포함한 세계 여러 나라는 너무나 자연스럽게 아무런 제재도 받지 않고 화폐를 발행할 수 있게 되었다. 통화발행 시스템 자체가 완전히 바뀌게 된 것이다. 붕괴되기 전에는 해당 통화가치를 절하하고 싶을 때 해당 통화와 금 사이의 교환비율을 낮게 조정해야 했으며, 금 보유가 여의치 않을 경우에는 그렇게 할 수가 없었다. 그러나 협정이 붕괴되면서 굳이 금이 필요하지 않게 되자 평가절하를 마음껏 할 수 있게 되었고, 대내외에 발표할 필요도 없이 반복적으로 할 수 있게 되었다. 금과 교환할 필요가 없는 화폐를 흔히 '법정 불태환 통화' 라고 한다. 사실 이런 화폐가 등장하면서 인플레이션이 탄생하게 된 것이다. 협정 붕괴 이전 체제에서는 인플레이션이나 디플레이션 등의 용어 자체가 존재하지 않았다. 그리고 불태환 통화가 등장하면서부터 금리, 즉 이자율도 중요해지기 시작하였다. 이자율의 상승과 하락으로 인해 통화량의 과부족이 발생하면서 물가에 직접적인 영향을 미치기 때문이다. 통상 정부 당국은 통화량보다는 이자율로 통화량을 조절하는데, 이자율 조절이 질적 통제라면, 통화량 조절은 양적 통제 수단인 셈이다.

흔히 자금을 사용하는 대가로 이자를 지급하는데 사용자금(원금)에 대한 이자의 비율을 이자율이라 한다. 이자율은 우선적으로 실물과 금융 부문의 연결고리 역할을 한다. 즉 이자율은 실물 부문에 해당되는 가계저축과 기업의 투자 여부에 영향을 미치는데, 주로 자금조달과 자금운영의 가이드라인이 된다. 자금수요자 입장에서는 자본비용(cost of capital)이 되고, 자금공급자 입장에서는 투자수익률(return of investment)이 되므로 양자 간의 의사결정에 가장 중요한 척도가 된다. 또한, 금융 부문에서 보유기간에 따른 현재가치와 미래가치 간의 연결고리 역할을 한다. 예를 들어 1년 후의 미래가치는 지금 현재가치에다 1년 동안 생기는 이자를 더하면 되는데, 이를 식으로 나타내면 다음과 같다.

미래가치=현재가치+현재가치×연이자율=현재가치×(1+연이자율)

한편, 미래가치를 지금의 현재가치로 환산하는 것을 할인(discounting)이라 하며, 원금에 이자를 가산하여 이자가 부리되는 복리법과 단순히 원금은 변하지 않고 이자만 부리되는 단리법이 있다.

이자율도 다양한 종류가 있지만 가장 중요한 것이 명목이자율과 실질이자율이다. 명목이자율은 물가상승률에 따른 화폐구매력의 감소를 보전하기 위한 보상을 포함한 이자율이고, 실질이자율은 물가변동이 없는 순수이자율을 말한다. 물가가 상승하면 실질이자율은 명목이자율에서 물가상승률만큼 차감해야 한다. 저축자나 투자자의 관심은 명목이자율에 있는 것이 아니라 실질이자율에 있기 때문에 저축과 투자의 결정요인은 실질이자율의 증감이다. 이를 식으로 표현하면 다음과 같은데, 이를 피셔방정식(Fisher equation)이라고도 한다.

명목이자율=실질이자율+기대인플레이션

위의 식에서 기대인플레이션이 명목이자율보다 높으면 실질이자율은 마이너스(-)가 된다. 이는 저축을 하면 할수록 손해라는 뜻이다. 반대로 돈을 빌린 입장에서는 이익이 된다. 즉, 부채를 보유하고 있는 경제주체는 인플레이션으로 뜻하지 않게 이익을 본다는 의미이다. 그래서 부채 과다 보유자는 이러한 인플레이션을 기다리고 있거나 오히려 인플레이션을 유발하는 행위도 조장한다. 결국 인플레이션으로 인해 이익을 보는 사람과 손실을 보는 사람이 생긴다. 이익을 보는 집단은 주로 주식, 채권, 부동산 등 실물자산을 소유하고 있거나 화폐부채를 소유한 사람들이다. 반면, 손실을 보는 집단은 주로 예금이나 현금 등 화폐자산을 소유한 사람들이다. 인플레이션은 경제 사이클 상 필수불가결하게 나타나므로 승자와 패자 간 수익률 싸움은 불 보듯 뻔하며, 이로 인한 사회후생적인 부작용은 이루 말할 수 없다.

우리나라의 경우 1970년대 초반부터 정부 주도의 대대적인 경제개발 사업이 시작되었는데, 이후부터 부동산을 통하여 자산증식을 꾀한 투자자는 인플레이션 덕을 톡

톡히 봐서 대부분 엄청난 이익을 취하였다. 단순하게 보더라도 집값이 계속 상승하다 보니 그 집을 담보로 빌린 대출금이자율보다 집값 상승률이 높아, 그 차액이 고스란히 이익으로 남았다. 그 대신 은행 등 금융기관에 정기예금이나 정기적금을 꾸준히 불입한 사람들은 인플레이션만큼 손실을 보았다.

Chapter 03

현대 금융의 특징

2008년 9월 미국의 서브프라임 모기지(subprime mortgage) 사태가 본격적으로 세상에 알려지자 전 세계는 충격에 휩싸였다. '아니, 금융의 최첨단을 뽐내는 미국에서 이런 일이 발생할 줄이야.' 미국의 월스트리트는 금융종사자라면 누구나 동경하는 곳이다. 이곳 월스트리트의 최고 금융전문가들이 만든 주택담보용 모기지 금융상품이 문제의 발단이라고 한다. 상식적으로 이해되는가? 간단한 예로 주택담보가치의 100%를 넘는 대출을 해 주었다. 무언가에 홀리지 않고서는 있을 수 없는 일이 발생한 것이다. 미국 서브프라임 사태는 소위 첨단 금융상품이란 것도 한 꺼풀 벗겨내면 허점투성이라는 것을 알려 주었으며, 글로벌 금융세상에서 누구든지 이러한 속임수에 빠져들 수 있다는 것을 확실하게 느끼게 해 준 사건이었다. 금융선진국에서조차 이러할진대 그렇지 않은 국가에서는 어물쩍 넘어가는 금융거래가 다분하지 않을까 하는 의구심까지 든다. 이 사건은 지금의 금융세상에서는 겉으로 드러나는 것만 보고 투자판단을 해서는 안 된다는 분명한 신호이다. 금융패러다임에 엄청난 지각변동을 몰고 온 것이다.

이를 계기로 일반인조차 금융의 실체나 그 속성이 수시로 변하고 있는 것을 감지하였으며, 금융은 단순히 금융상품을 사고팔거나 또는 적절한 자금을 조달하고 운용하는 중개과정이 아니라, 그 속에 내재된 리스크를 거래하는 것이라고 어렴풋이 알게 되었다. 지금까지 대부분의 금융상품은 포트폴리오를 통한 예상수익률 실현에 초점을 맞추었다. 하지만 이제는 아니다. 굳이 투자전문가가 아니어도 누구든지 수익을 창출하는 원천에 관한 정보나 자금운용전략을 객관적 정보에 근거하여 구사할 수 있게 되었다. 따라서, 누구나 아는 기본적인 수익시현은 투자자를 만족시키지 않을 뿐더러 과거처럼 간단히 수익을 시현할 대상도 독점적으로 운용할 수 없게 되었다. 그에 따라 전에 없던 금융상품을 포장하는, 즉 투자자를 유인하는 혁신적이고 차별적으로 보이는 그럴싸한 상품이 등장하였고, 이런 상품이 시장에서 인기를 끌다 보니 더욱 대중화되었다. 점차 금융상품의 대중성 여부는 상품에 내재된 리스크를 어떻게 조립할 것인가로 귀결되었다. 금융상품에 내재되어 보이지 않았던, 그래서 개념적이고 추상적으로만 느껴졌던, 한편으로 그냥 무시해도 될 것 같았던 리스크가 본격적으로 주목 받기 시작한 것이다. 리스크를 어느 정도 감수하느냐에 따라 수익률이 결정되는 하이리스크-하이리턴(High Risk-High Return)의 금융세상이 펼쳐진 것이다.

1. 금융시장을 뒤흔드는 전혀 예상치 못한 큰 사건이 자주 나타난다 – 블랙스완(black swan ; 검은 백조)

사람은 나이를 먹으면서 점차 세상살이가 어렵고 곳곳에 위험이 도사리고 있다는 것을 느끼게 된다. 직접 경험해 본 사람이라면 더욱 피부에 와 닿는다. 더욱이 수많은 이해관계가 얽혀 있는 비즈니스 세계에서 이런 현상은 비일비재하다. 금융시장은 더하다. 매순간 수익추구를 위해 치열하게 싸움이 벌어지는 아주 위험한 곳이다. 이 가운데 주식시장은 더욱 그렇다. 하지만 특이하게도 주식시장이 위험한 줄 알면서도 항상 사람들로 넘쳐 난다. 왜 그럴까? 이익과 손실이 공존하기 때문이다. 주식을 거래하다 보면 손실이 나거나 수익이 미미하더라도 언젠가는 큰 이익이 날 수 있다는 기대나 희망이 있기 때문이다. 금융시장만큼 이익과 손실이 드라마틱하게 발생하는 곳은 없다. 남들보다 이익과 손실이 기대보다 자주 발생하면 할수록 리스크에 크게 노출된다.

금융자본주의가 태동하면서부터 세계적으로 유수한 금융경제학자들은 금융시장에 존재하는 리스크를 계량화하고자 끊임없이 시도하였다. 불확실성에서 출발한 리스크를 객관적으로 인식하고 측정함으로써 수익추구과정에서 필연적으로 따라다니는 리스크를 통제하여 그로부터 자유로울 수 있도록 부단한 노력을 쏟아부었다. 그로 인해 전 세계 금융시장은 그 규모나 운용기술이 비약할 정도로 성장하였다. 그러나 새로운 금융상품이나 첨단기법이 등장할 때마다 당초 예상치 못했던 새로운 리스크가 등장하였는데, 이는 앞으로 어떠한 최신 금융기법이 개발되어도 그에 따르는 필연적인 리스크를 없앨 수 없다는 의미이다. 그 결과 세계 도처에서 금융불안과 위기는 끊임없이 발생하였고, 그에 따른 미래 불확실성도 계속해서 이어졌다.

미국의 경우, 1987년 블랙먼데이(black monday)를 시작으로 1989년과 1990년 사이 정크본드(junk bond) 시장의 붕괴, 2000년과 2001년도에 IT 버블 붕괴 및 엔론(Enron)사태 발발, 그리고 2007년 후반기부터 시작된 서브프라임 모기지 사태[1)]가 발생하였는데, 희한하게도 갈수록 금융위기의 반복속도가 빨라지고 그 진행시간도 길어졌다. 또한, 1980년대부터 지속된 라틴아메리카 위기[2)], 1992년 유럽 ERM(Exchange Rate Mechanism) 위기[3)]가 있으며, 이 위기 때 조지 소로스를 중심으로 한 대규모

표 3-1 대규모 금융사고 사례

발생 연도	사건명	손실규모 (억 달러)	주요 내용
1995년	Barings	17	닉리슨이 싱가폴 국제통화거래소에서 일본 니케이지수 선물거래를 했으나 예측오류 및 여러 실수로 손실이 발생하였고, 이를 숨기고 손실을 만회하기 위한 무모한 거래로 결국 은행의 파산을 가져옴
1998년	LTCM	40	아시아 위기로 확대된 이자율스프레드가 향후 축소될 것으로 예상하고 투자했으나, 러시아 위기 이후 안전자산을 선호하면서 오히려 스프레드가 확대되어 손실을 초래함
2001년	Enron	318	에너지중개업으로 급성장했으나 에너지 선물 등 신종파생상품에 투자하면서 엄청난 손실을 입었고, 더욱이 분식회계로 이를 감추고자 해 몰락을 초래함
2002년	WorldCom	110	IT 버블이 꺼지면서 손실이 발생했는데도 회계부정을 통해 주가를 조작하려다 결국 파산함

출처 : 김인준·이영섭(2009), p.569

Footnote

1) 2000년대 이후 미국의 부동산시장이 호황을 맞으면서 은행들은 서로 앞다투어 부동산 관련 대출을 증대시켜 왔다. 지속적인 부동산가격 상승으로 인해 사람들은 주택투자 수익률이 계속 상승할 것이라 확신했고, 또한 은행들도 부실위험이 없다고 믿고 다소 신용이 떨어진 사람들에게까지 대출을 확대했다. 서브프라임 모기지 대출은 당시에 신용조건이 열악한 사람들을 상대로 집 시세의 100% 수준까지 대출해 주는 전형적인 대출상품으로 상당히 인기가 높았다. 이를 기초로 한 다양한 파생상품에 국제 금융시장의 헤지펀드 및 금융기관들도 막대한 금액을 투자했다. 그런데 연방금리 상승과 함께 집값이 하락하면서 대출자들의 대출원리금 미상환 노출과 연체율이 급증하면서 문제가 발생하였다. 결국 2007년 4월, 미국 2위의 서브프라임 모기지 회사인 뉴센튜리 파이낸셜사가 부도처리되었다. 이후 부실대출에 따른 금융기관 손실 및 관련 파생상품 투자손실 등으로 미국을 비롯한 세계의 헤지펀드, 은행, 보험사 등이 연쇄적으로 붕괴하면서 위기가 전 세계적으로 확산되었다.

2) 동 위기는 1980년대 외채 위기, 1994~1995년 데킬라 위기, 1999년 브라질 위기, 2002년 아르헨티나 위기 등 여러 번 발생했다.

3) 유럽 ERM 위기는 1992년 대규모 자본의 투기적 공격에 의해 영국, 이탈리아, 스페인이 ERM을 탈퇴하면서 발생하였다.

투기자본들이 영국의 파운드화에 대해 약 150억 달러의 매도포지션으로 투기적 공격을 개시한 결과 이탈리아, 스페인으로까지 그 위기가 번졌다. 그리고 1997년 동아시아 외환위기[4]에 이어 1998년 러시아 국가부도 위기[5] 등을 들 수 있다.

그림 3-1은 금융위기 간 충격을 비교한 것인데, 그 중 눈에 띄는 것이 미국의 서브프라임 모기지 사태이다. 이때 시장충격의 지속기간은 블랙먼데이 때보다 거의 10배 이상 길게 나타나 있다. 이는 어느 누구도 상상하지 못했던 현상이며, 통계적으로도 가장 극단적인 사건으로 간주되고 있다.

금융시장에서 전혀 예상치 못했던 큰 사건을 금융용어로 '블랙스완(black swan)'이라고 한다. 2010년대 들어 중동의 민주화 바람, 일본의 대지진 참사, 유럽의 재정위기 등 금융시장에 찬물을 끼얹는 돌발변수들, 즉 블랙스완이 느닷없이 밀어닥치고 있는데, 이는 금융세상에서 수익을 추구하는 투자자들의 노력을 한순간에 물거품으로 만들어 버린다. 블랙스완은 월스트리트의 투자전문가이자 새로운 현자로 떠오른

그림 3-1 국제금융위기 충격비교

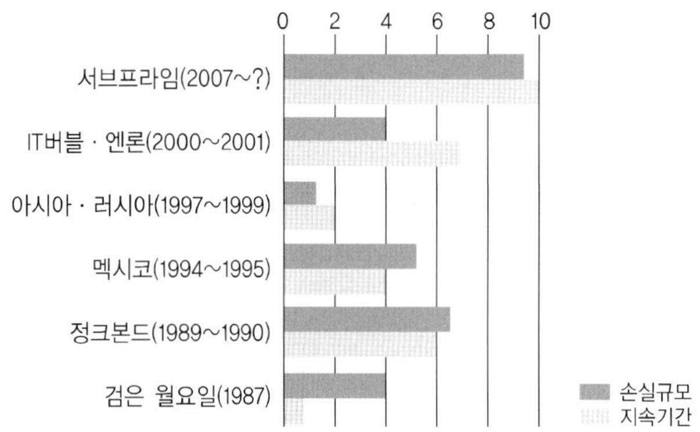

주 : 미국기업들의 이득(earnings)에 대한 충격, 지속시간은 위기 직전 분기의 이득수준으로 회복될 때까지의 분기수, 손실규모는 위기 직전 분기이득(A) 대비 지속기간(B) 중 총손실규모의 비율(=B/A)
자료 : Economist, 2008. 5. 17.

출처 : 김인준 · 이영섭(2009). p.568

Footnote

4) 동아시아 위기는 1997년 7월 2일 태국의 바트화가 폭락하면서 시작되어 이웃나라인 인도네시아, 말레이시아, 필리핀으로 전이되었고, 10월에는 마침내 우리나라에까지 파급되었다. 이런 위기를 겪게 된 근본적 원인을 1994년에 단행된 중국 위안화의 40%에 달하는 평가절하에서 그 원인을 찾는 시각도 있다. 위안화 평가절하로 인해 이들 국가들이 가격 경쟁력을 잃었기 때문이라는 것이다.

5) 소련 붕괴 이후 대부분 동구권 국가들과 마찬가지로 러시아도 1990년대 내내 심각한 경기침체 및 인플레이션에 시달렸다. 1997년에 들어서야 IMF 지원으로 루블화 가치를 안정시키고 인플레이션을 일부 진정시키기 시작했다. 그러나 여전히 재정적자 문제를 해결하지 못했고, 정부부채는 지속적으로 급증했다. 급기야 1998년 8월, 러시아 정부는 환율목표를 포기하고 동시에 부채에 대한 채무불이행 및 외자지급 동결을 선언했다. 이후 루블화 가치는 급락하였고 인플레이션은 급등하는 최악의 사태에 직면하게 되었다.

나심 니콜라스 탈레브(Nassim Nicholas Taleb)가 그의 베스트셀러인 〈블랙스완〉에서 처음 사용하였는데, 이는 서구인들이 18세기 오스트레일리아 대륙에 진출했을 때 '검은색 고니'를 처음 발견한 사건에서 가져온 은유적 표현이다. 당시 흑고니의 발견은 백조는 곧 흰색이라는 경험법칙을 완전히 무너뜨린 획기적인 사건이었다.

우리나라도 예외는 아니다. 1997년 IMF 외환위기 이후 2002년 벤처 열풍으로 시작된 닷컴버블 붕괴, 2004년 신용카드 사태, 2008년 미국의 서브프라임 사태 및 2009년 동유럽의 재정적자로 시작된 유로존(Euro Zone)의 계속된 재정위기로 인한 국내 외환시장의 불안 등 크고 작은 금융위기가 반복적으로 발생하였다. 이 중 특이한 것은 미국의 서브프라임 사태를 받아들이는 시장참가자들의 반응이었다. 심지어 금융에 관심이 없는 일반사람들조차 무언가 이상하게 흘러가고 있다는 것을 깨달았다. 지금까지 금융자본주의의 근간이 되었던 이론적인 명제나 기본원칙에 문제가 있지 않나 하는 의구심이 발동한 것이다. 이는 금융세상에 아주 중요한 시사점을 던져주었다.

현대 금융이론의 초석은 1952년 해리 마코위츠(Harry Markowitz)가 그의 논문에서 발표하였던 포트폴리오(portfolio)이론이다. 그는 이 공로로 1990년에 노벨경제학상을 수상하였다. 그의 저서 〈포트폴리오 선택(Portfolio Selection)〉은 재무관리 발전의 획기적인 전기를 마련하였다는 평가이다. 그가 발견한 것은 리스크가 있는 주식들을 일정한 방법으로 구성해서 포트폴리오를 구성하면 전체 포트폴리오의 리스크는 그 안에 포함된 개별주식의 리스크보다 작아진다는 것이다. 포트폴리오 이론은 주어진 리스크 하에서 가능한 한 가장 높은 수익률 혹은 주어진 기대수익하에서 가능한 한 가장 적은 리스크를 얻는 최적의 자산군을 선택하는 것이다. 문제는 포트폴리오 이론에 전제된 두 가지 가정에 있다.

첫 번째 가정은 오늘의 증권가격은 내일의 증권가격 변화에 영향을 주지 않는다는 것으로, 가격변화들이 서로 독립적이라는 것이다. 이는 오늘 주가는 오늘의 모든 변동요인들을 반영하여 형성된 것이고, 내일 주가는 내일의 변동요인들을 반영할 것이므로 오늘과 내일의 주가는 상호 독립적으로 움직인다는 것이다. 따라서, 어떠한 기술적 방법에 의한 모든 주가예측은 의미가 없으며, 한마디로 주가예측은 불가능하다는 것이다. 이는 1900년 프랑스 수학자인 루이 바슐리에(Louis Bachelier)가 당시 확률이론 분야에 신기원을 기록한 랜덤워크(random walk)이론에 근거한 것이었다.

랜덤워크는 임의의 과정을 통해서 생성된 연속 숫자들을 의미한다. 예를 들면, 가지고 있는 동전을 던졌는데 10회 연속해서 뒷면이 나왔다고 하더라도 다음번에 뒷면이 나올 확률은 여전히 50%라는 것이다. 이를 '무작위적 가격변화', '갈지자로 멋대로 걷는 것' 이라고도 한다. 이 이론은 유진 파마(Eugene F. Fama)가 주창한 '효율적 시장가설[6](EMH ; Efficient Market Hypothesis)' 을 통해 그 영향정도에 따라 약형, 중형, 강형 시장으로 변형되어 근래까지 금융시장에 존재하는 모든 상품의 자산가격 모델링(modeling)의 핵심이론으로 발전되었다. 그러나 실제 현실에서는 금융자산의 가격변화들이 서로 독립적이지 않다는 것이 속속 드러나기 시작하였다. 〈시장변화를 이기는 투자〉의 저자 버튼 맬킬(Burton G. malkiel)은 이 책의 부제로 '랜덤워크가 월스트리트에 추락했다' 라고 인용할 만큼 랜덤워크 이론을 다양한 증명과 함께 부인했다. '시장이 완벽한 랜덤워크는 아니다.' 라는 것이다. 또한 효율적 시장이론에 대해서도 부정적인 시각을 나타냈다. 이 이론의 불합리성에 결정적 일침을 가한 사람은 〈블랙스완〉의 저자 나심 니콜라스 탈레브와 〈프랙털이론과 금융시장〉의 저자 브누아 만델브로트(Benoit B. Mandelbrot)이다. 만델브로트는 많은 금융시장에서 결정된 일련의 가격들은 일종의 기억을 갖고 있어, 만약 오늘 가격이 크게 오르거나 내린다면 내일도 그처럼 심하게 움직일 가능성이 눈에 띄게 커진다고 하였으며, 이의 근거로 프랙털[7]이론을 제시하였다. 예를 들어 보자. 어떤 기업이 오늘 하는 일, 예컨대 인수합병, 신제품 개발 등의 일은 그 기업이 지금부터 10년 뒤에 어떤 기업이 될 것인지에 영향을 미친다. 마찬가지로 오늘날 그 기업의 주가 움직임은 내일의 주가 움직임에도 영향을 미칠 것이다. 오늘 어떤 기업에 나쁜 소식이 발생하면 어떤 투자자는 재빨리 반응하는 반면, 이들과 다른 경제적 목표와 좀 더 장기적인 안목을 갖고 투자하는 사람들은 한 달이나 1년 동안 아무 반응을 보이지 않을지도 모른다.

현대 금융이론의 근간인 포트폴리오이론의 두 번째 가정은 금융시장에서 가격의 변화는 정규분포를 따른다는 것이다. 보통 어떤 사건이 발생할 확률과 그 결과값은 일정한 분포[8]를 갖는다. 평균적으로 가장 자주 일어나는 사건은 확률이 높은 반면,

Footnote

6) 이상적인 자본시장에서는 모든 정보가 이미 그날 자본가격에 반영되어 있다는 가설로 자본시장의 효율성 여부를 이용 가능한 정보범위에 따라 약형, 중형, 강형으로 구분한다. 약형시장의 정보범위는 역사적 정보, 중형시장의 정보범위는 과거자료 외에 공시자료까지, 강형시장의 정보범위는 비공식적인 내부자료까지 포함한다.

7) 눈송이를 자세히 들여다보면 마치 나뭇가지와 같은 형상을 하고 있는 것을 알 수 있다. 눈송이를 구성하는 가지를 더 크게 확대해서 보면 역시 비슷한 가지가 나타난다. 이처럼 자기복제에 의해 부분이 전체를 형성하는 것을 프랙털이라고 한다.

8) 이를 확률분포라고 하는데, 금융세상에서 자주 사용하는 분포로 균등분포, 정규분포, 로그정규분포가 있으며, 이의 자세한 내용은 본 장 끝의 〈참고 3-1〉에 기술하였다.

사건의 빈도가 줄어들면 확률도 낮아진다. 이처럼 사건의 빈도와 확률이 일정한 상관관계를 가지는데, 그 중 '종' 모양의 확률분포를 정규분포라 한다. 이는 확률분야에서 가장 많이 적용되고 실제적으로 가장 많은 사회현상을 대변하고 있어 금융이론에서도 절대적으로 인용되었다. 대표적으로 랜덤워크(Random Walk), 효율적 시장가설(EMH ; Efficient Market Hypothesis), 자본자산가격결정[9](CAPM ; Capital Asset Pricing Model), 리스크가치[10](VaR ; Value at Risk), 옵션가격결정모델[11](OPM ; Option Pricing Model) 등 대부분의 금융모델이 정규분포를 기본가정으로 채택하고 있다. 그러나 결론적으로 금융의 가격변화는 정규분포를 따르지 않는 경우가 자주 발생한다. 이에 대한 연구결과는 이미 수많은 학자들이 제시하여 더 이상 거론할 필요조차 없다. 이 분포에 따르면 수많은 조그만 변화들은 가운데로 집중하여 모여 있는 반면, 간헐적으로 발생한 큰 변화들은 분포의 양쪽 가장자리에 모여 있음을 알 수 있다. 따라서 대부분 통상적인 가격변화는 정규분포의 평균과 분산을 통하여 가격변화에 대한 가능성을 예측할 수 있으며 다행스럽게도 대부분 잘 들어맞는다. 그러나 양쪽으로 갈수록, 즉 분포의 꼬리 부분으로 갈수록 이러한 예측은 빗나간다. 문제는 여기서부터 시작된다. 지금까지 발생하였던 대부분의 금융위기는 바로 정규분포상의 꼬리 부분에 있었다. 특히 두터운 꼬리부분이 가장 중요한데 그 만큼 충격이 강하다. 예를 들어 보자. 1987년 미국의 블랙먼데이(black monday) 당시 S&P500 지수는 하루에 무려 20% 이상 폭락하였다. 이를 정규분포에 대입해 보면 분포곡선에는 거의 나오지 않는 맨 왼쪽으로 치우친 곳까지 가야 겨우 볼 수 있는 위치이다. 그만큼 일어나기 어려운 사건인 것이다. 문제는 이 같은 극단적인 가격변화가 표준모델이 제시한 것보다 훨씬 더 자주 발생하고 그 강도도 커질 것이라는 데 있다. 그러므로 꼬리 부분이 점차 뚱뚱해지는 데 주목해야 하며, 특히 레버리지를 이용한 포트폴리오에서는 더욱 관심을 가져야 한다. 지난 1세기 동안 금융투자의 표준모델은 나름대로 금융시장의 발전에 지대한 공헌을 하였고, 투자자들로 하여금 금융현상을 이해하는데 많은 도움을 주었다. 그러나 금융이론의 기본전제인 핵심적인

Footnote

9) CAPM은 시장의 초과수익률만으로 해당 투자안의 수익률을 간단하게 알 수 있는 도구로, 투자뿐만 아니라 경영에 수반되는 광범위한 투자의사결정에도 활용되는 현대금융이론의 초석이다. 이는 윌리엄 샤프(William F. Sharpe)가 마코위츠의 현대포트폴리오이론(MPT : Modern Portfolio Theory)을 이용하여 개발한 것이다.

10) VaR는 정상적인 시장여건하에서 주어진 신뢰수준으로 목표기간 동안에 발생할 수 있는 최대손실금액을 말하며, 1994년 J. P. Morgan이 리스크측정기법으로 처음 도입하여 사용하였다. VaR모델의 형식은 다양하지만 그 기초는 리스크측정 도구로서 표준편차를 공통적으로 사용하고 있다

11) 1973년 피셔블랙과 마이런 숄즈 교수가 발표한 모델로, 보유자산의 현재가격, 가격변동성, 만기 시 옵션의 권리행사가격 등을 기초로 시장에서 거래할 수 있는 옵션가격을 산출하는 모델이다.

가정이 현실과 맞지 않다는 것도 알아야 한다. 앞으로의 금융패턴은 이론과 실제가 더욱 벌어지는 기이한 현상들이 넘쳐날지도 모르기 때문이다.

2. 리스크를 자꾸 소유하고자(risk taking) 한다

투자자의 리스크에 대한 취향은 크게 리스크회피형, 리스크중립형, 리스크선호형으로 분류되는데, 일반투자자들 대부분은 리스크회피형이나 리스크중립형에 속한다고 할 수 있다. 이런 패턴이 2008년 9월 미국의 서브프라임 사태가 터지면서부터 바뀌었다. 일반투자자들의 리스크 취향이 리스크선호형으로 바뀌었거나 이 세 가지 유형 중 리스크선호형의 비중이 훨씬 커졌다. 주된 이유는 금융자산에 기초한 금융상품, 즉 증권화가 가능해졌고, 실시간 금융거래가 확산되었으며, 단순 투자모형에서 투자자의 심리까지 반영한 정교한 투자모형들이 등장하였기 때문이다.

보편적으로 사람들은 투자과정에서 나타나는 리스크를 싫어하거나 아예 회피하는 쪽으로 행동할 것이라 판단한다. 하지만 지금의 금융세계는 투자 시 예상되는 리스크를 즉각적으로 측정하여 그에 적합한 투자정보를 실시간으로 얻을 수 있기 때문에 누구나 마음만 먹으면 본인이 태생적으로 안고 있는 리스크유형과 상관없이 투자할 수 있다. 그러나 투자 시 필연적으로 수반되는 리스크를 통제하는 다양한 수단이 적용되더라도 리스크가 근본적으로 없어지는 것은 아니다. 투자수단이 원시적이든지 지금처럼 최첨단이든지 간에 투자결과는 항상 이익 아니면 손실이다. 따라서 투자에 참가하는 누군가는 투자 시 나타나는 손실영역을 부담해야만 비로소 게임이 가능해진다. 그럼에도 불구하고 사람들은 왜 리스크선호형으로 바뀌었는가? 길거리를 지나가다 누구나 한번쯤은 편안한 노후를 떠올리며 '아, 저 정도의 상가건물 한 채만 있으면 참 좋으련만!' 이라고 생각한 적이 있을 것이다. 만약 생각지도 않게 여유자금이 생겨서 상가를 구입하여 임대한다고 하자. 무엇부터 해야 할까? 가장 먼저 상가투자로 얼마의 이익을 낼 수 있는지 분석해야 한다. 이후 입지선정부터 해당 상가 선정, 유동인구가 얼마나 되는지, 주요 구매층은 누구인지, 현재 돌아가는 경제상황은 어떤지, 어떤 임차인을 선정할 것인지, 임대료가 지속적으로 들어올 것인지 등 수많은 요인을 검토한 다음, 최종적으로 상가구입 여부를 판단해야 한다. 누가 봐도 말처럼 쉬운 작업이 아니다. 생각보다 골치가 아프고 혹시 기대한 만큼 이익이 안 나면 어쩌지 하는 불안감이 생기거나 또는 나는 이런 투자 타입이 아닌가 보다 하고 아예 접을 마음도 생긴다. 그런데 이런 상가수익을 그대로 복제한 금융상품이 개발된다면 어떻게 될까?

상가라는 실체를 구입하지 않더라도 마치 상가를 구입한 것처럼 동일하게 임대료와 같은 수익이 창출된다면 상황은 완전히 바뀐다. 골치를 앓지 않고 수익을 챙길 수 있는 수단이 생겼기 때문에 여건이 되는 사람들은 이를 적극적으로 구입하려고 달려들 것이다. 이런 현상은 기존의 상품을 마치 새로운 금융상품처럼 포장하는 '금융증권화'[12]라는 기술 때문에 가능해졌다. 2008년 전 세계 금융시장을 강타한 미국의 서브프라임 모기지 대출채권이 증권화를 통하여 마치 주식시장에서 거래되는 주식처럼 누구나 쉽게 사고팔 수 있게 되었다. 가만히 앉아 있는 대출이 유동화되면서 움직일 수 있는 증권으로 변한 것이다. 이런 사고방식으로라면 어떠한 금융비즈니스 모델이라도 증권화가 가능하다는 욕심이 들 것이다. 아무리 미래에 발생할 현금흐름이 미심쩍더라도 과거 경험실적에 근거한 현재자산의 현금흐름이 안정되어 있다면 아주 매력적인 증권화상품으로 포장되어 새로운 금융상품으로 재탄생될 수 있다. 증권화라는 금융기술이 전 세계로 확산되면서부터 시장참가자들의 투자패턴도 점차 리스크선호형으로 바뀌기 시작한 것이다.

증권화 이전에는 금융자산의 거래가격이 장래의 현금흐름을 할인한 현재가치를 기준으로 결정되거나, 최소한 이 기준하에 높거나 낮은 수준으로 결정되었다. 그러나 증권화가 가능한 이후부터는 해당 상품의 자산 가치를 따지기 전에 그 상품을 더 높은 가격으로 팔 수 있는지 혹은 그렇지 않은지 하는 관점에서 현재가격이 적정한지 또는 그렇지 않은지가 결정되었다. 〈버블경제학〉의 저자 오바타 세키(Obata Seki)는 이를 리스크 관점에서 진단하였다. 그는 증권화로 인해 투자를 위한 의사결정 초점이 장래 현금흐름을 확실히 얻을 수 있는지 여부에 관한 리스크가 아니라, 다른 투자자에게 팔 수 있는지 여부에 관한 리스크로 이동한 것이라고 하였다. 단순히 리스크가 이동한 것뿐인데 투자자들은 리스크가 소멸되었거나 축소되었다고 착각한다는 것이다. 투자자들의 리스크 착시현상은 증권화상품이나 금융공학상품에서 유독 강하게 나타나는데, 이는 그만큼 다른 금융상품에 비해 매력적으로 포장되었기 때문이다.

Footnote

12) 증권화의 자세한 사항(정의, 기원, 종류 및 속성)을 본 장 끝의 〈참고 3-2〉에 기술하였다.

한편, 투자자에게 노출된 리스크 중에서 가장 가슴 졸이는 일은 보유자산을 팔고 싶어도 팔 수 없는 상황에 직면하는 유동성리스크에 노출되는 경우이다. 그런데 증권화를 이용하면 가지고 있던 유동성리스크가 마법에 홀린 것처럼 없어져 버린다. 이전에는 전혀 거래가 되지 않았던 보유자산이 증권화를 통해 마치 제조공장의 금형 기계에서 자동화된 상품을 찍어 내듯이 상품화되어서 다수의 투자자들을 현혹시킨다. 대부분 이런 유형의 금융상품은 실체가 있는 금융상품보다 수익률을 높게 설정하기 때문에 더욱 구미를 당긴다. 이런 과정을 거치면서 결국 수요자가 늘어나고 시중의 풍부한 유동성으로 인해 자산 가치는 빠르게 상승한다. 요약하면 투자대상 자산의 증권화를 통해 이를 표준화하게 되면 덩달아 구매하는 투자자 층도 급증한다는 사실이다. 심지어 투자자들 입맛에 맞게 아예 원천적으로 상품을 가공할 수도 있다. 즉, 증권화를 통해 소액으로 쪼개고, 여기에 순서를 매겨 선순위, 중간순위, 후순위로 구분하여 투자자 선호에 따라 상품을 조립하는 것이다. 오바타 세키는 이를 리스크 오더메이드(risk order made : 리스크주문형 상품)라 명명하였는데, 이런 유형의 상품이 2008년 미국 금융위기를 촉발시킨 주범이다. 결국 이 상품으로 인해 미국 내 최상위 투자은행이었던 베어 스턴스(Bear Stearns)나 리먼 브라더스(Lehman Brothers)가 사라졌다. 당시 미국에서는 이런 증권화 붐을 타고 금융시장에서 가장 부도가능성이 높아 어느 누구도 취급하지 않던 불량채권인 정크본드가 몇 번의 증권화과정을 거치면서 높은 수익률과 안정성이라는 가면으로 포장되어 가장 인기 있는 채권으로 둔갑하였다. 이후부터 금융시장에서는 리스크 테이킹(risk taking)이란 말이 일반화될 정도로 증권화된 금융상품이 쏟아지게 되었다. 교묘하게 높은 수익을 보장하면서도 그 속에 내재된 높은 리스크를 회피하는, 즉 리스크가 없는 것처럼 포장하는 희한한 금융비즈니스가 등장한 것이다. 증권화를 거친 금융상품은 일반 투자자 입장에서 보면 과거 전통적인 금융상품보다 훨씬 빠르게 예상수익과 그에 따른 리스크의 균형점을 찾을 수 있게끔 설계되어 있어 그만큼 투자 판단이 쉬웠으며 그 결정도 빨라졌다. 그러니 대중적인 금융상품으로 명성을 얻기 위해서는 애초부터 증권화된 상품으로 설계할 수밖에 없으며, 이는 갈수록 현란하게 포장되어야만 한번 맛들인 금융소비자의 입맛을 계속해서 끌어올 수가 있다. 포장기술은 내재된 리스크를 어떻게 조립하느냐에 달려 있다. 〈월스트리트의 포커페이스〉의 저자인 아론 브라운(Aaron Brown)은 금융상품에 리스크가 추가되는 네 가지 이유를 기술하였는데, 번호가 높아질수록 중요하다.

금융상품에 리스크가 추가되는 이유

1. 리스크는 투자자들에게 상품을 더 매력적으로 보이게 만든다. 사람들은 도박을 좋아한다. 그래서 금융기관들은 패스트푸드 회사가 지방이나 당분, 염분 등을 은밀히 음식물에 첨가하는 것과 비슷한 방식으로 리스크를 추가한다.
2. 리스크는 자본 형성에 필수적이다. 소비를 하려면 자산이 필요하다는 것을 인정하고, 그것들을 미래 수입의 원천으로 간주하도록 사람들을 이해시킬 필요가 있다. 요리를 하려면 재료가 필요하듯이 자본 형성에도 리스크가 필요하다.
3. 리스크는 승자와 패자를 창출하는데, 역설적으로 금융에서는 둘 모두가 필요하다. 우리는 인생의 많은 선택사항들을 가진 채 태어나는데, 변동성이 있어야만 선택사항들의 가치가 올라간다. 승자들에게 집중되는 자본은 변화의 동력이 되고, 손실은 패자들로 하여금 안락을 추구하는 사람이라면 거들떠보지도 않을 기회들을 창조하도록 만든다.
4. 리스크는 트레이더(trader)들을 유인한다. 트레이더들은 수동적인 주문 접수자들이 아니라 금융시장에서 대단히 중요하고도 역동적인 세력이다. 성공적인 트레이더들이 돈을 많이 버는 데에는 다 이유가 있다. 충분한 리스크가 없으면, 정작 참여할 만한 사람들은 참여하지 않는다.

이상과 같이 증권화로 인해 투자패턴이 바뀌면서 투자자의 리스크대응 유형도 리스크선호형이 주류가 되는 금융세상으로 변하였다.

3. 리스크 착시현상(risk illusion)이 자주 나타난다

금융상품에 투자할 때 리스크 착시현상이 일어날 수밖에 없는 우선적인 원인은 역시 증권화 때문이다. 증권화로 인해 그 상품에 내재된 리스크의 실체를 제대로 파악할 수 없게 된다. 증권화된 상품은 다른 상품을 추가하여 재차 증권화되기 때문에 증권화과정이 자연스럽게 반복된다. 마치 끊임없이 금융상품을 만들어 내는 마술도구와 같다. 따라서 지금 구입하려고 하는 금융투자 상품의 원재료가 무엇인지 당연히 모른다. 금융상품의 원재료는 구입하려고 하는 금융자산이 창출하는 미래 현금흐름이다. 결국 증권화된 상품을 구입하는 것은 마치 원재료가 무엇인지 모른 채 단지 제품의 기능에 대한 설명만 듣고 물건을 구입하는 것과 똑같은 이치이다.

대출의 경우를 생각해 보자. 우선 대출회사의 가장 골칫거리는 대출자에게 빌려준 원금을 못 받는 경우이다. 이를 신용리스크라 하며 대출회사가 떠안고 있다. 그런데 이 신용리스크가 증권화로 인해 새롭게 탄생된 증권을 구입하는 투자자에게로 옮겨간다. 또한 만기 때까지 대출원금이 묶여 있어 유동성이 없는 대출자산을 증권화로 유동성을 다시 부활시켜 시장에 유통시킬 수 있다. 이 역시 대출자가 안고 있는 유동성리스크를 투자자에게 전가시킨 것이다. 2008년 당시 월스트리트 금융기관은 최첨단 금융공학 전산시스템에 근거한 통계모델을 이용하여 기존자산에 내재된 리스크를 잘게 쪼개거나, 리스크별 순위를 매겨서 리스크별 정도를 달리하거나, 지역별로 묶는 등 리스크를 의도적으로 분산하거나 아예 없애 버린 것처럼 금융상품을 그럴싸하게 포장하여 시장에 내놓았다. 그런데 사실은 증권화로 인해 단지 리스크가 이전된 것뿐이고, 전체적인 리스크가 줄어들거나 없어진 것은 아니다. 아무리 리스크를 잘게 쪼개고 리스크 부담주체를 바꾸어도, 더 나아가 리스크별로 순위를 매겨 통계적으로 재조립한다 해도 리스크 총량 자체는 변할 수 없는 것이 금융자본주의의 기본원리이다. 금융시장에 수익이 존재하는 한 그에 상응한 리스크는 항상 동전의 양면처럼 따라다닌다. 그러면 무슨 일이 일어난 건가? 단순히 리스크가 이동한 것뿐이다. 포장하는 사람과 설명하는 사람에 따라 투자자들은 리스크 착시현상에 빠져든 것이다.

두 번째는 간접투자가 성행하면서 이를 운영하는 펀드매니저나 투자자문사 및 자산운용사에 대해 생겨난 긍정적인 믿음의 착시현상이다. 리스크 관리 입장에서 보면 운영리스크[13]에 전적으로 노출된 셈이다. 흔히 증권투자는 직접투자와 간접투자로 구분된다. 직접투자는 투자자 자신의 판단과 책임하에 주식, 채권, 파생상품, 부동산 등에 투자하는 것을 의미하고, 간접투자는 자신의 여유자금을 전문투자자에게 맡겨 운용하게 하는 것을 말한다. 전문투자자는 여러 투자자의 자금을 모아 투자하고 수익을 추구하는데, 투자를 위해 모아진 자금을 펀드라 하며, 이 펀드가 투자되는 시장을 펀드시장[14]이라 한다. 1980년대 들어 펀드시장은 급속히 발전하였는데, 그 원인으로 경제발전과 평균수명의 연장에 따른 각종 연금·기금시장의 발전, 미국을 위시한 선진국들의 저금리 지속에 따른 헤지펀드, 사모펀드, 뮤추얼펀드 등의 다양한 투자수단의 등장, 컴퓨터 발달에 따른 대규모 자금의 과학적 운용 등을 들 수 있다. 1990년대 이후부터는 아예 세계 금융시장이 직접금융에서 간접금융시스템으로 전환되면서 각종 펀드상품이 세분화되고, 덩달아 뮤추얼펀드, 사모펀드, M&A펀드, 헤지펀드 등의 시장도 급속히 성장하였다. 2000년대 중반부터는 금융시장의 펀드지상주

Footnote

13) 이는 내부시스템 또는 이를 운영하는 사람으로부터 발생하는 리스크를 의미하며, 세부적으로 시스템의 마비 또는 중단, 자금이체의 지연, 거액자금의 방치, 직원의 고의적 사기, 회계처리방식의 오류, 고의적인 정보나 자료의 왜곡 등을 들 수 있다.
14) 펀드에 관한 자세한 사항(펀드의 역사, 펀드투자 시 리스크 체크포인트, 펀드투자 성과평가, 적립식펀드)은 본 장 끝의 〈참고 3-3〉에 기술하였다.

의, 또는 펀드자본주의라 할 만큼 펀드를 이용한 자금조달과 자금운용이 전 세계적으로 대중화되고 보편화되었다. 펀드투자 성과는 펀드매니저의 중개를 통한 해당 자산운용사의 운용실적에 달려 있다. 결국 운용의 키는 펀드매니저에게 달려 있는 셈이고, 그런 수고의 대가로 펀드투자자는 운용수수료를 기꺼이 부담한다.

기업의 주인은 기업운영을 믿고 맡기는 경영자, 즉 대리인의 적절한 통제여부가 가장 큰 관심사이다. 자기회사를 대신 운영하는 대리인을 감시하는 것은 어찌 보면 당연한 것이다. 그러면서 그에 상응한 적절한 보상과 자유를 부여하는데 이에 수반되는 비용을 대리인비용이라 하며, 이는 여전히 현대 경영의 난제이다. 대리인 경영자가 항상 오너를 위해 경영을 하면 더할 나위 없이 좋겠지만 최악의 경우 오너 모르게 오로지 자기이익만을 위해 경영할 수도 있기 때문이다. 마찬가지로 펀드매니저도 고객보다는 본인의 이해차원에서 얼마든지 투자의사결정을 할 수 있다. 대체로 상호 신의성실의 원칙에 입각하여 행동하지만 문제는 기대한 만큼 수익률이 발생하지 않을 때 터진다. 궁극적으로 펀드매니저가 자기 수익을 챙기는 것을 탓할 수는 없다. 이것은 투자자가 간접투자를 하기로 결정하면서부터 스스로 인정한 셈이다. 사실 펀드매니저는 투자자와는 다른 측면에서 비즈니스를 한다. 펀드매니저 수익의 근원이 바로 투자자가 내는 운용수수료이다. 당연히 수수료를 최대한 많이 받으려고 노력한다. 펀드매니저가 자금운용기간 동안 투자자의 수익을 최대로 끌어올리기 위해 적정 포트폴리오를 구축하거나 시장을 지속적으로 모니터링하면서 최대한 노력했는데도 불구하고 기대한 성과가 나오지 않았다고 해서 그에게 법적인 책임을 부과할 수는 없다. 단지 그런 펀드매니저는 펀드시장에서 퇴출될 뿐이다. 간혹 일반인들은 유명 펀드매니저의 자금모집에 관한 적극적인 노력과 투자운용에 관한 과장된 설명에 그대로 노출된다. 그런 과정에서 펀드매니저들은 리스크가 없는 것처럼 포장하거나 그럴듯한 논리로 운용전략을 설명하고픈 유혹을 스스로 견디지 못한다. 이는 펀드매니저의 펀드운용상에 내재된 리스크를 일반인들이 전혀 통제하지 못한다는 의미이다.

헤지펀드도 마찬가지이다. 헤지펀드의 특성 중 눈에 띄는 것은 실적에 대한 엄청난 보수와 펀드매니저도 해당 펀드에 일반투자자처럼 자기 돈을 투자할 수 있다는 점이다. 전통적인 펀드매니저는 운용보수만 부과하는 데 비해 헤지펀드 운용자는 운용보수와 성과보수를 동시에 부과한다. 운용보수는 운용자산의 일정비율로 표시되며, 매년 또는 분기마다 통상 1~2%를 부과하고, 성과보수는 연간 실현된 수익의

15~25% 수준을 부과한다. 엄청난 보수율이다. 또한 헤지펀드 매니저는 상당한 금액의 자기 돈을 펀드에 투자하기 때문에 투자하면서부터 투자자와 함께 내재된 리스크를 공동으로 대처해 나간다. 그러므로 투자자의 이익이 매니저의 이익과 밀접하게 관련될 수밖에 없다. 바꾸어 말하면 펀드매니저는 언제든지 자기 이익을 위해 펀드 포지션을 바꿀 수 있다는 것이다. 동시에 투자자 입장에서는 언제든지 손실이 발생할 수도 있음을 의미한다. 동서고금을 막론하고 인간관계는 돈이 얽혀 있으면 절대로 좋게 끝나지 않는 법이다. 열 길 물속은 알아도 한 길 사람의 속은 모른다고 하지 않았는가. 〈투자의 네 기둥〉을 저술한 윌리엄 번스타인(William Bernstein)은 '서비스 공급자의 이해와 고객의 이해가 펀드매니저만큼 현저히 차이 나는 전문분야도 없다.' 고 지적하였다. 또, 그는 '당신 입장에서는 포트폴리오 회전율을 최소화하고 거래수수료를 비롯한 각종 비용을 절약해야 하지만 펀드매니저에게 가장 중요한 것은 이런 비용을 최대화하는 것이다.' 라고 하였다.

세 번째는 높은 수익과 반면에 낮은 리스크에 대한 유혹이다. 결론적으로 높은 수익과 낮은 리스크를 제공하는 금융상품은 존재하지 않는다. 이를 이해하기 위해서는 우선 리스크자산(편의상 위험자산이라고 하겠다.)의 가격이 어떻게 산정되는지 이해해야 하는데, 이의 산출식이 금융재무관리의 핵심인 자본자산가격모형(CAPM : Capital Asset Pricing Model)이다. 금융시장에 거래되는 모든 자산은 크든지 작든지 간에 리스크가 있으며 최소한 무위험자산이 갖고 있는 무위험수익률보다는 높아야 된다. 그렇지 않다면 굳이 위험자산에 투자할 필요가 없다. CAPM에 의하면 위험자산의 초과수익률(위험자산수익률-무위험자산수익률)은 시장의 초과수익률(시장전체수익률-무위험자산수익률)과 선형관계에 있으며, 이의 기울기를 베타(β)라고 한다. 이를 식으로 나타내면 다음과 같다.

> 위험자산의 초과수익률(자산의 기대수익률-무위험자산 수익률)
> =베타(β)×시장의 초과수익률(시장전체수익률-무위험자산 수익률)

위의 식에서 베타가 1이면 위험자산의 초과수익률은 시장의 초과수익률과 같아진다. 만약 1보다 크면 위험자산 초과수익률은 시장초과수익률의 증가보다 더 많이 증가하게 되고, 1보다 작으면 그 반대가 된다. 즉 베타가 크면 클수록 수익률의 변동폭은 커지므로 그만큼 리스크도 커진다고 할 수 있다. 이런 의미에서 베타는 초과수익률을 많이 내기 위한 그만큼의 리스크를 부담해야 하는 잣대가 되는 셈이다. CAPM은 시장의 초과수익률만으로 해당 투자안의 수익률을 간단하게 알 수 있는 도구로, 투자뿐만 아니라 경영에 수반되는 광범위한 투자의사결정에도 활용되는 현대 금융이론의 초석이다. 이는 윌리엄 샤프(William F, Sharpe)가 마코위츠의 현대포트폴리오이론(MPT : Modern Portfolio Theory)을 이용하여 개발한 것이다. MPT는 한마디로 투자자산을 선택할 때 포트폴리오를 효율적으로 구축하면 리스크대비 최적의 수익률을 낼 수 있다는 이론이다. 쉽게 말하면 분산효과를 이용하라는 것이다. 그러기 위해선 시장에 거래되는 모든 종목들 간의 상호관계, 즉 공분산[15]을 계산해야 하는데 이는 너무 복잡하기 때문에 고도의 컴퓨터가 필요하다. 이러한 단점을 극복한 것이 CAPM이다.

한편, CAPM의 기본 가정은 시장이 효율적이고 합리적이어야 한다는 것이다. 이 가정 때문에 CAPM이 완벽하게 맞다고 할 수 없다. 그렇다고 틀렸다고도 할 수 없다. 어느 누구도 틀렸다고 증명하지 못했기 때문이다. 흔히 말하는 시장수익률은 사실 육안으로 확인할 수 없는 추상적인 것이다. 단지 종합주가지수나 그에 상응한 대용지표로만 측정할 뿐이다. 그런데 헤지펀드와 같이 절대수익을 추구하는 투자상품은 이러한 CAPM에서 기대한 초과수익률보다 더 높은 수익, 즉 알파(α)가 있다고 하여 흔히 대안투자 또는 고수익-저위험 투자라고 한다. 알파는 시장에 의해 설명되지 않은 수익이므로 리스크와 관련이 없는 초과수익률이나 개별적으로 투자한 고유의 수익률을 의미한다. 따라서 헤지펀드는 다른 상품에 비해 리스크 대비 높은 수익률을 올릴 수 있게 된다. 실제로도 헤지펀드 수익률은 다른 펀드상품에 비해 높은 편이다. 또한 헤지펀드의 독특한 투자전략도 눈여겨볼 만하다. 헤지펀드는 '투자이익의 극대화, 비용의 최소화, 위험의 민감화' 라는 3대 원칙하에 다양한 투자전략을 구사하는데, 주요 특징은 다음과 같다.

첫째, 레버리지를 이용하고 대규모 매도포지션을 과감히 보유하는 등 이익극대화를 위해 하이리스크-하이리턴(high risk-high return)의 적극적인 전략을 구사한다.

둘째, 투자전략이 자산구성이나 투자시장 선택보다는 실현가능한 성과에 중점을 두고 있어 높은 성과보수를 추구한다.

Footnote

15) 공분산(covariance)이란 두 가지 이상의 변수가 있을 때 그 변수들이 '함께 움직이는 정도'를 나타내며 척도(scale)가 표준화되지 않는 통계치를 의미한다. 만약 각각의 변수가 서로 독립일 경우 공분산은 0(zero)이 되며, 그 역은 성립하지 않는다. 다시 말하면 두 변수가 서로 독립이면 상관계수가 0(zero)이지만, 상관계수가 0(zero)이라고 해서 두 변수가 독립이라고 말할 수는 없다는 것이다.

셋째, 공매도[16](short sale), 파생상품거래 등을 활용하여 시장위험을 회피할 수 있는 헤지기법을 병행하기도 하며, 차익거래를 통해 시장상황과 관계없는 투자수익을 추구하기도 한다. 이런 수익이 바로 알파에 해당하며, 절대수익을 추구하는 대표적인 전략으로 차익거래전략과 롱-숏(long-short)전략이 있다.

차익거래전략은 공매도와 차입을 일반적으로 사용하는데, 시장에서의 가격불일치에 기초한 차익거래 기회를 통하여 수익을 추구하고, 시장 전체의 움직임에 대한 노출을 회피함으로써 시장변동성에 대비하는 투자전략이다. 대표적으로 전환사채차익거래, 채권차익거래, 주식시장 중립형 차이거래전략 등이 있다. 예를 들어, 전환사채 차익거래를 보면 특정기업의 전환사채[17](CB ; convertible bond)를 인수하는 동시에 해당 기업의 주식을 현물로 보유하지 않은 채 공매도를 한다. 만일 주가가 상승하면 전환사채를 주식으로 전환하여 이익을 취하고, 반대로 주가가 하락하면 주식의 공매도에서 이익을 취하면 된다. 롱-숏(long-short)전략은 두 개의 서로 다른 주식을 동시에 매수(long)하고 매도(short)함으로써 이익을 추구하는 전략으로, 전통적인 롱(매수)전략은 매수한 주식의 가격이 상승해야지만 수익이 발생하는 반면, 롱-숏(long-short)전략은 매수포지션과 매도 포지션 간의 성과 차이로도 수익이 발생한다. 따라서 이 전략은 강세시장은 물론 약세시장에서도 좋은 성과를 낼 수 있다.

그러나 앞의 두 전략도 시장참가자가 많아지면 경쟁이 과열되고 그로 인해 기대수익률이 차츰 떨어지게 된다. 결국 시장에서 독자적으로 고유하고 영속적인 수익률을 추구하는 진입장벽은 존재하지 않는다. 누구나 호시탐탐 노리고 있기 때문이다. 따라서, 또 다른 수익을 추구하기 위해 새로운 형태의 수익모델이나 기존의 수익모델에서 좀 더 많은 리스크를 끌어안아야 한다. 하지만 이런 행위는 결코 쉬운 일이 아니다. 자칫하면 엄청난 손실로 인해 파산할 수도 있기 때문이다. 요약하면 금융시장에는 높은 수익률을 제공하면서 동시에 리스크가 낮은 형태의 금융상품은 존재하지 않는다. 아주 그럴듯하게 포장해서 전문가조차도 리스크가 사라진 것처럼 착시현상에 빠져들게 할 뿐이다.

Footnote

16) 신용매수의 반대 개념으로 주식을 보유하고 있지 않은 상태에서 매도포지션을 취하는 것으로, 해당 결제일이 되면 증권회사나 기관투자자로부터 수수료를 주고 증권을 차입하여 결제를 이행한다. 공매도는 시장의 유동성 제고와 효율성 증대를 가능하게 하지만 주가조작에 사용될 가능성이 있으며, 규제받지 않는 공매도는 주식가격의 하락을 가속화시킬 수 있다.

17) 회사채를 발행한 회사의 주식으로 전환할 수 있는 권리가 인정되는 사채이다. 전환사채권자는 회사의 영업성적이 부진한 때에는 확정이자를 받고, 영업성적이 호전되면 사채를 주식으로 전환하여 주주가 되어 이익배당을 받을 수 있으므로 사채의 확실성과 주식의 투기성을 함께 누릴 수 있으며, 회사로서는 사채모집이 용이하게 되어 편리한 자금조달방법이 될 수 있다

4. 투자자의 심리파악이 갈수록 중요해진다

우리는 일상생활에서 다음과 같은 경험을 한번쯤은 겪었을 것이다.

- 백화점이나 할인점에서 쇼핑할 때 평상시보다 배고프면 훨씬 더 많이 구입한다.
- 시장에서 콩나물 등 야채를 구입할 때는 몇 백 원도 흥정하지만, 백화점에서 고가품을 살 때나 2차 술값을 낼 때는 그냥 계산한다.
- 주위의 말만 듣고 주식투자를 하거나 세부적인 분석 없이 중개하는 사람의 말만 듣고 집을 구입한다.

일반적으로 모든 경제주체들은 최대한 합리적으로 판단하여 의사결정을 한다는 것이 전통적인 경제학 이론이다. 즉, 합리적인 인간을 전제로 한다. 그러나 현실은 그렇지 않다. 특히 투자세계에서는 더욱 비합리적인 현상이 목격된다. 현실적으로 대부분의 개인은 합리적인 의사결정을 내리지 못하고 여러 심리적 요인에 의하여 갈등을 느끼며, 그 결과 비이성적인 오류를 범하게 된다. 특히 누구나 관심을 갖는 투자의 세계에서는 더욱 그러하며 그로 인해 시장참가자들은 예기치 않은 이익과 손실의 변동성에 과다하게 노출된다. 그러므로 비합리적인 행동방식을 밝혀내고 이를 체계화하고자 하는 관심과 노력이 지금의 금융세상에서는 필수불가결하다. 이유는 간단하다. 인간의 심리현상을 파악하면 보다 구체적으로 다양한 투자패턴을 파악할 수 있으며 그 속에 담겨진 숨은 의도를 알 수 있기 때문이다.

투자세상에서 자주 접하는 투자심리 사례는 다양하며, 일상적인 심리현상보다 훨씬 복잡하고 그에 따라 객관적인 결과를 끄집어내기가 어렵다. 대표적인 사례로 군중심리, 자기과신, 프레이밍(framing) 효과, 보유효과, 닻 내리기 효과, 휴리스틱(heuristic) 판단 등을 들 수 있다.

1) 군중심리

과거 금융시장 역사를 살펴보면 상식적으로 이해가 되지 않는 비합리적인 현상들이 되풀이되고 있음을 알 수 있다. 대표적으로 17세기 네덜란드 튤립 열풍, 20세기 말 전 세계적으로 휘몰아쳤던 닷컴(.com)주 열풍, 그리고 21세기 미국의 주택모기지대출 열풍 등을 들 수 있다. 이런 상식 이하의 투자 열풍에 번번이 많은 사람들이 몰려드는 이유는 무엇일까? 바로 '군중심리' 때문이다. 단순히 어떤 이유로 인해 판단을 내릴 시점에서 자신의 생각이 아닌 주변사람들의 생각을 따른다는 의미로 동조현상이라고도 한다.

금융시장 역사 중 가장 드라마틱하고 후세에 교훈이 될 만한 군중심리 사례가 바로 네덜란드 튤립 열풍이다. 처음 네덜란드에 들어온 튤립은 그냥 귀족계급들의 관상용 꽃이었는데 이것이 사회적 지위를 상징하게 되면서 귀부인들의 액세서리, 마차 장식에까지 사용하게 되었다. 또, 꽃의 색깔과 무늬에 따라 튤립에 '황제, 총독, 제독, 장군'과 같은 이름을 붙였는데, 최상급 꽃은 당시 집 한 채 값과 같았다고 한다. 그런데 튤립은 알뿌리 식물이어서 일단 심으면 다음 해 봄이 될 때까지 색깔이나 무늬를 알 수가 없었는데, 이게 바로 투기대상이 되는 단초 역할을 하였다. 만약 평범한 알뿌리를 심어서 다음에 황제 튤립이 피면 대박이 나는 것이다. 그러니 서민들도 알뿌리를 사게 되고 상황이 거듭될수록 튤립 가격은 폭등하고 사려는 사람도 폭발적으로 늘어났다. 이제 튤립 거래는 국가적으로 '뜨는 사업'이 되었고, 유럽 전역에서 네덜란드로 모여 들었으며 현금이 없으면 외상으로 사기도 하였다. 튤립 가격이 가장 비쌌을 때에는 튤립 한 뿌리로 돼지 8마리, 양 12마리, 와인 6톤, 배 한 척을 살 수 있었다고 한다.

누구든지 쉽게 접근하는 주식시장에서도 군중심리는 다양하게 나타난다. 우선 남이 주식으로 한몫 잡으면 괜히 초조해 하는 현상이다. 주변에서 누가 주식으로 거액을 벌었다는 이야기를 들으면 자기도 주식투자를 하지 않으면 기회를 놓칠 것 같다는 초조감이 드는 사람은 조심해야 한다. 대체로 언론매체에서 특집기사가 나올 때쯤 되면 시장이 천정이라고 보면 된다.

두 번째, 시장에서 재료와 수급에 관계없이 거래량이 폭발적으로 늘어날 때 판단력을 잃는 경우이다. 이런 상황에서는 모두가 대범하게 주식을 사기 때문에 자기도 안심하고 사는데 이것이 군중심리의 전형이다. 마치 자기만 마음이 약해져 매입을 하지 않으면 왠지 낙오되고 손해를 본 듯이 불안해한다.

세 번째, 시중의 과잉유동성 또는 해당기업의 신기술과 신제품에 대한 장래가치의 과대평가 등으로 인해 머니게임에 편승하는 경우이다. 이런 상황에서는 '오르니까 사고, 사니까 오른다.'는 머니게임 특유의 메커니즘이 발동하게 되고, 혹여 이런 과정에 낙오되면 목돈 벌 찬스를 잃게 될까 봐 초조함과 열광의 조급함이 생긴다.

금융시장에서 성공원리는 간단하다. 바로 '싸게 사서 비싸게 파는 것'이다. 하지만 지금 이 순간에도 고점에 사서 저점에 파는 바보들은 여전히 존재한다. 개인적으로는 현명하지만 군중심리에 현혹된 사람들이다. 튤립열풍에서 보듯이 시장의 본질을 파악하고 당시 시장에서 반대되는 행동을 했더라면 아마도 그는 엄청난 부를 획득하였을 것이다. 군중이 가는 길을 알아야만 나의 자산을 지켜 낼 수가 있다.

2) 자기과신

흔히 기업의 고급정보나 해당 사업파트의 고위급을 통해 나온 정보를 들을 때 누구든지 솔깃한다. 자기과신에 빠지는 가장 흔한 사례이다. 설령 알고 있는 정보가 많다고 주식시황을 남보다 잘 예측할 수 있을까? 대부분 정보가 많아지면 지식도 늘어나 의사결정의 정확도가 높아질 것이라고 확신한다. 특히 똑똑한 사람일수록 이런 생각을 갖는다. 전형적인 자기과신의 태도라고 할 수 있다. 실은 금융시장에서 자기과신으로 인해 투자손실이나 기대만큼 수익을 내지 못한 경우는 비일비재하다. 단지 자기과신 때문이라는 것을 몰랐을 뿐이다.

자기과신은 일반적으로 자신의 능력을 과대평가하거나 자기가 다른 사람의 눈에 더 좋게 비칠 것이라고 믿으며, 무엇을 예측할 때 실수할 확률이 적다고 믿는 성향을 말한다. 이런 현상은 주식투자에서 자주 나타난다. 자기과신 투자자는 자신이 가진 정보의 정확성을 과신하기 때문에 투자에 따른 위험요소를 과소평가하거나 자신이 투자하는 상품수익률이 높을 것이라 믿고 예상수익률도 다른 사람이 생각하는 것보다 더 높게 잡는다. 그러므로 아주 자연스럽게 투자를 결정하곤 한다. 결과는 어떨까? 미국 캘리포니아 대학의 바버(Barber)와 오딘(Odean) 교수의 연구결과에 의하면, 자기과신이 높으면 투자수익률이 떨어지고 거래빈도도 잦아진다는 것이다. 또한 그들은 자기과신을 할수록 자신이 가지고 있는 정보의 양과 질에 대한 확신이 강해져 거래를 자주 하는 편이라고 분석하였다. 그 외 남성이 여성보다 자기과신의 경향이 높고, 주식투자에서 있어서 남성은 자기과신으로 인해 여성보다 낮은 수익률을 얻는다고 하였다.

일상생활에서 특히 재무적 의사결정을 할 때 의식적으로 자기과신의 정도를 반드시 점검할 필요가 있다. 자기과신은 무엇보다 과다한 거래뿐만 아니라 분산투자까지 방해하기 때문이다. 또한 자기과신은 결과가 좋으면 내 탓이고, 결과가 나쁘면 상대방이나 상황 탓으로 돌리는 타입과도 관계가 깊으므로 평소에 그러한 경향이 있다고 판단되면 반드시 자기과신의 오류에 대하여 점검해야 한다. 그리고 자기과신은 자신이 잘 모르는 어려운 분야에서 두드러지게 나타날 수 있어 특히 신규종목 투자, 분석이 어려운 종목에 투자할 때 주의할 필요가 있다. 무엇보다 투자정보를 객관적으로 받아들이고 있는지, 투자결과에 대한 예측에 지나친 확신을 가지고 있지는 않는지 냉철히 생각해야 할 것이다.

3) 프레이밍(framing) 효과

우리나라 사람들은 명절이나 주변 사람들의 애경사에 참석할 때 흔히 고스톱이라는 것을 하게 된다. 고스톱은 치는 사람들과 화목이나 우의를 도모한다고 하지만 엄밀히 말하면 도박이다. 대체로 고스톱을 하다 보면 최종적으로 돈을 땄다는 기분으로 자리를 털고 일어서는 사람들은 적다. 이런 이유는 왜 그럴까? 바로 이익과 손실을 동일한 시각으로 보지 않기 때문이다.

인간은 기본적으로 이익과 손실의 크기를 다르게 본다는 것이 심리학자들의 연구결과이다. 그러나 합리적인 경제상황, 즉 이성적으로는 양자의 크기가 같고, 이런 전제하에 다양한 금융재무이론이 탄생되었다. 현실적인 금융투자세상에서는 이성적이기 보다는 심리적으로 행동하는 것이 대부분이다. 따라서 이득에 포함된 리스크와 손실에서 보여지는 리스크를 다르게 보는 것이 오히려 맞으며, 이런 현상, 즉 프레이밍효과를 이해하지 못한다면 투자과정에서 여러 오류를 범할 가능성이 높아진다.

프레이밍효과는 통상 어떤 문제나 상황이 제시되는 방법, 표현하는 틀에 따라 상황을 판단하는 방향이 달라지는 현상을 말한다. 투자시장에서 이런 대표적인 현상이 이익과 손실의 인식차이이다. 심리학자들의 연구결과에 의하면 사람들은 일반적으로 손실보다는 이익에 더욱 민감하며, 손실에 대해서는 조금 더 위험한 선택을 한다는 것이다. 그들은 동일한 100만 원의 손실과 이익이라면 사람들은 손실의 크기를 이익의 크기보다 2배쯤 크게 느낀다는 것을 밝혀냈다. 대체로 투자자는 원금은 지켜야 한다는 생각에, 이익의 구간은 견디려 하지만 손실은 받아들이기 어렵다고 느낀다. 인간은 리스크를 회피하진 않지만 그에 상응한 이익과 손실을 동일하게 보지 않는다는 것이다. 특히 신중한 성격보다는 본능이나 직관에 의해 투자하는 사람에게 프레이밍 효과가 더욱 크게 나타난다고 한다. 실제 투자에서 똑같은 상황을 두고도 투자자들이 각기 다른 태도를 취하는 이유가 여기에 있다. 따라서 정형화된 형식의 자산관리 또는 재무설계가 모두에게 적용될 수 없음을 알아야 할 것이다.

4) 보유효과

대부분의 사람들은 흔히 이사를 가기 전에 물건을 정리하면서 '필요 없는 것은 버려야지' 라고 생각한다. 그러나 생각대로 쉽지 않다. 바로 내 물건이 되면 버리기가 아깝기 때문이다. 또한 중고물건을 살 때도 싸게 살려고 애쓰지만, 반대로 자기의 중고물건은 비싸게 내 놓는다. 내가 가지고 있는 물건에 실제보다 더 높은 가치를 부여한 적은 없는가? 내가 보유한 것에 높은 가치를 부여한 것은 바로 내 손때가 묻은 것이고 내가 좋아하는 것이며 세상에 하나밖에 없는 것처럼 생각하기 때문이다. 어떻게 보면 당연하다고 볼 수 있지만 이것도 하나의 심리적인 현상이며, 이를 '보유효과' 라 한다. 투자에서도 동일한 현상이 나타난다. 보유효과, 즉 소유효과는 자신이 가지고 있는 물건에 시장가격보다 더 높은 가치를 부여하지만 같은 물건을 사려고 할 때는 시장가격보다 더 싸게 사고 싶어 하는 성향을 말한다. 경제적 합리성에 의하면 두 금액은 같아야 하는데, 현실에선 사람들이 심리적으로 두 가지를 다르게 느끼는 이중성을 보인다.

증권시장에서 보유효과는 큰 영향을 미친다. 이익이 난 종목은 더 큰 이익을 바라고, 손해를 본 종목은 곧 반전할 것이란 기대를 안으면서 계속 보유하려는 경향이 강하다. 심리적으로 볼 때 매수와 매도기간과 휴식기간을 똑같이 바라보기란 정말 어렵다. 연구결과에 의하면 보유효과는 적은 수량의 거래에서 두드려지며, 기관투자가보다는 일반투자자의 거래에서 더욱 강하게 나타나는데, 특히 온라인 데이트레이더에게는 아주 강하게 나타난다고 한다.

이를 극복하는 방법은 없는가? 그 답은 역지사지이다. 즉 현재 주식을 갖고 있으면 '지금 이 주식을 이 주가에 사더라도 충분히 매력적인 가격인가?'를 반문해 보아야 한다. 매력적이지 않으면 보유주식을 적극적으로 매도해야 한다. 설령 당장은 아니더라도 매도를 항상 고려해야 한다. 같은 방법으로 사고 싶은 주식이 있을 때는 '지금 이 주식을 갖고 있는데 팔아야 하는 것은 아닌가?'라고 반문해야 한다. 팔아야 한다는 생각이 들면 절대로 매수해서는 안 된다. 투자 초보자일수록 반드시 이런 과정을 거쳐야 한다. 그렇지 않으면 어렵게 장만한 내 돈이 그냥 남들 노는 굿판에 좋은 먹잇감으로만 사용될 수 있기 때문이다.

5) 닻 내리기 효과

'닻 내리기'란 배가 항구에서 닻을 내려 머무는 것을 말한다. 그러면 파도가 치거나 바람이 불어도 배는 움직이지 않는다. 배가 움직이려면 닻을 끌어올려야 한다. 인간의 심리도 이와 같아서 처음에 떠올린 값에 묶여 이를 변화시키기가 어렵다. 가장 흔한 예로, 시장에서 물건을 흥정할 때 붙어 있는 가격표가 기준가로 작용하는 경우이다. 즉, 가격표는 이미 내려진 닻이며 흥정은 이 가격표부터 시작된다. 이런 현상을 '닻 내리기 효과'라 하며 투자세계에서도 다분히 나타난다. 특히 투자과정에서 겪었던 보유종목의 가장 높은 가격이나 가장 낮은 가격은 처음부터 끝까지 매수 또는 매도의 기준가로 작용한다. 따라서, 이러한 기준가격으로 인해서 적절한 매매 타이밍을 놓치게 된다. 그러면 손실로 이어질 가능성이 높게 된다. 닻 내리기 효과, 즉 정박과 조정은 투자의 세계에서 매매를 결정하는 타이밍에 영향을 미치는 중요한 요소다. 특정 종목의 최저가와 최고가, 조정시기의 저점과 고점은 중요한 정박가격이다. 사실 매수가격이 높으면 손절매하는 것이 정말 어렵다. 자신이 매수한 가격이 기준가격으로 이미 옮겨졌기 때문이다. 매수가격이 매도에 영향을 미친 것이다.

일반적으로 '매수가격은 잊어라', '손절매율을 미리 정하고 기계적으로 매매하라', 수익률에 연연해하지 말고 시장에 순응하라'와 같은 격언은 정박과 조정이라는 투자심리를 일깨우는 말이다. 또, '너무 자주 주가를 확인하지 마라'와 같은 격언도 있다. 어떤 투자자는 하루도 빠짐없이 주가를 확인한다. 이 경우 매일 매일의 주가가 정박가격이 된다. 우리는 매수가격과 매도가격을 잊고 매매에 임하는 것은 불가능하다는 것을 알고 있다. 따라서 과거 주가의 모습을 적어도 5년 정도 살펴보고 투자하되, 시장을 이겨야 한다는 가장 보편적인 욕심을 버려야 할 것이다.

6) 휴리스틱(heuristic) 판단

만약 여러분 앞에 넥타이를 매고 말쑥한 차림의 사람이 있다고 하면 그는 변호사와 엔지니어 중 어떤 직업군에 속할까? 대부분의 사람들은 변호사라고 추측할 것이다. 흔히 사람들은 평소에 듣던 것을 기준으로 무언가 판단할 때 우선시한다. 확률적으로도 발생가능성이 높다고 생각한다. 또한 주변에 친숙한 것을 기준으로 판단을 내리기도 한다. 왜 그럴까? 인간은 살아가면서 수많은 의사결정을 하게 되는데, 이때 평소에 아는 것이나 친숙한 것을 선호하는 습성으로 판단하기 때문이다. 이는 투자에서도 그대로 적용된다. 투자자들은 친숙하고 잘 아는 기업을 주로 선호한다. 그래서 투자자들은 이를 기준으로 투자판단 여부를 결정한다. 이러한 현상을 심리적으로 '휴리스틱 판단'이라고 한다. 휴리스틱은 명확한 실마리가 없는 불확실한 상황에서 판단을 내릴 필요가 있을 때 나타나는데 어림잡아 보는 방법이라 할 수 있다.

저축과 투자는 엄연히 다르다. 하지만 사람들은 저축과 투자의 개념에 대해 충분히 이해하면서도 그렇지 않은 경우가 많다. 예를 들자면 적립식 펀드는 은행의 적금과 비슷한 것으로 보는 습성이다. 즉 투자를 하면서 저축이라고 착각하는 것이다. 또한 좋은 투자대상과 좋은 회사를 혼동하기도 한다. 좋은 투자대상은 저평가된 기업과 성장성이 있는 기업을 말하는데, 이런 회사들을 선택해야 나중에 수익을 실현할 확률이 높아진다. 그런데 좋은 회사는 이미 주가에 가치와 성장성이 반영된 경우가 많다. 좋은 회사가 좋은 투자대상이 되는 것이 아니다. 그럼에도 대부분 사람들은 좋은 회사가 좋은 투자대상이라고 믿는다. 지금부터라도 정확하게 저축과 투자, 투기를 구분해서 판단해야 한다. 또한 좋은 기업과 좋은 투자대상도 구분할 줄 알아야 한다. 그리고 대기업이라고 무조건 안전하다는 생각도 버려야 할 것이다.

참고 3-1

Reference

확률분포

통상 수집된 데이터의 속성을 일목요연하게 나타내는 대표적인 방법은 그래프를 사용하는 것이다. 그래프는 모양에 따라 다양한 분포가 만들어 지는데 금융시장에서 사용하는 대표적인 분포로는 균등분포, 정규분포, 로그정규분포가 있다. 균등분포는 주어진 어느 값이 일정 범위 내에서 일어날 수 있는 확률이 모두 일정하다. 정규분포는 좌우대칭이며 종모양의 형태(bell-shaped)로 실제 가장 많은 현상이 정규분포를 따르며 웬만한 다른 분포함수들도 시행횟수가 커지면 커질수록 정규분포를 따른다. 또한, 표본크기가 커지면 분포함수에 관계없이 정규분포를 따르는데, 이를 중심극한정리[18](central limit theorem)라고 한다. 흔히 대통령 선거 시 시장조사에서 표본오차를 정규분포로 가정하는 것도 이런 이유 때문이다. 즉, 전체 유권자의 분포형태는 어떤 형태인지 모르지만 그 표본은 정규분포를 따르기 때문에 정규분포이론을 적용할 수 있다.

대체로 어떤 분포의 그래프를 보면 가장 빈도가 높은 값인 최빈치(mode)와 중앙값을 시각적으로 가늠할 수 있다. 그러나 평균값은 가늠하기 어렵다. 왜냐하면 평균은 그 분포에 있는 값의 범위에 의존하기 때문이다. 그러나 정규분포는 다음 그림과 같이 평균값, 최빈치, 중앙값 모두가 일치한다. 따라서, 평균값은 종의 중앙에 위치하므로 관측값의 50%는 양 구간 중 어느 한쪽에서 발생한다. 그리고 정규분포는 평균과 표준편차만 알면 분포의 특성을 알 수 있는데, 표준편차로 인해 특정한 범위에서 자료의 비율이 얼마인지를 측정할 수 있다.

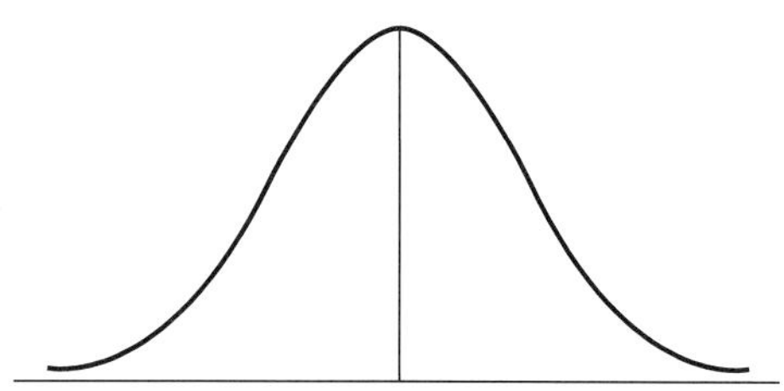

• 정규분포 •

다음 그림처럼 평균과 표준편차 1 사이의 거리 안에는 모든 관측값들의 68.3%가 포함된다. 95.4%의 관측값들이 표준편차 2의 범위에서 발생하게 되며, 99.7%는 표준편차 3의 범위에서 발생한다.

(계속)

Footnote

18) 중심극한정리는 통계학에서 가장 유용하게 사용되는 정리의 하나이다. 현실적으로 사회, 경제, 경영 현상을 수량화하여 분포의 형태를 살펴보면, 그 분포가 정확히 정규분포를 이루는 경우는 드물다. 그러나 중심극한정리에 따르면 모집단의 분포에 관계없이 표본의 크기가 커지면 표본평균의 표본분포가 정규분포에 접근하게 되어 모집단이 정규분포하지 않을지라도 표본의 크기가 큰 표본을 추출하면 정규분포의 성질을 이용하여 표본분석을 할 수 있다.

따라서, 평균과 표준편차를 알면 어떤 샘플의 관측값들의 발생비율이 특정한 값보다 위인지 아래인지 또는 두 값들 사이에 있는지를 측정할 수 있다. 이런 이유 때문에 정규분포는 리스크 관리에 아주 유용하다. 예를 들어 어떤 사건이 표준편차 3의 바깥쪽에서 발생한다면 그 사건은 발생할 가능성이 거의 희박하다는 의미이다. 리스크 측면에서 손실가능성이 거의 없다고 판단할 수가 있다.

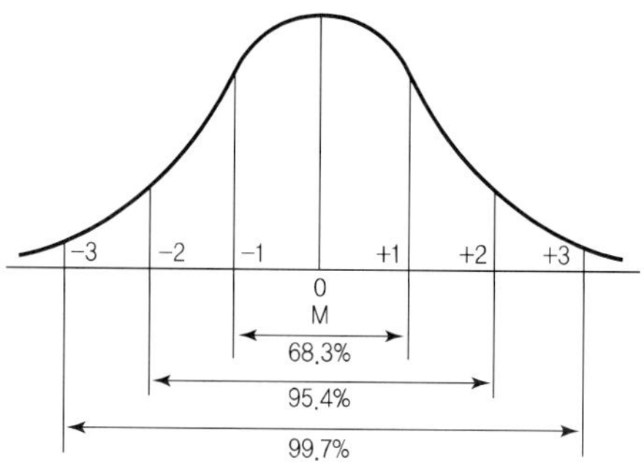

• 정규분포의 평균과 표준편차 •

한편, 정규분포는 통계적인 수단이므로 현실의 모든 것을 커버할 수 없으며 이를 근거로 한 리스크측정값도 마찬가지로 실제 값과 오차가 발생한다. 심지어 오차가 심각한 오류로 지적될 수 있을 만큼 클 수도 있다. 극단적으로 감내할 수 없을 만큼의 손실이 실제 발생하여 그동안의 리스크 관리 자체가 무의미해질 수도 있다. 통상 정규분포의 경우, 함수 값이 $-\infty$에서 $+\infty$까지 나타날 수 있지만 로그정규분포는 함수 값이 0(zero) 이하로 내려가지 않는다. 만약 모든 자산가격이 정규분포를 따른다고 가정하면 음수(-)가 발생할 소지가 있어 이를 해결하고자 로그정규분포가 도입되었다. 예를 들어 주식가격은 어떤 방향으로든 움직일 수 있지만 절대로 0(zero) 이하로 내려가지 않는다. 이럴 경우 쓸 수 있는 분포함수가 로그정규분포이다. 일반적으로 주식의 수익률은 정규분포, 주가는 로그정규분포를 따른다고 가정해도 큰 무리가 없다.

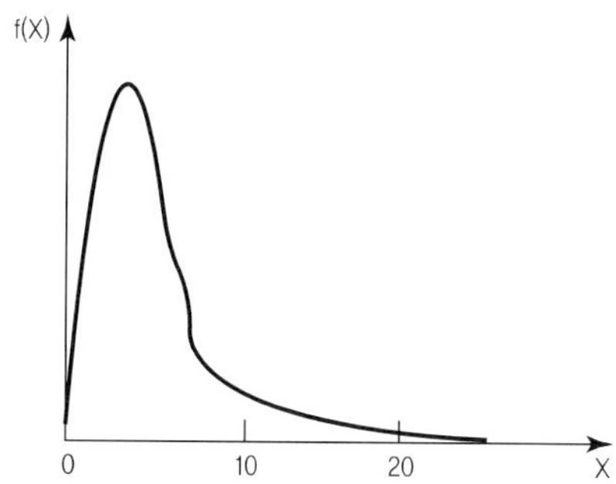

• 로그정규분포 •

참고 3-2

Reference

증권화

(1) 증권화의 정의

증권화란 기업이 보유하는 자산을 유가증권 등의 금융상품으로 가공하고 이를 자본시장에 유통시켜 자금을 조달하는 과정을 말한다. 이의 가장 큰 특징은 보유자산 속에 숨어 있는 신용리스크를 헤지하거나 가공할 수 있다는 점이다. 예를 들어 보자. 모기지대출회사는 개인이 보유한 주택을 담보로 하여 대출을 해 주고 이후부터 원하는 날짜에 이자를 정기적으로 받으며 만기가 되면 원금도 돌려받는다. 이것은 채무자인 개인대출자가 채무증서를 채권자인 대출회사에 맡기고 돈을 빌리는 것과 같은 원리다. 즉 대출회사는 이자와 원금을 돌려받는 권리를 확보한 셈이다. 이 권리를 가지고 있으면 돈이 제때 들어오니 돈이 되는 권리라고 할 수 있다. 즉 자산이 되는 것이다. 그러나 일반시중에 유통되는 자산과는 달리 당장 돈으로 바꿀 수는 없다. 만기까지 묶여 있기 때문이다. 해결방법은 만기 전에 다른 사람이 살 수 있도록 증권을 만들면 된다. 시장에서 이 증권을 산 사람이 그때부터 이자와 원금을 받게 된다. 이럴 경우 모기지대출회사가 안고 있는, 즉 돈을 빌려 간 사람이 자칫 신용이 하락하여 이자를 못 내게 되거나, 나중에 원금마저 못 받게 되는 리스크가 증권을 산 사람에게 넘어간다. 대출회사가 안고 있는 신용리스크가 증권을 산 투자자에게 옮겨 간 것이다. 한편, 모기지업체가 갖고 있는 이자와 원금을 받은 권리는 유동화되어 새로운 이름인 주택저당증권(MBS ; Mortgage backed securities)으로 거래된다.

(2) 증권화의 기원

자산의 증권화는 1980년대 채권의 증권화부터 시작되었다. 채권증권화는 1980년대 외화부족에 시달렸던 멕시코의 디폴트(default)에 대처하기 위해 미국 정부가 강구한 수법이다. 당시 멕시코 정부의 지속적인 채무상환 위기로 미국 은행은 심각한 경영난에 직면하였다. 이것을 구제한 것이 '브래디플랜(Brady Plan)'이었다. 니콜라스 브래디(Nicholas Brady)는 아버지가 부시 정권에서 재무장관으로 일했었다. 우선 미국 은행이 보유한 멕시코 정부의 채권(달러화표시 채권)을 액면가에서 할인하여 브래디증권이라는 새로운 증권(달러화 표시)으로 재편했고, 그것을 세계은행 등의 국제금융기관이나 일본, 유럽 등의 은행이 인수했다. 그리고 인수은행들은 그 증권을 멕시코에 진출하려는 다국적기업에 전매했다. 다시 그 증권을 산 다국적기업은 멕시코 정부에 환매를 요청하였다. 하지만 멕시코 정부에는 애당초 외화가 없었다. 그래서 증권을 주식과 교환했는데, 그 주식은 민영화된 예전의 정부출자기업이 발행한 것이었다. 이렇게 해서 멕시코에서 국영기업의 민영화가 이루어졌고, 다국적 기업은 민영화된 기업의 주식을 취득함으로써 멕시코에 기반을 마련하게 되었다. 이것이 당시 '채권의 주식화'로 불리며 증권화의 시초가 되었다. 이후 금융시장에 증권화를 통한 채권시장이 활성화되었으며 90년대 들어와서 증권화의 붐은 그 당시 정크본드를 가장 인기 있는 채권으로 탄생시켰다. 증권화가 일반화되기 전에 미국 금융업계의 채권거래는 상당히 보수적이어서 신용평가기관으로부터 높은 등급을 받은 채권만 거래되었다. 그러나 증권화를 통하여 다양한 채권이 발행되었으며 덩달아 수익률도 기대이상이었다. 신용등급이 최하위인 정크본드까지 증권화되면서 수익률은 최고조에 달하였다. 이후부터 리스크테이킹(risk taking)이란 말이

(계속)

일반화되었고, 고수익-고위험의 금융상품이 쏟아지게 되었다. 높은 수익을 보장하면서도 그에 상응한 고위험은 회피해 버리는 금융비즈니스가 화려하게 등장한 것이다. 점차 증권화의 수법은 계속 새롭게 개발되었으며, 리스크를 전매하는 조직도 새롭게 생겨났다. 자산보유자로부터 유동화자산을 양도받아 이를 기초로 유동화증권을 발행하는 유동화전문회사(SPC)가 대표적이다. 그러나 고정된 자산을 유동화하여 살아 움직이는 증권으로 변환시키는 참신하고 획기적인 금융기술이 궁극적으로는 치명적인 독으로 변하였다. 미국의 서브프라임 모기지 사태의 근본 원인은 증권화 때문이었다.

(3) 증권화 종류

증권화는 보유자산을 담보만 하면 얼마든지 가능하다. 대표적으로 보유채권담보, 부실자산담보, PF(Project Financing)담보, 여러 채권을 합하여 담보하는 경우이다. 이런 것을 통틀어 자산유동화증권(ABS ; Asset backed Securities)이라 한다.

자산유동화증권이란 부동산, 매출채권 등과 같이 유동성은 떨어지나 재산적 가치가 높은 유·무형의 유동화자산을 기초로 하여 발행된 증권이다. 자산보유자는 보유하고 있는 기초자산을 특수목적회사(SPC ; Special Purpose Company)에 양도하여, 이 SPC로 하여금 ABS를 발행·매각하게 하고, 그 매각대금을 기초자산을 양도한 대가로 받음으로써 자금을 조달하게 된다. SPC는 자산보유자와 기초자산의 법률적 관계를 단순히 분리하기 위해 설립되는 서류상의 회사(paper company)이다. SPC는 자산보유자가 가지고 있는 다른 자산과 구분하기 위하여 명목상으로 만들어서 회계처리과정을 투명하게 하기위해 도입되었으나 현실적으로는 자산보유회사의 지시를 받아 운영되고 있다. 우리나라에는 IMF 때 일반기업과 금융기관의 유동성이 심각해지자 이를 해소하기 위해 1998년 도입되었으며, 이를 통해 해당 기초자산 보유자는 재무상태를 개선할 수 있게 되었다. 금융기관은 보유한 위험자산을 매각, 현금화함으로써 BIS비율 등 자기자본비율을 끌어올릴 수가 있고, 기업은 보유자산을 유동화해서 자금을 조달하므로 신규로 부채비율을 높이지 않고도 자금을 조달할 수 있다. 또한 신용도가 낮은 자산보유자가 우량자산을 기초로 하여 신용등급이 높은 ABS를 발행하게 되면, 비용을 줄이면서 자금을 조달할 수 있게 된다. 국내에서 거래되는 다양한 자산유동화증권을 다음 표 3-2에 정리하였다.

표 3-2 자산유동화증권 종류

분류	개요
매출채권, 카드, 자동차저당채권 ABS	해당 채권을 각각 기초자산으로 하여 발행된 ABS
NPL ABS	금융기관의 부실자산(NPL ; none performing loan)을 기초자산으로 하여 발행된 ABS
MBS(mortgage backed securities)	부동산 저당채권을 기초자산으로 하여 발행된 ABS
PF(Project Financing) ABS	PF의 미래수익을 기초자산으로 하여 발행된 ABS
CDO(collateralized debt obligation)	다수의 채권을 기초자산으로 하여 발행된 ABS

(계속)

한편, 위의 표 3-2에서 다수의 채권을 기초자산으로 하여 발행된 CDO(collateralized debt obligation)는 기초자산이 채권인 경우 CBO(collateralized bond obligation)라 하며, 여신(loan)만을 기초자산으로 하여 발행되면 CLO(collateralized loan obligation)라고 한다. 그리고 합성CDO(synthetic CDO)는 금융기관이 대출채권 등의 리스크 헤지를 목적으로 특수목적회사(SPC ; Special Purpose Company)와 신용파생계약(CDS ; Credit Default Swap)을 체결한 후, SPC가 그 신용파생상품을 기초로 발행하는 ABS를 말한다. 신용파생계약은 신용위험을 별도의 보험자에게 전가하고 대신 보험료를 지불하는 일종의 보험계약이다.

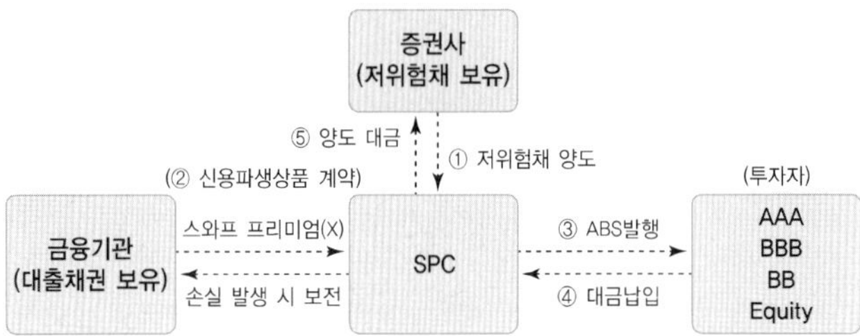

• 합성 CDO 발행구조 •

출처 : 금융감독원

(4) 증권화 속성

서브프라임 모기지 대출채권은 다른 대출채권에 비하여 태생적으로 연체율이나 부도율이 높을 수밖에 없었다. 대출대상 자체가 신용도가 하위인 계층에다 담보비율도 대출의 100%까지 이르러 본래부터 신용리스크가 높은 채권이었다. 그런데 당시 투자자들은 이러한 대출채권이 증권화라는 금융기술을 통하여 리스크가 낮아질 거라고 믿고 샀다. 미국의 경우 2003년부터 2007년 초반까지만 해도 금융공장에서 증권화상품을 만들어 시장에 내놓기만 하면 없어서 못 팔 정도로 인기가 높았었다. 증권화의 속성을 알았더라면 이런 상황은 오지 않았을 것이다.

첫 번째 속성은 증권화를 통해 액수가 큰 대출채권을 가능한 한 많이 모아서 한데 묶은 다음, 이것을 다시 소액채권으로 만드는 것이다. 소액이면 누구든지 손쉽게 투자할 수 있기 때문이다. 특히 주택가격은 거래단위가 최소한 몇 억 원이기 때문에 이런 금액을 그대로 증권화하면 일반투자자들이 구입하기에는 상당히 부담된다. 대출상품담당자는 이런 점을 착안하여 소액으로 재조립한 것이다. 그러면 노출자산이 적어지므로 리스크금액도 소액으로 바뀐다. 하지만 전체 리스크는 전혀 줄어들지 않고 동일하다. 단지 금액만 조정되었을 뿐이다. 예를 들어 증권화전에는 1명이 리스크 전체를 부담했다면 이것을 10명에게 분배했다는 의미이다. 10명이 느끼는 리스크에 대한 충격이나 강도는 변하지 않았는데 노출된 자산의 규모만 소액으로 변경되었을 뿐이다. 보통 액수가 작고 남들도 하면 대부분의 사람들은 따라 하기 마련이다.

두 번째는 증권화를 통해 소액으로 쪼개지만 여기에 순서를 매긴다는 것이다. 바로 선순위, 중간순위, 후순위이다. 이를 트렌치(tranch)라 하는데 각각의 트렌치는 순서가

(계속)

매겨진 채권들로 구성된다. 이 채권의 본질은 똑같은데 단지 순서만 다르다고 해서 투자은행들이 성격이 다른 채권으로 구분하고 판매하였다. 미국의 경우 보통 모기지채권은 통상 약 30% 정도가 제때 이자를 못 내는 연체채권이다. 만약 순서를 매기지 않고 그대로 동일하게 증권화해서 판매한다면 투자자는 사려고 하지 않는다. 혹시 내가 구입한 모기지채권이 30% 안에 포함돼서 이자를 받지 못할 수도 있다고 생각하기 때문이다. 이를 착안해서 대출상품개발자는 순위를 매긴 것이다. 그리하여 100%에서 연체율 30%를 제외한 70%는 안전하게 이자를 받을 수 있기 때문에 선순위채권에 배정한다. 이는 최상위 트렌치채권으로 가장 안전한 신용등급(예를 들어 AAA 등급)을 받고, 대신 그에 상응한 낮은 금리를 적용받는다. 나머지 30%가 연체채권인데 이것이 동시에는 발생하지 않을 뿐더러 그 중에 과거실적 등을 통해 거의 연체하지 않을 거라고 판단되는 20%를 걸러내어 중순위트렌치[19]에 배정하고 상위 트렌치보다는 약간 높은 금리로 판매한다. 나머지 10%로 구성되는 연체채권은 최하위 트렌치로 구분하고 판매하는데, 주로 모기지채권에서 발생하는 모든 손실을 부담해야 한다. 그래야만 당초 예상했던 30%의 연체율이 소화되기 때문이다. 이렇게 순위를 매긴 모기지채권을 모기지담보부증권(CMO ; Collaterized Mortgage Obligation)이라 한다. CMO는 간단히 말하면 채권과 유사한 지급구조를 갖추면서, 전체 리스크 스펙트럼(risk spectrum)을 투자자의 구미에 맞도록(risk appetite) 적절히 배분한 채권이다.

일반적으로 투자자는 양극단이 비대한 투자구조를 선호한다. 즉 리스크스펙트럼의 양극단에 투자하고 싶은 성향이 강하다. 예를 들어 보유자금이 1,000만 원 있다고 하자. 이 중 900만 원은 가장 안정적인 자산에 투자하고, 나머지 100만 원은 높은 이익/높은 리스크 자산에 넣고 싶어 한다. 이런 류의 대표적인 투자상품이 근래 펀드시장에서 인기가 높은 주가지수연계형인 ETF(Equity Traded Fund)이다. 최초의 모기지상품은 이런 양극단의 중간 정도에 해당되었다. 즉, 가장 안전한 자산에 투자하는 사람들 입장에서는 그다지 안전해 보이지 않았고, 고수익을 추구하는 사람들에게는 '요거다' 하는 높은 수익을 제공하지도 않는 말 그대로 어정쩡한 상품이었다. 이런 문제가 증권화를 통해 순서를 매기고 여타조건을 가미하면서 해결되자 이 상품은 폭발적으로 인기를 끌게 되었다. 당시 CMO는 대단한 금융발명품이었고 대출채권시장에 엄청난 영향을 끼쳤다. 순식간에 모기지대출과 모기지 담보부채권 판매가 돌고 도는 선순환이 계속되면서 대출시장 전체는 급격히 확대되었다.

그런데 시장이 과열되면서 문제가 터진 것이다. 누구나 달려들면서 대출영업 경쟁이 치열해지고 대출구조도 복잡해졌다. 구조가 복잡해지다 보니 자꾸 정도를 벗어난 무늬만 현란한 상품들이 등장하였다. 더불어 전산시스템이 갈수록 고도화되면서 CMO공장에서는 아무도 이해할 수 없는 별의별 트렌치로 조합된 상품을 무작위로 만들어 낼 수 있었다. 아무리 구조가 복잡해도 이자지급원천은 모기지풀(mortgage pool)에 모두 담겨져야 한다. 그러다 보니 높은 신용등급의 멋있는 선순위 트렌치를 많이 뽑아 낼 수록, 밑에 있는 최하위 트렌치에서 그만큼 모든 손실을 떠안아야 한다. 최하위 트렌치는 정크본드 수준을 넘어 가히 엄청난 뇌관을 안고 있는 시한폭탄처럼 변하였다.

(계속)

Footnote

19) 이를 흔히 메자닌(mez-zanine)트렌치라 한다. 메자닌은 원래 건물 1층과 2층 사이에 있는 라운지 등의 공간, 즉 '중간방'을 의미하는 이탈리아어로, 자본시장에서는 담보와 신용사이 혹은 부채와 자본 사이의 경계를 의미한다.

더욱 문제는 최하위 트렌치에 투자한 사람이 많다는 것이었다. 만약 시장상황이 좋아져서 당초 예상했던 연체율이 30%가 아니라 20%였다고 하자. 그러면 원래 30%로 예상하고 배정되었던 트렌치에서 10%의 이익이 발생한다. 이 모든 이익을 바로 최하위 트렌치가 다 가져간다. 물론 반대로 손실이 나면 모든 손실도 책임져야 한다. 이것은 일종의 도박이다. 사실 정크본드타입의 채권은 엄청 싸게 살 수 있어서 더욱 매력적이다. 순식간에 몇 백 %의 수익률을 낼 수 있는 전형적인 투기상품이다. 주식보다 오히려 더 화끈한 상품인 것이다.

더더욱 문제는 2007년 당시 최하위 트렌치에 미국의 간판투자은행인 베어스턴스, 리만브러더스, 메릴린치, AIG투자, JP모간 등이 투자했다는 점이다. 그들은 엄청난 규모의 자금을 조성하여 그에 맞는 헤지펀드를 수십 개 운영하고 있었는데, 이들 펀드의 대부분이 최하위 트렌치에 배정되는 채권을 엄청나게 보유하고 있었다. 왜냐하면 싸게 구입해서 비싸게 팔 수 있어 과거처럼 엄청난 수익을 안겨다 주었기 때문이었다. 이때마다 최고경영자나 펀드운영자들은 그에 상응한 인센티브로 엄청난 보너스를 챙겼다.

가장 최악의 문제는 헤지펀드의 대부분이 자기자금은 별로 들이지 않는다는 점이다. 당시 모기지상품에 투자하는 헤지펀드들은 통상 자기자본의 5배 내지 10배의 레버리지를 일으켰다. 지금은 사라져 버린 베어스턴스나 리먼브러더스는 모기지의 최하위 채권에 집중 투자하여 고수익을 단번에 노리다가 상황이 악화되자 바로 파산에 이르게 된 것이다. 물론 이런 이유의 직접적인 원인은 레버리지 때문이기도 하다. 결론적으로 이런 방식의 투자는 여차하는 순간에 손실이 눈덩어리처럼 불어나는 아주 치명적이고 위험한 투자라는 것이다.

세 번째, 증권화로 인해 여러 채권을 모을 때 성격이 다른 자산, 즉 이질적인 채권을 함께 의도적으로 묶는다. 예를 들어, 서브프라임 모기지 담보채권에 미국 동부의 뉴욕 저택과 서부 캘리포니아의 주택담보대출을 섞을 경우 상대적으로 리스크가 분산되는 효과가 나타난다. 그 이유는 뉴욕의 금융업 경기가 나빠져도 서부의 IT산업이 해외 신흥국의 수요로 인해 좋을 수도 있기 때문이다. 물론 이것은 현실과 맞지는 않다. 다만 단순히 그냥 묶는 것보다는 이렇게라도 하는 것이 리스크 관리 차원에서 현명한 대응인 것이다. 모기지 담보상품 개발자는 아무리 신용이 나쁘고 담보도 약하면서 소득확인조차 안 되는 대출채권들만 모았다 하더라도 이들 대출이 동시에 연체가 되거나 부도가 발생하지 않을 거라는 논리를 주장했다. 통계학적으로 보더라도 대수의 법칙을 적용한 충분히 합리적인 행동이라 할 수 있다. 그러나 현실은 대부분 불량한 대출채권이어서인지 한꺼번에 문제가 터져 미국의 서브프라임 사태가 발생한 것이었다.

결론적으로 증권화로 인한 리스크 축소는 책상에 앉아 계산하는 방식대로 되지 않는다는 것이다. 아무리 과학적이고 합리적인 통계모델을 사용하더라도 현실과 맞지 않는다는 것을 분명 인식해야 한다. 증권화로 리스크를 쪼개거나, 순위를 매겨 그 정도를 달리하거나, 의도적으로 다른 지역을 섞어 분산을 유도해도 결국에는 전혀 축소되지 않는다. 리스크가 이쪽에서 저쪽으로 옮겨 갔을 뿐이지 그 자체가 없어진 것은 아니다. 하지만 두 번째에서 지적했듯이 리스크 순서를 바꿔서 조합하면 그렇지 않을 때보다 훨씬 고객의 취향에 맞는 다양한 상품을 제공할 수 있다는 것은 좋은 점이다.

참고 3-3

펀드(집합투자상품)

(1) 펀드의 역사

역사에 기록된 최초의 펀드는 지금부터 500여 년 전 콜럼버스의 신대륙탐험펀드를 꼽는다. 당시 스페인의 이사벨라(Isabella) 여왕은 스페인을 통일한 후 엄청난 자금이 필요했다. 그녀는 신대륙에 가면 금이 많다는 소문을 듣고 수익금을 투자한 돈의 비율에 따라 나눠 갖는다는 조건으로 자신과 부호, 상인들의 돈을 모아 투자했다. 요즘으로 치면 일종의 사모펀드였던 셈이다.

일반대중을 대상으로 하는 최초의 근대적인 펀드는 1774년 네덜란드에서 탄생했다. 암스테르담 상인인 아브라함 반 케트워치는 '엔드라그트 마크트 마그트(Eendragt Maakt Magt)'라는 증서를 만들어 동료 상인과 여윳돈이 있는 사람들에게 팔았고, 동 증서는 반 케트워치의 신용에 힘입어 자유롭게 거래되었다고 한다. 네덜란드에서 생겨난 펀드는 1868년 영국으로 전래되어 대중화되기 시작했다. 이 때문에 펀드의 원조가 영국이라고도 한다. 당시 영국은 산업혁명 이후 축적된 자본을 유럽 대륙과 미국, 독일 등 해외에 투자할 수단으로 '외국 및 식민지정부 투자신탁(Foreign and Colonial Government Trust)'이라는 펀드를 고안했다. 이를 계기로 영국에서는 해외사업에 투자하는 펀드들이 잇따라 생겨났다.

영국에서 대중화된 펀드는 1921년 미국으로 건너가 선풍적인 인기를 끌었다. 제1차 세계대전 이후 세계경제의 패권이 영국에서 미국으로 넘어가면서 미국 증시가 폭등하기 시작했고, 펀드는 막대한 자금을 증시로 끌어 들이는 통로가 되었다. JP모간(Morgan)과 골드만삭스(Goldman-Sachs) 등 투자은행들은 자산운용사를 설립하여 펀드판매에 주력하였다. 그러나 1920년대 증시호황에 힘입어 인기를 끌었던 펀드는 1929년 10월 24일 뉴욕 증시의 '검은 목요일'로 시작된 증시폭락과 대공황으로 투자자들에게 엄청난 손실을 안겨 주며 도산했다. 당시 루스벨트 행정부는 펀드가 주가조작 등의 불법행위를 일삼으며 주식시장에 거품을 조장하는데 한몫했다고 판단, 1940년 투자회사법(Investment Company Act)을 제정하여 펀드를 본격적으로 개혁하였다. 투자자들이 원하면 언제든지 환매할 수 있고, 개별 펀드를 독립적인 회사시스템으로 바꿔 투명성을 강화하는 등 오늘날 현대적인 뮤추얼펀드의 기초를 세웠다. 나아가 1970년대 이후 자본시장의 확대에 따라 펀드는 거대화되었을 뿐만 아니라 그 종류도 다양해져 세계 각국으로 보급되었다.

(2) 펀드투자 시 리스크 체크포인트

① 과거수익률 체크

펀드설립 후 총수익률, 연평균수익률, 최근 1년간 수익률, 최근 3개월간 수익률 등 다양한 과거실적 자료가 제시된다. 이 중 고객의 기대수익률에 부합하는 연평균수익률이 가장 중요하며 이의 측정기간이 길면 길수록 신뢰할 수 있다.

② 변동성 체크

변동성이란 연평균 수익률에서 벗어나는 정도를 나타내며, 흔히 표준편차(σ), 리스크 등으로 표현한다. 이는 과거 수익률에서 연평균 수익률이 매년 얼마나 고르게 나왔나 하는 것이다.

(계속)

③ 벤치마크(bench mark) 초과수익률 체크

이는 특정펀드의 일정 기간 운용수익률을 액면 그대로 평가하는 것이 아니라 비교기준을 설정하여 운용수익률을 상대적으로 비교하는 것이다. 예를 들어 A펀드의 과거 6개월 수익률이 -10%, 같은 기간 코스피(KOSPI)지수 수익률이 -20%라 하자. 이럴 경우 A펀드가 코스피보다 상대적으로 10% 정도 운용을 잘했으며 벤치마크 초과수익률이 우수하다고 한다. 따라서 벤치마크 초과수익률이 우수한 펀드를 고른다면 해당 리스크를 최소화하면서 적정 투자수익률을 기대할 수 있다.

④ 시장지수와 민감도(베타) 체크

베타(β)는 펀드수익률을 지수상승률로 나눈 값이다. 예를 들어, 펀드수익률이 12%이고 주가지수는 10% 상승했다면 베타는 1.2이다. 반대로 펀드수익률이 8% 하락했는데 주가는 10% 떨어졌다면 베타는 0.8이다. 통상 베타가 1 이하이면 주가지수보다 수익률 변동이 적다는 것이고, 1 이상이면 주가지수보다 수익률변동이 크다는 의미이다. 일반적으로 베타계수가 1보다 크면 공격적 형태, 베타계수가 1보다 작으면 방어적 형태이다.

(3) 펀드투자 성과평가

펀드투자의 운용성과를 평가하는 가장 대표적인 지표는 샤프비율(Sp : Sharpe Ratio)이다. 이는 투자수익률대비 변동성비율을 의미하며, 투자기간 동안에 위험의 1단위당 무위험이자율을 초과달성한 포트폴리오 수익률을 나타낸다. 또한 위험 1단위당 어느 정도의 보상을 받았는가 하는 위험보상률을 의미한다. 샤프지수가 높을수록 위험을 감안한 투자성과가 좋았음을 의미한다. 따라서 샤프지수가 크면 클수록 우수하다. 계산식은 다음과 같다.

$$S_p = \frac{R_p - R_f}{\sigma_p} = \frac{\text{포트폴리오 평균수익률} - \text{무위험 평균이자율}}{\text{포트폴리오 수익률의 표준편차}}$$

예를 들어 다음과 같은 세 종류의 펀드가 있다고 하자. 리스크를 고려하지 않으면 E펀드가 17% 수익률로 가장 우수하다. 그러나 리스크를 고려한 샤프비율을 계산해 보면 F펀드가 0.5로 가장 높다. 따라서 F펀드를 선택하는 것이 유리하다고 볼 수 있다.

표 3-3 펀드성과평가

Fund	연평균 수익률	표준편차	샤프비율
D	13%	18%	0.278
E	17%	25%	0.360
F	15%	14%	0.500

단, 무위험 수익률 8%

(계속)

(4) 적립식펀드

적립식펀드는 은행의 정기적금처럼 매월 적립된 일정액을 주식이나 채권에 투자해 운용실적에 따라 투자수익을 얻는 수익증권으로 여타 금융상품에 비하여 장점이 많다. 첫째, 매수시점 분산을 통해 타이밍 실수를 최소화시킴으로써 시장지수에 상관없이 언제라도 투자를 시작할 수 있다. 따라서 적립식펀드는 가격변동성이 큰 고위험-고수익 자산에 장기간 투자하는데 적합하다. 둘째, 분산투자, 장기투자, 적립투자 등 합리적인 주식투자 원칙을 적용하여 투자에 따르는 변동성을 줄이고 보다 안정적인 수익을 추구하는 투자방식이다. 셋째, 장기적으로 투자할수록 더욱 유리하므로 노후자금마련 등 장기적인 자산증식에 적합하다. 마지막으로 금액크기에 관계없이 투자할 수 있다. 반면, 적립식펀드의 단점은 장기투자라는 것이다. 최소 5년 이상 가입해야 유리하며, 중도에 환매하면 이익금의 대부분을 환매수수료로 지불해야 한다.

한편, 적립식펀드는 자금납입방법에 따라 정액적립식과 자유적립식으로 나뉘며, 주로 주식형, 채권형, 혼합형으로 구분된다. 주식형은 투자재산의 60% 이상이 주식으로 운용되는 경우이다. 또한 혼합형 중 주식비중이 50% 이상이면 주식혼합형이라 한다.

적립식펀드가 인기를 끈 이유는 매입단가 평준화효과(cost averaging effect) 때문이다. 이는 기간마다 일정금액을 투자할 경우 주가의 상승과 하락에도 불구하고 평균 매입단가는 평준화된다는 의미이다. 다음 표 3-4는 어느 특정종목의 주가가 1월에 1,000원, 2월에 1,500원, 3월에 1,000원, 4월에 500원으로 변동하였다고 가정하고 이 종목을 매월 100주씩 매입한 경우와 매월 100,000원씩을 투자한 경우의 평균매입단가를 비교한 것이다. 결과는 4개월 동안 A와 B에 동일하게 400,000원을 투자하였으나 A는 1주당 1,000원, B는 1주당 857원의 매입단가를 보여 B가 143원의 절감효과를 가져왔다. 그 결과 매입단가 평준화효과로 인해 5월에 주가가 다시 1000으로 회복한다면 A는 수익률이 없지만 B는 16.5%의 수익이 발생한다.

표 3-4 매입단가 평준화 효과

월	기준가격(1주당)	동일 수량 매입 시(A)		동일 금액 매입 시(B)	
		매입 주식 수	매입 금액	매입 금액	매입 주식 수
1월	1,000원	100주	100,000원	100,000원	100주
2월	1,500원	100주	150,000원	100,000원	66.6주
3월	1,000원	100주	100,000원	100,000원	100주
4월	500원	100주	50,000원	100,000원	200주
합 계		400주	400,000원	400,000원	466주
평균매입단가(1주당)		1,000원		857원	
5월	1,000원	매도시 수익률 0%		매도시 수익률16.5%	

금융과 리스크 관리

PART 2 리스크 관리 입문

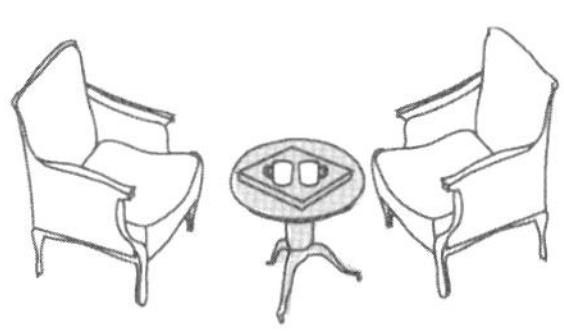

Chapter 04

리스크란 무엇인가

금융세상에서 리스크란 용어는 아주 흔하게 쓰인다. 요즘에는 일상생활에서조차도 자주 등장한다. 그러나 리스크의 정확한 의미를 파악하고 사용하는 사람은 드물다. 대부분 사람들은 리스크와 위험을 혼용하고 있으며 리스크는 무조건 나쁜 것으로 인식하고 있다. 리스크의 정확한 개념을 파악하기 위해서는 그와 관련된 용어, 즉 불확실성, 확률, 위험 등이 무엇이고 리스크와 어떤 면에서 다른지 알 필요가 있다.

1. 리스크와 불확실성, 그리고 확률

어떤 금융현상에 대하여 리스크가 있다 혹은 없다의 기준은 불확실성에서 출발한다. 불확실성의 반대는 확실성이다. 확실성이란 우리가 어떤 결정을 할 때 한 가지 가능한 결과만이 존재하고, 이러한 결과가 누구에게든지 정확히 알려지는 상황을 말한다. 사전에서도 확실성은 '의심의 여지가 없는 사실, 확실한 전망이나 절대적 확신'이라고 기술하고 있다. 금융시장에서 확실성의 예를 들자면 미국의 10년 만기 국채수익률 같은 것이다. 미국이란 나라가 지구상에서 사라진다는 것은 거의 불가능하기 때문에 미국채권이 부도날 것이라고 생각하는 사람은 하나도 없다. 따라서 10년 만기수익률은 확실하다고 간주한다. 그러나 2011년 8월 미국의 신용등급이 강등되는 초유의 사태가 발생하면서 이제는 미국 국채도 불확실성에 노출되었다고 할 수 있다. 그럼에도 아직까지는 지구상에서 미국 국채가 가장 안전하다고 볼 수 있다.

만약 하나의 결정에 대해 두 가지 이상의 결과가 발생할 수 있는 경우에는 문제가 달라진다. 불확실성은 어떤 결정에 따라 두 가지 이상의 결과가 예측될 때 나타난다. 이론적으로는 각각의 결과에 대한 발생확률이 알려지지 않거나 아예 각각의 결과가 서로 균등한 중요도를 갖는 경우를 말한다. 이는 해당 변수들에 대한 과거 정보가 부족하거나 불안정한 상태가 지속될 때 자주 나타난다. 심지어 발생결과 자체를 아예 알 수 없는 상태도 불확실하다고 하는데 이때는 심리적인 불안감을 초래하기도 한다.

인간은 태초부터 불안감이 내재된 불확실성을 없애고자 수많은 방법을 시도하고 개발하였는데 지금까지 가장 과학적으로 활용되는 수단이 확률이다. 확률은 불확실성을 어느 정도 확신할 수 있는 가능성으로 바꾸어 주는 주요 수단이다. 확률의 사전적 의미는 '개연성이 있는 사물이나 사건의 모든 가능한 경우에 비추어 딱 떨어지는 경우의 비율로 측정되는 어떤 사건이 발생함직한 정도' 이다. 수학적으로 표현하면 확률은 어떤 사건의 발생가능성 또는 상대적 빈도수를 나타내는 것으로 특정 사건의 실제 발생횟수를 전체 사건들의 실제 발생횟수로 나누어서 계산된다. 만약 어떤 사건의 발생이 확실하다면 그 발생확률은 1이 되고, 반대로 사건이 발생하지 않을 것이 확실하다면 그 확률은 0이 된다. 그러므로 확실과 불확실성을 제외한 모든 경우는 발생확률이 0과 1사이의 값을 가지게 된다.

일상생활에서도 미래의 불확실한 현상을 확률에 근거하여 판단하는 사례가 자주 나타나는데 금융세상에서도 미래현상을 예측할 때 확률이 가장 포괄적으로 사용된다. 금융에서 리스크는 두 개의 요소를 기본적으로 내포하고 있는데, 불확실성과 그러한 불확실성에의 노출이다. 예를 들어 마술전문가가 마술공연을 하고 있다고 치자. 이 사람은 마술공연 시 자칫 실수할 수 있는 불확실성에 노출되어 있으므로 리스크를 부담하고 있는 상황이다. 그러나 그 공연을 보고 있는 관객은 마술공연의 실수로 인해 망칠 수 있는 불확실성은 함께 공유하고 있지만 그 불확실성에 직접적으로 노출되어 있지는 않다. 따라서 리스크를 부담하고 있지 않으며 리스크에 노출되어 있지도 않다. 이처럼 리스크는 반드시 불확실성에 노출되어 있어야만 발생하며 이를 확률적으로 판단할 수 있는 객관적인 지표나 근거를 제시해야 비로소 존재한다. 또 하나 중요한 것은 리스크는 정확한 결과를 알 수 없지만 대체로 결과가 어떻게 나타날 것인지 추측할 수 있어야 하는데, 주로 그 결과가 예상했던 기대치보다 줄어드는 이른바 손실이 발생해야 한다. 간단히 리스크는 손해가 발생할 불확실성인 것이다.

표 4-1 확실성, 불확실성, 리스크의 비교

구 분	확실성	불확실성	리스크
발생결과의 수	1개	2개 이상	2개 이상
발생 가능결과 인식여부	정확한 인식	인식 곤란	인식 가능
발생 가능결과 확률	100%	추정 불능	추정 가능

출처 : 문창권(2008), p.41

만약 불확실성이 없으면 이미 손해가 발생한 것이며 더 이상 리스크라고 말하진 않는다. 더구나 손해가 발생할 가능성이 없으면, 즉 불확실성이 단지 이익의 크기에 대한 문제라면 리스크는 당연히 존재하지 않는다. 따라서, 리스크는 미래 불확실성에의 노출로 손실이 발생할 가능성이라고 정의 내릴 수 있다. 이상 확실성과 불확실성, 그리고 리스크를 정리하면 표 4-1과 같다.

2. 리스크와 위험

모든 사람들은 희망찬 미래를 꿈꾸며, 그 꿈을 이루기 위해 오늘도 열심히 일을 한다. 그러나 미래에 펼쳐지는 세상이 기대한 만큼 그리 녹록지 않다는 것을 한번쯤은 경험하였을 것이다. 실제로 공상과학 영화처럼 앞으로 일어날 일들을 미리 알게 된다면 얼마나 좋을까? 미래의 불확실성이 누구나 다 알고 있는 사실이나 확실한 결과로 나타난다면 아마 세상은 지극히 단순하고 도저히 살아갈 맛이 나지 않을 정도로 변할 것이다. 역설적으로 불확실하다는 것이 그런대로 살아가는 맛을 느끼게 해준다.

우리는 불확실한 미래를 준비하면서 마음속으로나마 확실할 것이라고 스스로를 위안한다. 그래도 불확실성은 언제나 사람 마음을 부담스럽게 한다. 왜냐하면 나한테 불리한 결과가 나타날지도 모르기 때문이다. 흔히 주변사람들과 이야기할 때 '이건 나한테 좀 부담되는데' 라는 말을 하곤 한다. 근본 이유는 그런 일들이 혹시 나한테 불리하거나 부정적인 결과를 가져올지 모른다는 불안감 때문이다. 이런 불안감을 모두에게 공통적으로 불러일으키는 현상으로 질병이나 전쟁, 자연재해, 사업도산, 가족해체 등을 들 수 있는데, 가능하면 누구든지 피하고 싶어 한다. 이런 것들을 위험이라 하며 리스크와 구별시킨다. 특히 금융세상에서는 더욱 그렇다.

위험은 미래의 불확실한 시간 속에 존재하는데 항상 그 결과가 누구에게든지 손실을 입히는 상태를 말한다. 위험을 회피하는 가장 대표적인 수단이 보험이다. 보험은 보험료라는 비용을 부담하고 미래의 불리한 결과를 사전에 없애버리는 사회적인 제도이다. 물론 100% 안전한 것은 아니다. 다만 과거의 손실경험에 비추어서 충분히 손실을 커버할 수 있도록 산정한다.

때때로 미래의 일들이 항상 불리하지만은 않으며, 반대로 좋은 일도 생긴다. 사람들은 어떤 일을 시작하면서 한번쯤 전혀 예기치 않은 엄청난 수익, 즉 대박을 기대하곤 한다. 하지만 그 반대로 쪽박이 날 수도 있음을 알아야 한다. 앞으로의 일에 위험이 도사리고 있지만 그 이면에는 좋은 기회도 존재하는 것을 위기라 한다. 위기, 즉 위험과 기회가 동시에 존재하는 현상을 리스크에 노출되었다고 한다. 리스크는 '손실이나 불이익을 당할 가능성'과 '이익이나 유리한 상황을 얻을 가능성'을 동시에 지니며, 어느 쪽이 우세한지는 알지 못한다. 다만 어느 쪽인지에 대한 가능성을 확률이라는 수단으로 해결할 뿐이다. 넓은 의미로 리스크는 위기와 동일한 개념이다. 즉 이익과 손실의 양면성을 갖고 있다. 그러나 금융세상에서는 좁은 의미로 미래의 이익을 제외하고 미래 손실이 날 가능성만 리스크로 간주하며, 이를 계량화하고 통제할 수 있는 각종 수단을 만들어 낸다. 이런 모든 행위를 리스크 관리라 한다. 리스크는 미래 발생할 손실을 관리하기 때문에 당장 급하지는 않다. 그래서 늘 의사결정 우선순위에서 밀려난다. 당연히 리스크 관리가 어려울 수밖에 없다.

금융권뿐만 아니라 일상생활에서도 대부분의 사람들은 위험과 리스크를 혼돈하여 사용한다. 가장 큰 이유는 영어를 잘못 번역하였기 때문이다. 보통 위험을 영어로 옮기면 risk와 danger가 되는데 두 용어는 분명한 차이가 있다. risk는 예상(기대)보다 달라질 가능성을 표시하므로 결과가 예상보다 더 좋을 가능성과 더 나빠질 가능성 모두를 포함하는 반면, danger는 예상보다 결과가 더 나빠질 가능성만을 의미한다. 또한, risk는 부담하는 대가로 기대수익이라는 보상을 받게 되지만, danger는 부담함으로써 받게 되는 대가가 거의 없다. 결국 risk가 리스크이고, danger가 위험이 되는 것이다.

그림 4-2 리스크 성향별 유형

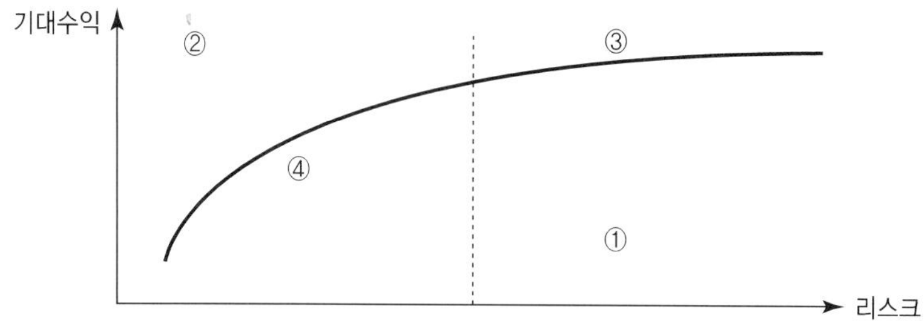

인 유형이다. 금융의 근본 속성인 고위험과 고수익 또는 저위험과 저수익을 추구하기 때문이다. 일반적으로 ① 유형은 투자자산의 최적 포트폴리오를 통하여서만 ③, ④ 유형으로 옮겨 갈 수 있는데, 이런 행위는 부단한 시행착오를 통하여 가능해진다. 또한 ③ 유형이, ④ 유형으로 옮겨 가는 것은 스스로 보유한 리스크버퍼 이내로 감당할 수 있을 만큼만 리스크를 취하려고 할 때 가능하다. 쉽게 말하면 투자할 때 자기 분수대로 한다는 의미이다.

한편, 개인의 리스크에 처한 진정한 태도를 파악하고, 리스크와 수익의 상반관계나 리스크 감수능력을 보다 확실하게 검증하는 방법이 있다. 그것은 풍선을 부는 것인데 이 실험은 메릴랜드대학의 심리학자 칼 레후에즈(Carl Lejuez)가 개발하여, 행동적인 리스크 감수능력의 측정방법으로 그 실효성을 인정받았다. 실험은 다음과 같이 진행된다. 참가자는 바람 빠진 풍선이 나오는 컴퓨터 화면 앞에 앉는다. 화면에 나오는 펌프를 클릭하면 조금씩 풍선에 바람이 찬다. 풍선을 터트리지 않고 한번 클릭할 때마다 참가자는 동전 하나를 받는다. 만약 풍선이 터지면 그 동안 받았던 동전 모두를 잃게 된다. 실험결과 64회 정도 클릭하고 나면 풍선이 터질 가능성이 본격적으로 나타나고, 이후 128회를 클릭하면 확실히 터진다는 것을 알 수 있었다. 실험에서 풍선은 연속적으로 커지는 리스크를 의미한다. 너무 많은 리스크를 감수하면 모든 것을 잃을 수도 있다. 반대로 리스크를 전혀 감수하지 않으면 풍선은 바람 빠진 채 그대로 있을 것이다. 실험이 주는 시사점은 적정한 리스크를 받아들이는 행동은 나쁘지 않다는 것이다.

이제까지 논의하였던 리스크와 수익의 상반관계를 확실히 이해한다지만 현실세계에서는 꼭 그렇지도 않다. 인간의 심리가 작용하기 때문이다. 인간이 투자세상에서 수익창출에 집착하는 것은 당연하다. 수익을 내는 그 이면에는 예상치 못한 손실발생이 잠재되어 있다는 것을 알고 있지만 실제로 이익과 손실에 대해서는 다르게 행동한다는 것이 심리학자들의 견해이다. 이를 '리스크프레이밍 효과'라 한다. 심리학자의 연구결과에 의하면 개인들은 일반적으로 손실보다는 이익에 더욱 민감하며, 손실에 대해서는 조금 더 위험한 선택을 한다는 것이다. 대체로 투자자는 원금은 지켜야 한다는 생각을 하게 되고, 실현되는 이익의 구간은 견디려 하지만 발생손실은 받아들이지 않는다.

4. 리스크의 유형

앞서 리스크란 미래 불확실성의 노출로 보유자산의 손실이 발생하거나 또는 예상수익이 기대한 수준에 못 미치는 등 불리한 결과가 발생할 가능성이라 정의하였다. 한편, 리스크는 그 측정요소의 하나인 불확실성이 무엇을 의미하느냐에 따라 여러 가지로 분류된다. 예를 들면 어떤 사람이 주식과 수익형부동산을 매입하였는데 주식은 순전히 자기 돈으로 매입한 반면, 부동산은 은행에서 일정금액을 대출해서 구입하였다고 하자. 이런 경우 주식은 매입한 주식의 가치하락에 대한 손실가능성만 염두에 두면 된다. 그러나 부동산은 보유부동산의 가치하락뿐만 아니라 은행대출금에 대한 이자를 제때 납입하지 못할 수 있는 불확실성도 염두에 두어야 한다. 만약 보유부동산의 가격상승으로 인해 자산가치는 증가하였지만 예기치 않는 사정으로 일정기간 대출이자를 납입할 수 없는 상황이 발생하여 신용불량자로 등록되었다면 이 사람은 신용상의 불이익을 당할 리스크에 노출된다. 리스크 관리 측면에서 보면 보유부동산의 가치상승을 이끌어 낸 시장리스크 관리는 잘했던 반면, 신용상의 불이익을 초래한 신용리스크 관리는 미흡했다고 할 수 있다. 이처럼 불확실성에 노출된 상황에 따라 해당 리스크를 분류하고 관리하다 보면 그렇지 않을 때보다 훨씬 더 구체적으로 본인에게 노출된 리스크를 파악하고 관리할 수 있게 된다. 이런 이유 때문에 리스크를 분류하는 것이다.

1) 주관적 리스크와 객관적 리스크[1)]

인간은 아무리 객관적인 기준으로 평가하고 그 결과를 수긍한다 하더라도 막상 뒤돌아서면 본인의 주관대로 판단하는 속성을 가지고 있다. 리스크 분류도 마찬가지인데 가장 보편적인 분류방법이 주관적인 리스크와 객관적인 리스크이다. 주관적 리스크는 말 그대로 개개인이 처한 상황이나 정신적인 태도로부터 촉발되는 심리적인 불확실성에서 출발한다. 따라서 이런 불확실성은 자주 노출되지만 객관적인 방법으로 불확실성의 크기를 측정할 수가 없는 것이 가장 큰 문제이다. 다만 임상심리학적으로 개인의 불확실성에 대한 태도나 인식의 정도를 관찰할 수 있는 수준이 대부분이다. 그러므로 주관적인 리스크 상황은 사회학 또는 심리학 분야에서 주로 사용하는 심리적 실험 등을 통해 측정한다. 통상 재무적인 불확실성에서 논하는 리스크 중 주관적 리스크는 측정상의 곤란으로 사전에 배제된다. 다만 주관적 불확실성이 객관적인 리스크 평가에 영향을 줄 뿐만 아니라 개인 또는 집단의 의사결정에도 많은 작용을 한다면 그냥 지나칠 수는 없으며 그에 상응하는 대안을 마련해야 한다.

반면에 객관적 리스크는 측정 가능한 불확실성이므로 주어진 과거데이터를 이용하여 평균과 분산을 측정하고 최종적으로 분산의 제곱근인 표준편차를 계산하면 리스크가 산출되는 것이다. 금융투자분야에서 다루는 대부분의 리스크는 객관적 리스크에 해당된다.

2) 순수리스크와 투기리스크[2)]

리스크가 손실과 이익의 기회를 동시에 제공하느냐에 따라 순수리스크와 투기리스크로 분류된다. 순수리스크는 손실의 범위가 0에서 +무한대(∞)인 경우를 말한다. 즉, 불확실성의 결과가 손실이 발생하느냐 혹은 발생하지 않느냐만의 상황일 때를 순수리스크라고 한다. 순수리스크는 최선의 경우 손실이 발생하지 않으나, 항상 손실이 발생할 기회가 존재하고 있으며 이익의 기회는 전혀 없는 상황이다. 우리 속담에 '잘해야 본전' 인 상황과 똑같다. 순수리스크의 대표적인 예로 화재, 낙뢰, 홍수, 지진, 폭발, 붕괴 등으로 인한 재산상의 손실이나 사망, 부상 등 인적 손실 등이

| Footnote |

1) 원재환·김도성(2008), 『금융환경 변화와 금융위험관리』, pp. 23~24 인용·정리
2) 원재환·김도성(2008), 『금융환경 변화와 금융위험관리』, pp. 23~24 인용·정리

있는데 이를 위험이라고 표현하며 영어로는 danger라고 한다. 순수리스크, 즉 위험은 항상 손실만 도사리고 있으므로 일반 개인들은 주로 무조건 회피의 대상으로 인식하고 위험의 대가인 보험료를 지불하고 만약 사고가 발생하면 보험금을 받는 보험을 통하여 해결한다.

한편, 투기리스크는 손실의 범위가 −무한대(∞)에서 +무한대(∞)까지인 경우로 손실뿐만 아니라 이익의 기회도 동시에 상존하는 상황이다. 예를 들어 사업을 운영하다 보면 이익을 볼 수도 있고 손해를 볼 수도 있다. 또한 주식이나 부동산에 투자할 때의 이익과 손실의 가능성, 통화가치 변동으로 인한 수출입기업의 환차익과 환차손 등은 모두 투기리스크에 해당된다.

투기리스크 중 이익이 나는 가능성은 제외하고 손실이 발생할 가능성만 통제하는 것이 리스크 관리의 주된 목적이다. 순수리스크와 투기리스크를 구분하는 이유는 리스크에 처한 불확실성에 따라 대응방법이 다르기 때문이다. 순수리스크를 관리하는 대표적인 방법은 보험이지만, 투기리스크를 관리하는 대표적인 방법은 파생상품을 이용한 헤징, 분산투자 등이 있다.

3) 재무리스크와 비재무리스크

또 하나 일상생활에서 친숙하게 접근할 수 있는 재무리스크와 비재무리스크가 있다. 재무리스크는 주가, 환율 및 금리의 변동이나 금융채무의 불이행 등으로 인하여 금융시장에서 발생가능한 손실로 개인이나 기업의 재무상태에 불리한 영향을 끼치는 리스크이다. 보통 금융리스크라 하면 재무리스크를 의미한다. 이에 반하여 비재무리스크는 사업운영상 관리시스템 오류나 인적자원의 도덕적해이로 인한 예상손실, 기업이미지 훼손으로 인한 예상손실, 경영전략의 잘못된 설정으로 인한 예상손실, 거래계약의 부적합한 법률처리로 인한 예상손실 등으로 개인이나 기업에 직접적인 재무손실을 끼치기보다는 잠재적이고 다가오는 미래에 영향을 미치는 무형의 손실이 대부분이다. 따라서, 비재무리스크는 계량화뿐만 아니라 관리하기도 무척 어렵다.

재무리스크는 일반적으로 시장리스크, 신용리스크, 금리리스크, 유동성리스크 등으로 세분화된다. 시장리스크는 여러 리스크 중에서 가장 대표적이라 할 만큼 주변에서 가장 빈번하게 발생하는 리스크로 주로 금융경제변수, 즉 주가, 환율, 금리의 변동에 따라 개인이나 기업의 시장성자산의 가치가 하락하게 될 리스크를 말한다.

달리 표현하면 거래가 가능한 모든 자산의 가격변동리스크라고도 한다. 예를 들어 A씨가 S전자 10주를 주당 100만 원에 사서 보유하고 있는데 보유주식 가격이 주당 90만 원이 되었을 경우 1백만 원 (10주×10만 원)의 평가손실이 발생한다. 이때 A씨는 시장리스크에 노출되었다고 하고, 보유주식 10주(총 1,000만 원)가 시장리스크 노출자산이 된다. 한편 시장리스크는 주가변동리스크, 환율변동리스크, 옵션리스크, 원유나 원자재 등의 상품가격변동 리스크로 세분화된다.

신용리스크는 주로 돈을 빌려 간 사람이 이자를 제 때 못 내거나 대출기간 중 채무자의 신용등급이 악화되어 만기에 원금을 갚지 못함으로써 개인이나 기업에 재산상의 손실을 끼칠 리스크를 말한다. 이 리스크는 채무자의 신용도가 하락하여 채무자가 담보로 제공한 자산의 가치가 하락함으로써 예상되는 잠재손실까지 포함하므로 개인이나 금융기관이 직면하는 리스크 중 그 영향력이 가장 크다고 할 수 있다. 한편 개인 입장에서 보면 금융기관과의 거래보다는 주변의 친인척에 대한 거래관계에서 자주 나타나며 더욱이 이런 관계가 자발적으로 공개되지 않아 관리하기가 가장 부담스러운 리스크영역이기도 하다.

다음은 금리리스크이다. 이는 유동성리스크와 합쳐서 ALM(Asset Liability Management)리스크라 한다. ALM을 우리말로 '자산부채종합관리' 라고 하며, 금융기관, 특히 은행이 가장 역점을 두는 리스크 관리 분야이다. 금리리스크는 자금조달과 자금운용기간이 서로 불일치할 때 그 기간 동안 금리변동으로 인하여 보유자산의 가치 하락이나 또는 부채가치가 상승하는 리스크를 말한다. 금융기관은 매일매일 자금이 입금되는데 해당만기는 천차만별이다. 운용기간 역시 마찬가지이다. 따라서 이를 계정별로 관리하고 분석하기 위해서는 해당 데이터를 체계적으로 관리하는 전산시스템 구축이 필수적이다. 그래서 ALM을 '자산부채종합관리시스템' 이라 부른다.

현실적으로 금리가 변동하는 이유는 상당히 복잡하므로 논리적으로 설명할 수 없는 부분이 상당하다. 그래서 관리하기 어렵고, 예측 자체도 부담되며 설령 예측한다손치더라도 그 예측치가 정확하지도 않는다. 그럼에도 모든 금융시장 관계자들은 금리흐름에 대하여 상당히 민감하며 향후 진행방향에 대하여 촉각을 곤두세운다. 이는 대부분의 기관이나 개인의 자산 또는 부채가 금리와 관련되어 있어 항상 금리리스크에 노출되어 있기 때문이다. 흔히 자산이나 부채를 금리를 기준으로 구분할 때 금리에 민감한 금리민감자산과 부채, 금리에 민감하지 않은 고정금리자산과 부채, 그리고 금리와 관계없는 비금리 자산과 부채로 구분한다. 이 중 금리변동에 따른 손실에 노출되어 있는 금리민감자산이 금리리스크 관리대상이며, 금융시장에서 팔고 있는 변동금리부 상품의 대부분이 여기에 해당된다.

우리나라 경제는 IMF 이전까지만 해도 세계가 부러워할 만큼 눈부시게 성장하였다. 이는 실물 위주의 산업현장에서는 늘 자금이 필요하였다는 의미이다. 돈을 빌려서 공장을 짓고 물건을 만들어 수출만 하면 대부분 이익이 계속해서 발생하였다. 개인들도 마찬가지였다. 돈을 빌려서 부동산이나 적당한 주식에 투자하면 어느 정도는 이익이 발생하였다. 그러면 금융기관입장에서는 어떠했을까? 늘 돈이 부족한 기업들은 은행창구에 가서 돈을 빌리기에 급급하였다. 돈을 빌려 주는 과정에서 금융기관은 자연스럽게 '갑'의 입장이 되었다. 더군다나 돈을 장기로 조달하고 짧게 운용하면서 매기간마다 상당한 수익(예대마진)이 발생하였다. 낮은 금리로 창구로 유입되는 돈은 주로 소액예금주들이 가입한 정기적금이나 정기예금이 대부분이었기 때문에 큰 노력없이 장기간 고금리로 빌려 주기만 해도 안정적인 이익이 발생하였다. 더군다나 경제성장에 따른 대출수요가 증가하면서 대출금리도 지속적으로 상승할 수밖에 없는 구조여서 운용자산을 최대한 짧게 운용하면 할수록 그 만큼 예대마진폭을 늘려 나갈 수 있었다. 이런 이유로 대부분 국내금융기관의 자산운용은 단기 또는 연동금리를 채택한 반면, 부채에 해당되는 자금조달은 고정금리 또는 장기부채로 조달하는 형태를 취해 왔다. 전형적인 '장기부채-단기자산운용'의 형태이다. 또한, 당시 정부가 시중금리를 규제하였기 때문에 금리변동에 따른 손익의 영향은 미미하거나 어느 정도 예측 가능하여 관리하기도 수월하였다. 그러나 점차 국내시장금리가 자유화되면서 금리변동에 따른 손익영향이 상당히 높아지기 시작하였다. 만약 시중 금리가 떨어지게 되면 단기자산의 운용수익률은 떨어지게 되고 반대로 고정금리부 부채조달비용은 고정되어 있어서 수익에 악영향을 미치게 되고 심지어는 역마진이 발생할 수도 있었다. 실제로 IMF 이전 대부분의 종합금융사들은 '장기조달-단기운용'의 구조를 취하여 상당한 수익을 시현하였다. 그들은 주로 국내보다도 차입이자가 저렴한 해외자금을 단기로 조달하였다. 문제는 IMF가 터지면서 발생하였다. 환율이 엄청나게 치솟으면서 단기로 조달한 자금을 상환할 때 원화를 외화로 바꾸는 과정에서 엄청난 환차손이 발생하였다. 더군다나 신규로 조달해야 하는 자금도 고환율로 인하여 수지에 맞는 저렴한 자금을 빌려올 수가 없게 되었다. 결국 대부분의 종금사가 파산하였다. 이 사례는 지금도 금리리스크 관리의 중요성을 가장 일깨워주는 대표적인 사례로 회자되고 있다. 금리리스크는 시중금리가 자유화되면서 금융기관이나 개인에게 아주 중요한 리스크 관리 영역으로 부각되었다.

마지막으로 유동성리스크이다. 유동성리스크는 조달한 자금의 만기와 운용하는 자금의 만기가 일치하지 않아서 이를 일치시키기 위해 예기치 않은 자금을 유출시키거나, 또는 지금 당장 유동자금 부족으로 인하여 평상시보다 비싼 자금을 빌려 와 상환할 때 생길 수 있는 손실을 말한다. 그리고 유동성이 너무 풍부해서 돈 굴릴 데가 없는 경우로 현금의 과다보유로 인한 기회수익이 저하되는 손실까지도 포함한다. 흔히 대부분 사람들은 만기까지의 자금상환이나 운용을 염두에 두고 자금을 집행한다. 그러나 만기 전에 예기치 않은 상황이 발생하여 불가피하게 해당 자금을 먼저 상환해야 할 경우가 종종 발생한다. 이때 예기치 않은 상황의 대부분은 신용상의 문제 혹은 시중 금리의 급격한 변동에 따라 나타난다. 따라서, 유동성리스크는 자체적으로 발생하지 않고 이미 신용리스크나 금리리스크 등이 발생하여 그로 인한 결과로 나타난 경우가 대부분이다. 유동성리스크 역시 금리가 자유화되면서 시중자금의 이동이 빈번해지고, 예금자나 자금차입자의 금리민감도가 훨씬 높아져서 자금이동이 자주 발생하기 때문에 그 중요성이 커지고 있는 형국이다. 또한, 어떤 기관이 유동성에 문제 있다고 언론에 노출되는 순간 그 즉시 기업이미지, 즉 평판리스크에 노출된다. 이를 손실로 환산하면 엄청난 타격이 예상되므로 유동성리스크 관리도 아주 중요하다.

한편, 비재무리스크는 크게 운영리스크, 전략리스크, 평판리스크, 법률리스크로 구분된다. 운영리스크는 주로 금융기관이나 기업에서 발생하는데, 부적절하거나 잘못된 내부결제프로세스(process), 인력자원, 시스템(system), 그리고 외부사건으로 인해 발생되는 손실을 말한다. 운영리스크도 회사손실에 미치는 영향은 엄청날 것이라고 인식하지만 실질적으로 계량화하기가 어렵기 때문에 그 중요성을 자주 간과한다.

전략리스크는 회사의 최고경영자가 부적절한 경영의사결정과 이에 대한 실행, 또는 외부 경영환경 변화에 적절히 대응하지 못함에 따라 예상되는 손실을 말한다. 이러한 리스크는 당장 드러나지 않고 잠재되어 있기 때문에 한번 발생하면 그 영향력은 상당하며, 이 리스크 역시 객관적으로 계량화하는 것이 어렵다.

평판리스크는 고객, 거래상대방, 주주 및 규제 당국의 부정적인 인식으로 인해 발생할 수 있는 손실이다. 대표적으로 소비자민원이 많이 발생하거나 해당 제품의 불량으로 인하여 리콜사태가 벌어지면 지금까지의 좋은 기업이미지가 훼손되면서 해당 기업의 제품불매 및 매출액 저하 등으로 입게 되는 손실이다. 2001년 엔론(Enron)사태로 파산한 앤더슨(Anderson)사가 평판리스크로 무너진 전형이다. 앤더슨사는 사태가 발생하기 전만하더라도 굳건한 명성과 강력한 브랜드를 자랑했던 다국적 회계법인이었다. 엔론사태로 인해 일단 신뢰가 깨지자 회복은 불가능했으며 결국 파산되어 경쟁사로 매각되는 비운을 맛보았다.

한편, 법률리스크는 각종 규제를 위반하거나 바뀐 규정을 잘못 적용하면서 발생되는 예상손실이나 또는 부정확한 법률자문 및 잘못된 서류작성과 서류검토로 인하여 발생하는 손실을 말한다.

지금까지 세 가지 형태로 크게 리스크를 분류하였다. 주관적 리스크와 객관적 리스크, 순수리스크와 투기리스크, 재무리스크와 비재무리스크이다. 이 책에서 주로 다루는 리스크는 객관적 리스크이면서 투기리스크이자 재무리스크이다. 이 세 가지 리스크는 일맥상통한다. 수익실현을 위해 불가피하게 수반되는 리스크가 바로 세 가지 형태로 나타나기 때문이며 대부분 일상생활에서 흔히 발견할 수 있는 리스크이기도 하다. 이제부터 리스크라는 용어가 등장하면 그 이면에는 항상 수익이 존재하는 것으로 인식해야 하고 리스크 관리를 왜 하는지, 한다면 어떤 방법으로 해야 하는지를 염두에 두어야 한다.

참고로 우리나라 금융기관 중 은행은 일반적으로 시장리스크, 신용리스크, 유동성리스크, 운영리스크로 분류하여 관리하고 있다. 특히 시장리스크에 금리리스크를 분리하여 이를 유동성리스크와 합하여 부채조달과 자금운용 간의 금리 및 기간 미스매치(mismatch)를 동시에 관리하는 ALM(Asset liability Management)을 운영하고 있다. 보험회사는 은행의 분류기준 외에 보험리스크를 추가하여 관리하는데 보험리스크는 부적절한 언더라이팅(underwriting)이나 책임준비금의 과소적립, 재보험자의 신용불량 및 파산으로 인해 예상되는 손실을 말한다.

Chapter 05

리스크 측정요건 및 취향

1. 리스크 측정요건

리스크가 존재하기 위한 출발선은 불확실성이다. 불확실성의 핵심은 현재의 일이 앞으로 어떻게 변할지 모르는 데 있다. 그러니 늘 불안하다. 인간은 태초부터 이러한 불확실성을 제거하고자 끊임없이 노력하였다. 금융경제 분야에서 불확실성 제거작업은 영국의 산업혁명 이후 자본주의가 태동하면서 본격화되었는데 대부분의 재무학자들은 과거경험으로부터 방법론을 얻고자 시도하였다. 역사는 반복한다는 지극히 평범한 진리를 이용하였던 모양이다. 20세기 들어와서 재무학자들은 불확실성을 미래의 예상치를 벗어나 변동할 가능성의 크기라고 제시하였다. 그리고 그 크기를 과거 데이터의 변동에서 계산한 다음, 이를 미래에도 적용하여 불확실성을 해소하고자 하였다. 불확실성을 실제결과와 미리 예상한 결과가 일치하지 않을 것이라 가정하고 계산하였던 것이다. 그러다 보니 계량화할 수 없는 불확실성은 자연스럽게 리스크 범주에서 벗어났다.

인간 생활에 도사리고 있는 어떠한 불확실성이라도 어느 정도 파악하고 관리할 수 있다면 얼마나 좋으련만 그럴 수 없다는 것은 누구나가 잘 알고 있다. 그나마 측정가능하다고 판단되는 불확실성은 나름 통제할 수 있어 다행이다. 완벽하지 않다면 그에 상응하는 대안을 찾아서 선택하는 것이 현명한 방법이다. 미래에 일어날 것을 정의하고 여러 대안 가운데 하나를 선택하는 능력은 현대 자본주의 사회를 지탱하는 핵심적인 사고형태로 자리 잡았다. 피터 L. 번스타인(Peter L. Bernstein)은 '리스크를 관리하는 능력, 그리고 그와 함께 리스크를 감수하고 앞을 내다보는 선택을 하고자 하는 욕구, 이 두 가지가 경제체제를 발전시키는 핵심요소였다.' 라고 주장하였다.

한편, 불확실한 상황에 대하여 일반 개인들이 느끼는 심리적 불안, 근심, 의혹의 정도 등은 그 크기가 다르고 측정하기도 곤란하다. 그래서 재무학자들은 불확실성의 크기를 측정하는 표준화된 도구를 도입하였는데 그들은 리스크를 미래 예상되는 값으로부터 편차가 발생할 가능성, 즉 변동성으로 정의하고 분산 또는 표준편차[1]를 이용하여 측정하였다.

리스크는 무엇보다 대상 자체가 불확실해야 하며, 어느 정도 측정 가능해야 하는데 이를 더 정교하게 측정하기 위해서는 다음과 같은 요인들이 필요하다.

첫째, 투자자산이 미래 불확실성에 노출되고 그 크기가 감지되어야 한다. 이를 익스포저(exposure)라고 하며, 명시된 익스포저뿐만 아니라 잠재된 익스포저까지 감안한 순수한 익스포저를 의미한다. 예를 들어 보자. 만약 은행에서 1억 원을 대출하고 감정가격이 4천만 원인 주택을 담보로 제공하였다면 노출된 익스포저는 1억 원이 아니라, 1억 원에서 4천만 원을 차감한 6천만 원이 된다. 또한 주식이나 채권선물 및 옵션 등에 투자할 때 종종 헤지비율(hedge ratio)에 따라 헤지하는 경우가 있는데 이때도 헤지한 만큼을 제외한 순익스포저로 노출된 금액을 평가해야 한다. 그래야 좀 더 정확한 리스크 량을 측정할 수 있게 된다.

두 번째가 투자자산의 변동성[2]인데, 리스크를 측정하는 가장 중요한 요소이다. 이는 투자한 어떤 자산의 포지션가치가 어떻게 변할지 모른다는 의미로 나한테 유리할 수도 불리할 수도 있다. 근래 가장 손쉽게 접할 수 있는 금융투자상품으로 펀드가 있는데 누구나 펀드 가입 시 우선적으로 고려하는 것은 펀드의 예상 운용수익률이다. 예상수익률이 어떻게 변하는지는 지금까지 운용했던 펀드운용수익률의 변동성을 보고서야 구체적으로 파악할 수 있다. 여기서 변동성은 연평균 수익률에서 벗어나는 정도를 나타내며, 과거 수익률에서 연평균수익률이 매년 얼마나 고르게 나왔는지로 변동성의 크고 작음을 평가한다. 예를 들어 보자. 표 5-1의 A펀드와 B펀드의 연평균수익률은 9%로 같다. 하지만 최근 5년 동안 매년 수익률을 비교해 보면 상당히 다르다는 것을 알 수 있다.

Footnote

1) 분산과 표준편차를 포함하여 통계의 기초에 관한 내용을 〈참고 5-1〉에 기술하였다.
2) 변동성에 관한 세부내용은 본 장 끝의 〈참고 5-2〉에 기술하였다.

표 5-1 펀드의 연 수익률 비교

수익률	A펀드	편 차	B펀드	편 차
1년 전	-2%	-11%	8%	-1%
2년 전	11%	2%	10%	1%
3년 전	-5%	-14%	9%	0%
4년 전	5%	-4%	8%	-1%
5년 전	36%	27%	10%	1%
평 균	9%	0%	9%	0%
표준편차(변동성)	0.02132%		0.00008%	

표 5-1을 보면 알 수 있듯이 A펀드와 B펀드의 연평균수익률 9%가 산출되는 과정이 다르다. A펀드는 매년 수익률의 편차가 큰 반면, B펀드는 매년 고른 수익률을 보였다. 이런 경우 지금 투자하여 1년 뒤에 9%의 수익률을 올릴 가능성이 높은 펀드는 당연히 B펀드이다. 금융투자분야에서 어떠한 자산에 투자할 때 선택기준으로 변동성을 대표적으로 사용하고 있다. 다만 명심해야 할 것은 앞으로 예상되는 기대수익률이지 실제 실현된 수익률이 아니라는 것이다. 실제로 1년 후 실현수익률이 9%보다 높을지 낮을지는 아무도 모른다. 단지 과거의 운용경험에 비추어 볼 때 B펀드가 상대적으로 9%를 시현할 확률이 높다는 것이다. 이는 표준편차로 알 수 있다. 표 5-1에서 표준편차를 계산해 보면 A펀드는 0.02132%이며, B펀드는 그보다 훨씬 적은 0.00008%이다.

그렇다면 보유자산이 동일한 기대수익을 갖더라도 자산의 변동성이 낮은 것이 리스크가 작다는 것을 알 수 있다. 결국 투자자가 부담하는 리스크 금액은 해당 자산의 익스포저와 변동성의 결합이며, 익스포저금액이 동일하다면 변동성의 크기가 리스크를 결정한다는 것을 알 수 있다.

리스크=익스포저 금액×변동성

리스크는 위의 식에서처럼 익스포저와 그 금액의 과거 변동성만 알면 쉽게 계산할 수 있다. 대부분 사람들이 주식이나 채권 또는 부동산 등 자기적성에 맞는 자산에 투자하는데 이의 리스크를 계산하려면 선택한 자산의 과거 수익률의 변동성, 즉 표준편차만 구하면 구체적인 숫자로 자산별 리스크를 상호 비교할 수 있게 된다. 리스크 관리 입장에서 훨씬 과학적인 방법이라 할 수 있다. 더군다나 이 방법은 그리 어렵지 않기 때문에 누구든지 사용할 수 있다.

리스크를 측정하는 세 번째 요소는 투자자산의 분산효과이다. 개별자산보다 여러 자산을 조합, 즉 포트폴리오를 구축하면 개별자산의 리스크를 합한 것보다 포트폴리오를 통한 전체 리스크는 더 작아진다. 흔히 말하는 투자의 분산효과가 리스크 관리에서도 적용된다. 이 방법은 가장 오랫동안 광범위하게 사용되었던 리스크 관리수단이었다. 다만 완벽하지 않다는 게 단점이다. 실제로 투자에 따른 포트폴리오 효과를 감안한다는 것은 여러 제약조건을 미리 가정한 것이기 때문에 현실적으로 산출된 값과 당초 예상된 값과는 차이가 날 수밖에 없다. 그럼에도 포트폴리오는 가장 적합한 투자전략으로 꼽힌다.

마지막 네 번째 요소는 투자자산의 보유기간이다. 일반적으로 불확실성에 노출되어 있는 기간이 길면 길수록 해당 리스크의 값도 높아진다. 문제는 보유자산마다 보유기간이 다를 경우, 어떻게 합산하여 동일한 기준으로 표준화시키느냐에 있다. 예를 들어, A자산은 3개월 보유하고, B자산은 6개월 보유하였다면 각각의 리스크를 계산할 때 기준기간을 얼마로 적용하여 동일한 기준하에 계산하느냐인 것이다. 이를 해소하기 위해서는 다음과 같은 조건이 전제되어야 한다. 주식을 예로 들어 보자. 주식투자 시 최종적인 관심사는 투자수익률이다. 만약 오늘 투자한 주식의 수익률이 내일의 수익률에도 영향을 미친다면 해당 주가는 추세 또는 패턴을 내포하고 있다고 볼 수 있으며, 만약 그 패턴을 알고 있다면 누구나 쉽게 돈을 벌 수 있게 된다. 하지만 누군가가 그 패턴을 알아냈다고 주장하면 이미 그 패턴은 패턴으로서의 기능을 상실하게 된다. 이유는 그러한 추세에 대한 정보가 시장에 퍼질 것이며 너도나도 그 주식을 사려고 달려들 것이고 그러면 그 주식은 원래 예상했던 추세선이 무너지게 되는 것이다. 이상에서 아주 간단한 가정, 즉 '내일의 주가는 아무도 모른다.' 는 것을 설정할 수 있다. 이를 수리적으로 풀이하면 오늘의 주가수익률은 내일의 주가수익률과 서로 독립이며, 통계적으로 주가수익률은 서로 동등한 분포함수를 따른다고 할 수 있다. 결론적으로 수익률 간에는 서로 독립이며 어떠한 추세도 내포하지 않는다고 할 수 있다. 그러므로 만약 두 기간 동안의 수익률을 계산하려면 아래와 같이 개별단위기간의 수익률을 더하면 된다.

> 두 기간 수익률=단위기간수익률+단위기간수익률=2×단위기간 수익률

위의 가정에 따르면 모든 기간의 수익률과 변동성은 서로 독립이며 동일하므로 해당기간 변동성은 단위기간 수만큼 더하면 된다. 따라서 연간변동성은 일간변동성에 12를 곱하면 된다. 최종적으로 구하고자 하는 리스크는 표준편차이므로 변동성(분산)의 제곱근, 즉 $\sqrt{12}$를 곱하면 된다. 이를 수학적으로 표현하면 다음과 같다.

'연속된 기간이 서로 독립이라면 기대수익률과 분산은 시간에 대하여 선형으로 증가하고 리스크의 측정치로 쓰이는 표준편차는 시간의 제곱근에 선형으로 증가한다.'

이상 리스크를 계량화하는데 필요한 네 가지 요소는 익스포저, 변동성, 분산효과, 보유기간이다. 이 네 가지 중 변동성이 가장 중요하며, 이런 요소들의 의미를 파악하고 나면 보다 구체적으로 리스크를 계산할 수 있으며, 그로 인해 자연스럽게 리스크를 감안한 의사결정을 하게 된다.

2. 리스크 취향

금융재무이론에서 리스크에 대처하는 취향은 크게 세 가지, 리스크회피형(risk averse), 리스크중립형(risk neutral), 리스크선호형(risk loving)으로 분류한다. 이의 간단한 예로 만약 누군가 당신에게 다음과 같은 내기를 제안하였다고 하자. 동전을 던져 앞면이 나오면 당신이 누군가로부터 만 원을 받고, 뒷면이 나오면 반대로 당신이 누군가에게 만 원을 주어야 한다. 물론 동전의 각 면이 나올 확률은 각각 50%이다. 우선 이 내기에 참여하려고 할 때 어느 정도 확률적 지식이 있는 사람이라면 내기로부터 예상되는 기대값을 먼저 계산한다. 그 기대값은 확률공식에 의해 각각의 예상되는 경우의 수에 확률을 곱하면 되는데 다음과 같이 계산된다.

기대값 $= 0.5 \times 10{,}000$원 $+ 0.5 \times (-10{,}000$원$) = 0$원

내기로 인해 예상되는 순기대치는 0원이다. 이것은 평균적인 이득이 0원이라는 것이다. 기대치가 0이 나오는 내기 또는 도박 등을 학문적으로 공정한 도박이라고 한다. 흔히 카지노에서 하는 룰렛게임 등은 공정한 도박이 아니다. 승률 자체에 대한 기대값이 카지노에게 유리하도록 애초부터 설계되었기 때문이다. 대부분의 사람들은 이러한 내기에서 다음과 같은 세 가지 반응 중 한 가지를 보인다.

첫째, 내기게임에 참여하기를 꺼리는 유형이다. 이런 유형은 소득에 아무런 변화가 없으며 리스크회피형이라 한다.

둘째, 내기게임에 참여하거나 또는 참여하지 않거나 아무런 차이를 못 느끼는 유형이다. 이런 상황을 게임참여나 불참여에 대해 무차별적이라고 표현하며 리스크중립형에 해당된다.

셋째, 약간 흥분되면서 즐거운 마음으로 참여하는 유형으로 리스크선호형이라 하며 공정한 도박에는 언제든지 기꺼이 참여하고자 한다.

어떤 리스크에 노출되어 아무리 다양하게 반응하더라도 기본적으로 앞의 세 가지 유형 가운데 하나에 속한다고 말할 수 있는데 현실적으로는 세 가지 유형이 적절히 혼합되어 나타난다. 특히 금융경제 환경에서는 어떤 내기게임에서는 리스크회피형이지만 다른 게임에서는 리스크선호형으로 바뀌는 경우가 빈번하다. 그런데 이런 행위를 모순이라고 보기는 어렵다. 개개인이 직면하는 당시 재무적인 상황과 심리적 상황에 따라 느끼는 리스크정도가 수시로 바뀌기 때문이다.

리스크를 받아들이는 태도는 개개인의 투자의사결정에 결정적인 영향을 미친다. 누구든지 원하는 목표수익률을 거두려면 그만큼 투자해야 하는 대상이 넓어지고 복잡해지면서 투자고민도 늘어나게 된다. 그에 맞추어 시중에 다양한 투자상품이 출시되면서 투자에 따른 리스크를 어떻게 판단하느냐에 따라 투자가 결정된다. 그래서인지 요즘에는 펀드매니저의 우선적인 일이 자기 고객의 리스크유형을 파악하는 것이다. 그러나 이런 유형은 단순히 몇 가지 체크리스트(check list)로 파악할 수는 없다. 리스크 유형은 투자과정에서 일순간에 나타나는 심리적인 요인에 따라서 수시로 변화할 수 있기 때문이다.

참고 5-1

Reference

통계의 기초

통계는 확률개념과 관찰된 자료(data)들을 이용해서 전체 현상을 설명하는데 쓰이는 수단이다. 일반적으로 해당 자료들을 가지고 어떤 분포를 추론하기 위해서는 분포의 중심위치나 분포의 퍼진 정도, 분포의 형태 등을 분석한다. 그리고 전체집단의 특성을 알 수 있는 통계값을 모수라 하는데 가장 흔한 모수가 평균과 분산(표준편차)이다.

분포의 중심위치에 해당하는 통계값으로 평균과 중앙값이 있다. 예를 들어 n개의 데이터 x_1, x_2, …… x_n의 평균(mean)은 다음과 같이 계산되며, 보통 평균치는 $\bar{x}$와 같은 기호를 사용하는 것이 일반적이다.

$$\bar{x} = \frac{1}{n}(x_1 + x_2 + \cdots\cdots + x_n)$$

중앙값(median)은 데이터를 크기순으로 배열했을 때, 가운데 순위에 오는 데이터를 말한다.

분포의 퍼진 정도에 해당하는 통계값으로 범위, 분산과 표준편차가 있다. 범위(range)는 데이터의 가장 큰 값에서 가장 작은 값을 뺀 차이로, 보통 R이라고 표기한다. 다만, 데이터의 수가 10인 경우나, 100인 경우에도 이용하는 데이터는 최대값과 최소값 2개뿐이므로 데이터의 수가 많은 경우에 정보의 손실이 큰 단점이 있다. 한편, 분산(variance)은 다음과 같이 구한다.

n개의 데이터 x_1, x_2, …… x_n이 있을 때, 우선 이들 데이터의 평균치 $\bar{x}$를 계산한다. 다음에 각 데이터와 평균치 $\bar{x}$와의 편차(deviation)를 구한다.

$$x_1 - \bar{x},\ x_2 - \bar{x},\ \cdots\cdots,\ x_n - \bar{x}$$

이렇게 구한 편차값들은 양수(+), 음수(−)나 0(zero)이 되며 전체를 모두 더하면 0(zero)이 되기 때문에 분산값을 구할 수가 없게 된다. 이를 방지하기 위해 각각의 편차들을 제곱하여 분산을 구한다.

$$S = (x_1 - \bar{x})^2 + (x_2 - \bar{x})^2 + \cdots\cdots + (x_1 - \bar{x})^2 = \sum_{i=1}^{n}(x_i - \bar{x})^2$$

$$V = \frac{S}{n-1}$$

한편, 평균의 단위는 원래의 데이터 단위와 같다. 그러나 편차제곱합이나 분산의 단위는 위의 산출식에서도 알 수 있듯이 원래의 데이터 단위를 제곱한 것이다. 그래서 원래 데이터의 단위와 같게 하기 위해서는 분산값에 제곱근을 취해야 한다. 이것을 표준편차라 한다.

$$s = \sqrt{V} = \sqrt{\frac{S}{n-1}}$$

(계속)

분포의 형태를 나타내는 통계값은 왜도(skewness)와 첨도(kurtosis)가 대표적이다. 왜도는 분포의 대칭성을 나타내는 지표로서 분포함수가 좌우대칭 형태로부터 얼마나 이탈했는지를 보여 주는 척도이다. 첨도는 분포에서 꼬리의 두터운 정도를 나타내는 지표로 분포함수가 얼마나 옆으로 많이 퍼져 있는지(flatness)를 측정하는 척도이다. 변수 x가 평균으로부터 많이 이탈하면 할수록 첨도가 커져 더 평평(flat)하게 된다. 실제 금융시장의 분포는 정규분포보다 첨도가 더 크며 좌우대칭도 아니다. 예를 들어 주식가격은 정규분포보다 변동성이 더 심하여(more flat) 정규분포의 첨도를 그대로 가정하기에는 현실적으로 무리가 따른다. 또한 주식가격은 무한정 올라갈 수는 있으나 0(zero) 이하로 하락할 수 없기 때문에 정규분포의 좌우대칭 가정을 그대로 쓸 수 없게 되며 양수값만을 갖는 한쪽으로 조금 치우친 형태를 띠게 된다. 이는 로그정규분포와 유사한 형태이다.

참고 5-2

Reference

변동성

변동성은 주어진 데이터들의 변하는 정도를 말하는데, 이를 통해 미래예측이 가능하기 때문에 금융세상에서는 아주 중요하다. 변동성은 가격변동성과 변화율의 변동성으로 나뉜다. 가격예측은 자산가격 자체가 임의 보행한다는 확률모형이 주로 사용되는데 이는 물리학의 기하적 브라운운동(Geometric Brownian Motion)에서 인용되었다. 확률모형의 핵심가정은 분산이 전체 기간에 걸쳐 일정하고 가격변화는 시간에 독립적이라는 것이다. 그러므로 오늘 주가수익률은 내일 주가수익률과 서로 독립이며, 주가수익률들은 서로 동등한 분포함수를 따른다고 할 수 있다. 여기에 주가수익률이 정규분포를 따른다는 가정을 포함하면, 정규분포의 가법성을 이용하여 주가수익률은 다음과 같이 쉽게 구할 수 있다.

$$E(R_2) = E(R_1 + R_1) = 2E(R_1)$$

위 식에 따르면 두 기간의 수익률은 단위기간에 2를 곱하면 된다. 따라서 모든 기간의 수익률과 변동성은 서로 독립이며 동일하므로 전체 변동성을 구할 수 있다. 우선 다음과 같이 가법성을 이용하여 분산을 구해야 한다.

$$V(R_2) = V(R_1 + R_1) = 2V(R_1)$$

즉, 두 기간의 분산은 단위기간의 분산에 2를 곱하면 되며, 이것을 T기간으로 연장하면 다음과 같이 된다.

$$V(R_T) = V(R_1 + \cdots + R_1) = V(R_1)T$$

(계속)

구하고자 하는 표준편차는 분산의 제곱근이므로 다음 식으로 표현된다.

$$\sigma(R_T) = \sigma(R_1)\sqrt{T}$$

단, 위 식을 활용하려면 반드시 주가가 서로 독립, 즉 추세가 존재하지 않는다는 가정이 전제되어야 하며, 만약 주가가 독립이 아니라면 분산을 구하는 공식에서 공분산을 포함시켜야 한다.

한편, 변화율예측방법으로 두 가지가 있는데, 첫 번째가 동일가중이동평균법(이동평균모형, moving average)이다. 이는 가장 간단하며 널리 이용되는 방법으로 일정 기간(1개월, 3개월 등)을 이동기간으로 설정한 다음, 변동성을 추정하는 방법으로 최근자료와 오래된 자료를 동일비중으로 간주하므로 기간변화에 따른 변동성의 변화를 적절히 반영하지 못하는 단점이 있다. 두 번째가 첫 번째 단점을 보완한 지수가중이동평균법(EWMA ; Exponential Weighted Moving Average)이다. 통상적으로 대부분의 금융변수들은 기간별로 분산이 작은 구간이 있는가 하면 분산이 큰 기간이 있으므로 분산이 일정한 것이 아니라 시간에 따라서 변하는 이분산성을 가지고 있다. 따라서 이동평균모형의 단점을 보완하기 위해 최근 자료에 가중치를 더 부여하는 모형이 지수가중이동평균모형이다.

흔히 주가 등 금융변수 변화율의 확률분포는 두꺼운 꼬리(fat-tail) 형태를 취하며 정규분포보다 평균에서의 빈도가 높다. 그리고 미약하나마 자기상관성(auto correlation)을 가지며 그 제곱은 매우 높은 자기상관성을 가진다. 과거의 변화율 데이터가 미래의 변화율을 설명할 수 있을 때 자기상관성이 통계적으로 유의하다고 한다. 즉, 시계열자료가 독립적이지 못할 경우를 자기상관성이 있다고 표현한다. 한편, 이분산성은 시간구간별로 변화율에 대한 분산이 일정한 것이 아니라 시간에 따라 변하는 속성을 말한다.

PART

3 리스크 측정

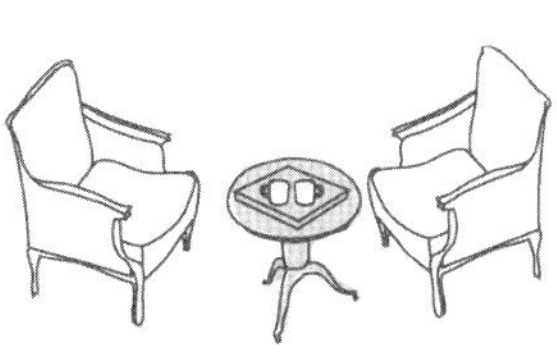

으므로 리스크 상쇄효과는 없다. 따라서, 상관관계가 1 미만이어야 리스크 감소효과가 나타나며 점차 숫자가 줄어들수록 그 효과는 커진다. 극단적으로 상관계수가 −1이라면 포트폴리오를 통하여 내재된 리스크 전부를 상쇄시킬 수 있다.

현실적으로 포트폴리오를 통한 분산투자로 주식에 내재된 모든 리스크를 제거할 수는 없다. 그 이유는 시장에서 거래되는 모든 주식이 어느 정도는 함께 오르고 함께 내리는 경향이 있기 때문이다. 따라서, 분산투자를 하면 리스크의 일부분은 줄일 수 있지만 전부를 줄일 수는 없다는 것을 알아야 한다. 이를 계량화하여 구체적으로 보여 준 식이 윌리엄 샤프(William Sharpe)와 존 린트너(John Lintner), 그리고 피셔 블랙(Fischer Black)이 개발한 자본자산가격모델(CAPM ; Capital Asset Pricing Model)이다. 이를 통하여 주식리스크를 측정할 수 있는데, CAPM은 시장 전체의 리스크와 비교해서 개별주식의 리스크 정도를 간단히 측정할 수 있는 모형이다.

2. 주식리스크 측정

샤프는 CAPM에서 더 간단한 모형, 즉 시장모형을 제시하였다. 그는 이 모형에서 주식의 리스크 측정수단인 베타(β)를 도출하였다. 시장모형은 임의의 주식 j의 수익률 R_j가 시장수익률 R_M에 대하여 선형관계를 갖고 있다고 가정한 수익생성모형으로 다음과 같다.

$$R_j = \alpha_j + \beta_j R_M + \epsilon_j$$

여기서, α_j : 상수항 β_j : 기울기
R_M : 시장전체 수익률(예 : KOSPI)
ε_j : 자산 j의 고유특성을 반영한 변수

위 식에서 개별주식의 변동성, 즉 리스크를 계산하기 위해 좌변과 우변에 분산을 취해보자. 그렇게 되면 상수항은 항상 고정된 값이기 때문에 분산은 0(zero)이 된다. 따라서 다음과 같은 식을 도출할 수 있다.

$$\sigma_j^2 = \beta_j^2 \sigma_M^2 + \sigma^2(\epsilon_j)$$

위의 식은 샤프가 지적한 대로 상당한 의미를 내포하고 있다. 그는 개별주식의 변동성은 두 개의 항으로 구성되어 있으며, 첫 번째 항을 체계적 리스크(systematic risk), 두 번째 항을 비체계적 리스크(unsystematic risk)라 하였다. 체계적 리스크는 주식시장 전체(예를 들면 종합주가지수)의 수익률 변동에 기인한 리스크로 분산효과가 불가능한 시장 고유의 리스크를 의미하며 시장 전체의 리스크라고도 한다. 그리고 비체계적 리스크는 주식시장 전체의 변동과 관계없이 기업 고유의 이유로 인해 발생하는 리스크이며 분산효과가 가능하고, 달리 기업 고유의 특수리스크라고도 한다. 이에는 주로 기업의 주가가 시장과는 별도로 움직이는 요소가 해당되는데, 예를 들어 대규모 신규계약 체결, 기업이 소유한 부동산에서 광물자원 발견, 노사문제, 분식회계, 재무담당자의 공금횡령 등이다. 이런 요소로 인해 주가가 요동치는 리스크는 분산투자로 상쇄할 수 있다. 포트폴리오이론의 핵심은 주식들이 항상 동일한 방향으로 움직이지 않는 한, 한 주식에서 발생한 수익의 변동은 다른 주식에서 발생하는 수익의 변동에 의해서 서로 상쇄되거나 완화된다는 것이다. 분명한 것은 두 번째 항은 분산투자로 제거할 수 있지만 첫 번째 항은 분산투자를 해도 없어지지 않는다는 사실이다. 현실적으로 시장을 주도하는 주식들은 대개 같은 방향으로 움직이기 때문에 분산투자한 포트폴리오 역시도 같은 방향으로 갈 수 밖에 없다. 이는 분산투자가 만능이 아니라는 의미이다.

위의 식에서 리스크를 계산하기 위해서는 표준편차를 구해야 한다. 이를 구하기 위해 아래와 같이 좌변과 우변에 제곱근을 취하면 된다.

$$\sigma_j = \sqrt{\beta_j^2 \sigma_M^2 + \sigma^2(\epsilon_j)}$$

위 식 중 오른쪽 제곱근 안의 두 번째 항은 포트폴리오를 구성하면 0(zero)이 될 수 있기 때문에 최종적으로 아래와 같은 식을 얻게 된다.

$$\sigma_j = \sqrt{\beta^2 \sigma_M^2} = \beta \sigma_M$$

위 식을 통하여 분산투자하에서 개별주식의 변동성, 즉 리스크는 시장 전체의 변동성에 베타를 곱하면 계산할 수 있다. 만약 베타를 구하려면 다음과 같이 하면 된다.

$$\beta = \frac{\sigma_j}{\sigma_M}$$

베타는 개별주식의 변동성을 시장지수 변동성으로 나누면 되며, 실무적으로는 과거의 경험데이터를 가지고 개별주식의 수익률을 종속변수로 하고 시장 전체 수익률, 즉 종합주가지수(KOSPI) 수익률을 독립변수로 놓고 회귀분석을 통하여 산출한다. 이렇게 산출된 베타값이 바로 개별주식의 리스크이다. 이는 시장 전체 리스크를 1이라고 할 때 개별기업의 체계적 리스크의 정도가 얼마인지를 나타내는 수치이다. 만약 어느 기업의 베타가 2라면 이 기업은 시장 전체, 즉 평균보다 두 배 더 리스크가 크다는 것이고, 베타가 0.5라면 시장 평균의 절반 정도라는 것이다. 따라서, 투자자는 개별기업의 베타를 감안해 적절한 포트폴리오를 형성함으로써 주식투자에 따른 리스크를 자신의 취향에 맞추어 조정할 수 있다. 예를 들어 시장평균과 같은 수준으로 리스크를 맞추려면 베타가 2인 주식에 1/3, 그리고 베타가 0.5인 주식에 2/3 투자하면 이 포트폴리오 베타는 1이 된다. 결론적으로 체계적 리스크는 베타로 조정하고 비체계적 리스크는 포트폴리오를 구성함으로써 주식에 대한 리스크를 체계적으로 관리할 수 있다.

여기서 중요한 것이 한 가지 있는데, 리스크에는 보상이 따른다는 것이다. 즉, 리스크 회피자에게 리스크를 떠안게 하려면 그에 상응한 보상을 해 주어야 한다는 것이 합리적인 법칙이다. 이런 논리에 따르면 포트폴리오 효과로 인해 자연스럽게 제거되는 비체계적인 리스크는 보상할 필요가 없다. 종목 간의 상관관계에 의해 본인의 노력 없이도 스스로 알아서 리스크가 상쇄되기 때문이다. 따라서 투자세상에서 어떠한 비체계적 리스크를 떠안는다고 해서 그에 따른 추가보상을 기대해선 안 된다. 리스크를 떠안는 대가로 추가보상을 받을 수 있는 부분은 전체 리스크 가운데 분산투자로 제거할 수 없는 체계적 리스크뿐이다. 그러므로 베타가 진정한 리스크 지표가 되는 것이다.

현실적으로 주식시장에서 개인투자자들이 적절하게 포트폴리오를 구축하고 운용하는 것은 상당히 어렵다. 왜냐하면 주식매입의 최초 시점에는 투자금액을 나름 적절하게 배분한다손치더라도 실시간 변화하는 주식시장에서 그에 맞는 포트폴리오를 시간에 따라 조정하는 것이 생각보다 쉽지 않기 때문이다. 이런 문제를 해결할 수 있는 것이 인덱스펀드(index fund)투자이다. 이는 종목 선택에 대한 고민 없이 저렴하게 시장에 참여할 수 있다는 것이 매력이다. 더욱 매력적인 것은 소액으로 매우 폭넓은 분산이 가능하다는 점이다. 〈시장변화를 이기는 투자〉의 저자 버튼 G. 맬킬(Burton G. Malkiel)은 1973년에 이미 인덱스방식의 투자수단이 소액투자자들에게 절실하다고 주장하였다. 한편 인덱스펀드이지만 주식시장에 상장된 상장지수펀드(ETF ; Exchange Traded Fund)가 있다. 또한, 인덱스펀드는 아니지만 일부가 인덱스지수를 추구하는 주식연계증권(ELS ; Equity Linked Securities)이 있다.[2)]

Footnote

2) 인덱스펀드, 상장지수펀드, 주식연계증권에 관한 세부내용은 본 장 끝의 〈참고 6-2〉에 별도로 기술하였다.

참고 6-1

Reference

포트폴리오의 핵심이론

금융세상에서 확률은 유용하게 활용되고 있다. 확률은 어떤 사상이 일어날 가능성으로 전체에서 해당사상을 나눈 비율이다. 확률의 개념은 변수(random variable)에서부터 출발한다. 변수란 무작위로 움직이는 수를 뜻한다. 예를 들어 주사위를 던졌을 때 나올 수 있는 숫자를 x라 하면 x는 1부터 6까지 어떤 수든지 무작위로 나올 수 있다. 여기서 x를 변수라 하며, x가 1일 확률은 1/6이 된다. 변수는 다음과 같은 특징이 있다. 우선 선형변환(linear transformation)으로 변수의 가장 강력한 특징 중의 하나이다. 이는 변수들 사이에 배분법칙이 성립한다는 뜻이다. 예를 들어 변수 $Y = a + bX$라 할 때 Y의 기대치와 분산은 선형성에 의해 다음과 같이 나타낼 수 있다.

- 기대치(평균) : $E(Y) = E(a+bX) = a+bE(X)$
- 분산 : $V(Y) = V(a+bX) = V(a)+b^2V(X) = b^2V(X)$

두 번째 특징은 선형결합(linear combination)으로, 이로 인해 변수들 간의 합산이 가능해진다. 예를 들어 두 변수 간의 평균과 분산은 다음과 같이 구할 수 있다.

- 기대치(평균) : $E(X_1 + X_2) = E(X_1) + E(X_2)$
- 분산 : $V(X_1 + X_2) = V(X_1) + V(X_2) + 2COV(X_1,\ X_2)$

위의 분산공식에서 두 변수의 분산합은 개별분산에서 공분산 항만큼 증가한 것을 알 수 있다. 만약 두 변수가 서로 독립이면 공분산 항은 없어진다. 공분산(covariance)이란 두 가지 이상의 변수가 있을 때 그 변수들이 '함께 움직이는 정도'를 나타내며 척도(scale)가 표준화되지 않는 통계치를 의미한다. 만약 각각의 변수가 서로 독립일 경우 공분산은 0(zero)이 되며, 그 역은 성립하지 않는다. 다시 말해 두 변수가 서로 독립이면 상관계수가 0(zero)이지만, 상관계수가 0(zero)이라고 해서 두 변수가 독립이라고 말할 수는 없다는 것이다. 공분산은 표준화된 값이 아니기 때문에 그 자체보다는 변수간 상관관계를 유도하는 수단으로 활용된다. 상관계수는 공분산을 이루는 각각의 변수들의 표준편차로 공분산을 나누어 줌으로써 변수들 간의 상관관계를 표준화시킨 통계값이다. 따라서, 상관계수는 항상 -1에서 $+1$ 사이의 값만 취하게 되며, 산출식은 다음과 같다.

- 상관계수 : $\rho(X_1,\ X_2) = \dfrac{COV(X_1,\ X_2)}{\sigma_1 \cdot \sigma_2}$

포트폴리오이론의 근간인 최적 자산배분(Optimal Asset Allocation)의 핵심은 포트폴리오 기대수익률을 그대로 유지하면서 분산을 최소화시키는 방법에서 출발한다. 분산을 최소화하려면 앞의 분산공식에서 공분산 항을 마이너스(−)로 바꿔 버리면 된다. 그러면 두 변수의 분산값은 각각의 개별 분산값보다 오히려 줄어들게 된다. 분산은 평균으로부터 얼마나 떨어져 있는 것을 나타내는데 이 분산값이 변동성이며 리스크이다.

(계속)

실제로 개별단위의 투자보다 집합단위의 투자로 인해 종목간 분산을 최소화하면, 즉 리스크를 최소화할 수 있다면 한 종목에서 발생한 기대수익률보다는 여러 종목을 투자하면서 기대수익률을 높일 수 있다.

이 원리가 그 유명한 해리 마코위츠(Harry Markowitz)의 평균·분산모형이론이다. 그는 1950년대 포트폴리오 이론을 창안하여 그 공로로 1990년에 노벨경제학상을 수상하였다. 그의 저서 〈포트폴리오 선택(Portfolio Selection)〉은 재무관리 발전의 획기적인 전기를 마련했다는 평가를 받고 있다. 그는 대학교수, 컴퓨터시스템 오퍼레이터(operator), 헤지펀드 운용사 CEO 등 경력이 화려했다.

참고 6-2

인덱스펀드/상장지수펀드/주식연계증권

(1) 인덱스펀드

이는 사전에 정하여진 규칙에 따라서 운용되는 펀드로, 운용목표가 비교지수인 인덱스수익률과 유사한 수익률을 실현하는 것을 목표로 한다. 대표적인 상품유형은 KOSPI 200 등 주가지수를 추적하는 주식 인덱스펀드, 곡물과 금속 등 실물자산 선물지수를 추적하는 실물자산(commodity) 인덱스펀드, 채권인덱스를 추적하는 채권 인덱스펀드 등이 있다. 인덱스펀드는 한번에 여러 종류의 주식을 대량으로 매매하기 때문에 시장가격에 영향을 줄 수 있으며, 이의 효율적인 구성을 위해 전산프로그램을 이용하여 거래를 한다. 한편, 시장수익률과 인덱스펀드수익률이 일정 규모 이상의 괴리가 발생하면 이 펀드를 재구성하도록 자동 설계되어 있다. 이의 장점은 일일이 개별적으로 종목을 분석하지 않고도 시장수익률을 확보할 수 있다는 점과 운용이 투명하다는 점, 지수대비 수익이 낮을 가능성이 적다는 점 등이다. 우리나라의 경우 대부분 KOSPI200지수 대비 추가수익률을 목표로 하는 액티브(active)펀드이며, 수수료는 순수 패시브(passive)펀드보다는 높으며, 일반 주식형펀드보다는 낮다. 액티브펀드는 시장전망에 따른 탄력적인 자산배분, 종목선택 등 적극적인 운용전략을 통해 수익을 창출하는 전략을 채택하고, 보통 인덱스펀드 대비 초과수익을 추구하는 펀드를 말한다. 패시브펀드는 사전에 정하여진 규칙에 따라서 운용되는 상품으로, 소극적인 전략을 구사하며, 운용목표가 비교지수인 인덱스의 수익률과 유사한 수익률을 실현하는데 있다. 대표적인 상품유형에는 인덱스펀드, 투자자산의 만기와 펀드의 만기를 일치시켜 금리변동리스크를 축소한 채권매칭펀드가 있다.

(2) 상장지수펀드(ETF)

이는 특정지수를 추적하는 개방형 인덱스펀드를 거래소에 상장시켜 주식처럼 거래하는 일종의 인덱스펀드로, 1993년 미국에서 최초로 도입되었다. 상장지수펀드는 기본적으로 유가증권지수의 추적을 목표로 하는 인덱스펀드의 일종이지만 전통적인 인덱스펀드의 단점을 보완한 특수한 형태의 인덱스펀드라고 할 수 있다.

우리나라에는 2002년에 거래소에 상장되어 주식과 같이 거래되는 상장지수 투자신탁제도가 도입되었다. 2002년 10월 삼성투신과 우리자산운용에서 KOSPI200을 추종하도록 한 ETF를 만들었고 이후 KOSPI50, KRX(Korea Exchange) 섹터지수 등 거래소에서 공시하는 다양한 지수를 추종하는 ETF가 설정되었다. 2009년 7월 국고채 지수를 추종하는 ETF 상장에 이어, 2009년 9월 최초로 지수의 상승률과 상반되는 수익률을 보이는 KODEX 인버스(inverse)가 상장되었다. 한편, 2009년 2월 시행된 자본시장법으로 신종 ETF를 개발할 수 있는 법적 요건이 마련되었는데, 이로 인해 KOSPI200 레버리지(leverage) ETF, 통화(currency) ETF, 상품(commodity) ETF 등 신종 ETF가 활발히 설정될 것으로 보인다.

주식형펀드는 투자시점부터 일정 기간의 환매제한을 두어 일정 기간이 경과하기 전에 환매할 경우 환매수수료를 부담해야 하지만, 상장지수펀드의 경우 환매수수료 없이 중도에 투자자금을 회수할 수 있다는 장점 덕분에 높은 유동성을 확보해야 할 자금을 투자하는 데 적절하게 이용된다. 실시간으로 조회와 매매가 가능하고, 펀드의 실제가치인 순자산가치 역시 실시간으로 확인해서 보다 유리한 가격으로 매매가 가능하며, 일반

(계속)

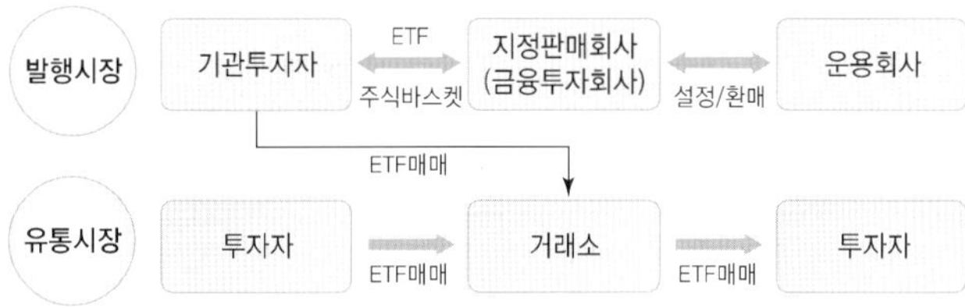

• ETF시장의 구조 •

출처 : 차명준·정무권(2009), p.318

적인 주식과 달리 상장지수펀드를 매도할 경우 증권거래세가 면제된다. 일반적인 성장형펀드나 인덱스펀드에 비해 신탁보수가 낮아 실제로 투자자가 부담해야 할 펀드비용이 낮다. 동 펀드는 펀드를 한 주만 매입하더라도 상장지수펀드 추적지수의 모든 종목을 매입하는 것과 같은 효과를 얻을 수 있으며, 유통시장과 발행시장이 구분되어 있으므로 상장지수펀드의 유동성은 일반적인 주식의 거래량보다 풍부하다. 따라서, 유동성의 문제로 쉽게 적립식펀드에 투자하지 못하는 경우 상장지수펀드에 매월 일정액을 투자하면 적립식펀드에 투자하는 것과 동일한 효과를 얻을 수도 있으며 유동성도 확보할 수 있다.

표 6-2 ETF와 인덱스펀드의 비교

구 분	ETF	인덱스펀드
장단점	직접투자 시 투자자에게 좀 더 안전한 투자방법이나, 시장가격과 괴리가 발생했을 때 환금성이 떨어진다.	단일펀드를 통한 분산투자를 극대화할 수 있으나, 약세장에서 수익률을 방어하기가 어렵다.
환 매	주식처럼 거래	3영업일 기준가로 4영업일에 환매
배당금	실물증권으로 배당	운용수익의 분배 또는 배당을 통하여 좌수에 반영됨
비 용	저렴함	일반적인 펀드에 비해 저렴하나 ETF보다는 높음

(3) **주식연계증권(ELS)**

이는 개별주식의 가격이나 주가지수에 연동하여 수익률이 결정되는 상품으로 투자원금 중 일부는 우량채권 등 안전자산에 투자하여 만기에 투자원금 상환에 충당하고, 일부는 옵션복제 재원으로 사용하여 수익을 추구하는 파생결합증권이다. 동 상품은 판매하는 기관에 따라 다른 이름을 사용하고 있다. 은행이 정기예금 상품에 주가를 연계해서 ELD(Equity Linked Deposit)라고 하고, 금융투자회사는 펀드형식으로 판매하면 ELF(Equity Linked Fund), 보험회사가 연금형태로 판매하면 ELA(Equity Linked Annuity)라 한다. 도입 초기에는 주가지수를 기초자산으로 한 원금보존형 상품이 대부분이었으나 최근에는 보다 높은 수익을 추구하기 위하여 원금비보존형 및 개별종목을 기초자산으로 하는 상품이 주류를 이루고 있다. 한편, 상품의 구조에 내재된 조건이 시장조건에 일치하면 만기 이전에 조기에 상환(Knock-Out)되기도 한다. 이의 장점으로는 다양한 투자성향을 충족시키고 일정 수익을 달성하면 확정 지급된다는 점, 설계에 따라 주가가 하락해도 수익을 얻을 수 있다는 점이고, 단점으로는 환매 등 유동성에 제약을 받으며, 필요시 원금도 까먹을 수 있다는 점, 수익구조가 복잡하다는 점 등이다.

(계속)

표 6-3 ELS, ELF, ELD의 비교

구 분	ELS	ELF	ELD
발행기관	금융투자회사	금융투자회사	은행
판매기관	금융투자회사	금융투자회사, 은행	은행
투자방법	유가증권청약	수익증권 매입	정기예금가입
원금보장	원금 보장/비보장	보존 추구/비보존	보장
소득과세	배당소득	배당/이자소득	이자소득
특 징	고수익과 다양한 상품구조 가능	운용결과에 따른 성과배분	보수적인 운용

출처 : 차명준·정무권(2009), p.324

ELS 상품은 대부분 Knock-Out형, Bull Spread형, Digital형 및 Reverse Convertible형 등으로 조립된다. Knock-Out형은 주가지수가 하락할 경우에는 원금의 일정비율을 보장받고, 주가지수가 상승할 경우에는 일정 수준에 이를 때까지 주가지수상승률에 비례하여 소정의 참가율[3]을 받으며 주가지수가 그 수준을 상회하면 계약관계를 종료하고 저리의 고정이자를 지급하는 구조이다. Bull Spread형은 주가지수가 하락하면 원금만 보장되고 주가지수가 상승하면 일정수준까지는 주가지수 상승률에 비례하여 참가율을 받고 일정 수준 이상 상승하면 고정수익률을 받는 구조이다. 동 상품은 일정 기간 사전 약정가격 범위 내, 즉 최초가격과 전환가격 사이에서 지수에 비례하여 수익을 지급하고 동 범위 밖에서는 최소값과 최대값이 정해져 있다.

Digital형은 특정지표에 연계하여 수익을 비연속적으로 지급하는 형태인데, Digital Call Option형과 Digital Put Option형으로 나뉜다. 전자는 주가지수가 상승할 경우에는 상승률과 관계없이 고정된 수익을 받고 주가지수가 하락하면 원금만 보장 받는 구조이고, 후자는 그 반대이다. 즉, 주가지수가 하락하면 하락률에 관계없이 고정된 수익을 받고 주가지수가 상승할 경우에는 원금을 보장 받는 구조이다. Reverse Convertible형은 가격이 사전에 정한 전환가격 이하로만 하락하지 않으면 최대수익을 지급하는 형태로 가격이 전환가격 이하로 하락하더라도 일정부분 지수에 비례하여 수익을 지급하는 구조이다.

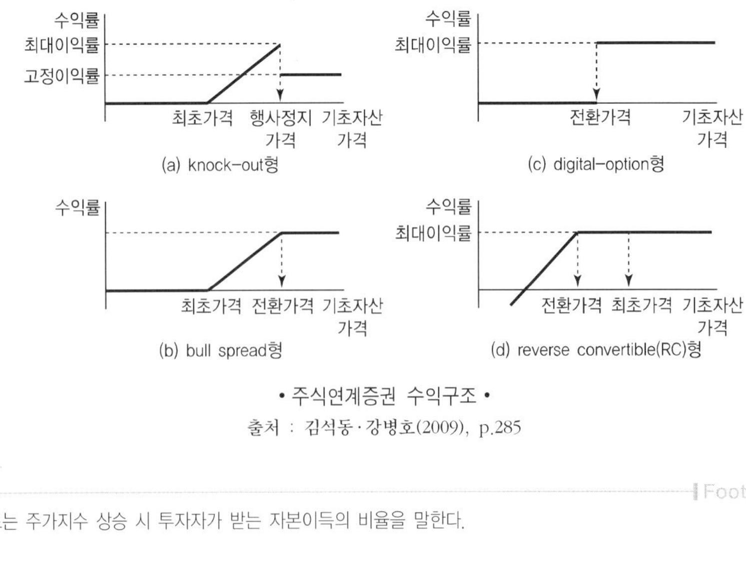

• 주식연계증권 수익구조 •

출처 : 김석동·강병호(2009), p.285

Footnote

3) 이는 주가 또는 주가지수 상승 시 투자자가 받는 자본이득의 비율을 말한다.

Chapter 07

채권리스크

1. 채권의 특성

1) 채권의 정의

채권이란 한마디로 돈을 빌릴 때 언제까지 사용하고 갚겠다는 증서이다. 물론 돈을 빌려준 사람은 그 대가로 이자를 받는다. 따라서 채권은 언제까지, 즉 만기까지 이자를 제때 주고 제때 받으면 전혀 문제가 없다. 더구나 만기에 원금을 제대로 돌려받으면 더할 나위 없이 좋은 투자수단이다. 자본주의가 시작되기 이전에 화폐라는 통화수단이 등장하면서부터 돈을 빌리고 빌려 주는 거래는 주로 개인들끼리 이루어졌었는데 그 금액은 소규모였다. 물론 서로 간의 약속과 신의가 있었기 때문에 가능한 일이었다. 그러나 금액이 커지면서 채권이라는 명문화된 서류로 거래상대방의 신의를 구체적이고 명확하게 나타냈다. 18세기 영국의 산업혁명 이후 자본주의가 본격적으로 태동하면서 신규투자와 대규모 생산을 위한 설비자금이 필요한 기업에게는 채권을 통한 자금차입이 적격이었다. 은행에서 대출받는 것보다 훨씬 편하였던 것이다. 당시에도 은행대출을 받기 위해서는 은행의 입맛에 맞도록 까다로운 대출심사에 응하거나 지나치게 높은 이자 때문에 돈을 빌려 쓰면서도 상당히 불편하였던 모양이다. 이에 비해 채권은 발행조건을 충족하고 어느 정도 발행기업의 평판만 좋으면 얼마든지 자금조달이 가능하였다. 발행채권을 회사에서 발행한다고 해서 회사채로 불렸다. 한편, 회사마다 매출규모나 영업이익, 미래의 성장동력이 다르므로 똑같은 조건으로 채권을 발행하도록 놓아둘 수는 없었다. 회사마다 순위를 매겨 우수회사는 조달이자를 싸게 하고, 그렇지 않은 회사는 비싸게 조달하도록 하였다. 이렇게 하지 않으면 자금을 빌려 준 입장에서 굳이 신용이 안 좋은 회사의 채권을 살 필요가 없었기 때문이었다. 이러한 작업이 점차 회사별 신용평가분류 체계로 자리 잡게 되었으며, 신용평가사는 주기적으로 기업의 실적과 존속에 관한 다양한 요소를 종합하여 평가하고 정해진 규칙대로 신용점수를 매겼다. 대체로 신용평가사마다 점수결과는 조금씩 다르지만 크게 10개 등급으로 분류하였는데, 1등급이 AAA등급으로 가장 우수하고 10등급인 D등급이 최하위점수를 받은 기업에게 부여되었다. 통상 4등급인 BBB등급이 일반인들이 투자하기에 적격하다고 제시된 등급이다. 등급결과는 자금 차입여부에 결정적인 역할을 하기 때문에 기업 입장에서는 상당히 중요하다. 때문에 신용평가사와 기업들 간의 미묘한 신경전이 지금도 끊임없이 계속되고 있다. 그러므로 신용평가는 엄정하고 투명한 잣대로 명확히 계산하고 그 계산방법도 일관성 있게 적용해야 하며 무엇보다 해당기업들이 그 결과에 수긍해야만 건전하게 발전할 수 있다. 신용평가의 시초는 S&P(Standard & Poor's)이다. 세계적인 신용평가회사에는 S&P, 무디스(Moody's), 피치(Fitch) 등이 있으며, 우리나라에는 한국신용평가, 한국기업평가 등이 있다.

2) 채권의 종류

채권은 거래당사자 간 입맛대로 다양하게 발행할 수 있어 그 종류도 다양하다. 먼저 채권발행시점에 채권으로 인해 문제가 발생하면 누군가 보증하는 보증채와 그렇지 않은 무보증채가 있다. 보통 채권은 다른 금융증서에 비해 거래기간이 긴 편이다. 따라서, 만기가 될 때까지 다양한 금융환경에 노출되어 있어 향후 경제상황이 어떻게 변할지 아무도 장담할 수 없다. 그 때문에 보증채가 상대적으로 안전하다. 정부나 지방자치단체의 발행채권, 즉 국공채가 가장 안전하다고 할 수 있다. 채권의 원금상환방법도 다양하다. 분할 상환할 것인가, 만기에 한꺼번에 상환할 것인가, 분할 상환하더라도 단기, 즉 1년 혹은 2년 동안만 분할할 것인가 등 상환기간에 따라 단기채권, 중기채권, 장기채권으로 구분된다. 이자 지급방법도 다양하다. 일정 기간, 즉 3개월마다 혹은 반기마다 이자를 주기적으로 지급하는 이표채권, 이자를 만기에 한꺼번

표 7-1 채권의 종류

구 분	종 류
발행주체별	국채, 지방채, 특수채, 금융채, 회사채
보증유무별	보증채, 무보증채
이자지급방법별	이표채, 할인채, 복리채, 거치채
상환기간별	단기채, 중기채, 장기채
원금상환방법별	만기상환채, 분할상환채
표시통화별	원화 표시채, 외화 표시채
모집방법별	사모채, 공모채
발행금액별	액면발행, 할인발행, 할증발행

에 주는 할인채권, 이자를 복리로 계산해서 주는 복리채권, 이자를 일정 기간 거치해서 주는 거치채권 등이 있다. 발행금액을 액면가보다 높게 발행하면 할증채권, 낮게 발행하면 할인채권, 동일하게 발행하면 액면채권이라 한다. 시중에는 주로 할인채권이 대부분이다. 또한, 모집방법에 따라 불특정다수를 대상으로 자금을 모금하면 공모채권, 특정인 몇 명에게 발행하면 사모채권이라 한다. 이 외에 발행한 통화금액에 따라서 원화표시채권, 외화표시채권 등이 있다. 이를 표 7-1에 정리하였다.

한편, 채권발행시 특수한 조건을 부가하거나 사전에 약속된 권리가 부여된 채권을 옵션부채권이라 한다. 이의 도입배경으로 금융시장의 경쟁이 갈수록 치열해지다 보니 일상적인 채권으로는 다양한 투자자의 니즈를 충족시킬 수 없었다는 점을 꼽을 수 있다. 또한, 채권시장이 점차 발달하면서 상품개발 기법도 꾸준히 발전하게 되었다. 그리고 과거처럼 규제 일변도의 감독정책이 아니어서 상품개발자의 창의력과 어느 정도 영업력만 있으면 어떠한 상품도 개발할 수 있는 환경이 되었다. 대표적인 옵션부 채권으로 주식과 연계하여 발행회사의 주식으로 전환할 수 있는 권리가 부여된 전환사채(CB ; convertible bond), 사채권자에게 발행회사의 신주를 일정한 조건으로 매수할 수 있는 권리를 부여한 신주인수권부사채(BW ; bond with warrant) 등이 있다. CB나 BW는 보통의 채권보다 발행이율이 낮아 발행자에게 유리한 한편, 투자자에게도 채권의 안정성과 주식의 수익성을 동시에 추구할 수 있도록 해 어느 정도 금융에 관심 있는 투자자들에게는 인기가 높은 편이다. 이들의 유사점과 차이점을 표 7-2에 정리하였다.

표 7-2 신주인수권부사채와 전환사채

구 분		신주인수권부사채(BW)	전환사채(CB)
유사점	투자매력	채권의 안정성+주식의 수익성 추구	
	발행조건	보통 회사채보다 발행이율이 낮아 발행자에게 유리	
	신주가격	사채발행 시 주가를 기준으로 미리 정해짐	
	권리행사 시	• 사채발행회사의 발행주식 수 증가 • 사채권자는 주주의 지위 획득	
차이점	부여된 권리	신주인수권	전환권
	권리행사	• 신주인수권 행사 이후 사채 존속 • 신주인수권 행사 시 신규자금 필요	• 전환권 행사 후 채권 소멸 • 전환권 행사 시 신규자금 불필요
	권리의 이전	분리형의 경우 채권과 워런트 분리 유통	채권과 전환권이 비분리
	발행자의 부채	부채 존속	부채 소멸
	재무제표상	전환 전에는 장기차입금계정	자본금계정

출처 : 차명준·정무권(2009), p.174

한편, 채권은 다른 상품에 비하여 만기가 장기에 속하는 편이다. 그 기간 동안 투자한 돈이 묶인다는 것으로, 달리 표현하면 유동성이 낮다는 의미이다. 물론 그 대가로 이자를 주기적으로 받을 수 있어 어느 정도 자금난을 해결할 수는 있다. 그럼에도 불구하고 만기 전에 돈이 급히 필요한 경우가 생길 수 있다. 이런 불편을 해소하기 위해 만기 전에 채권을 시장에서 사고팔 수 있도록 유동성을 부여한 채권이 환매채권(RP ; repurchase agreement)이다. 이는 특정한 유가증권, 즉 주로 채권을 매매한 뒤 일정 기간 후 매매 당시의 가격에다 소정의 이자를 더한 가격으로 되사거나 되팔 것을 약정한 매매 당사자 간의 계약을 의미한다. 국내 RP시장은 주로 단기금융시장의 자금흐름을 원활히 하고 있으며, 금융회사 간 거래와 고객 간 거래로 나뉜다. 금융회사 간 RP거래는 단기자금 과부족 조절을 목적으로 은행, 투신운용사, 증권회사, 보험회사, 상호저축은행 등 콜시장 참가기관이 참여하고 있다. 금융회사의 대 고객 RP거래는 통장거래방식으로 하며, 특히 RP매도 시에는 대상채권을 매수자에게 주는 것이 원칙이다.

3) 채권가격의 적정성

투자자가 채권을 매수할 때는 그 만큼의 투자가치가 있다고 판단하기 때문이다. 즉, 시장에 내다 팔 때 최소한 손해 보지 않을 만큼의 가치가 있다고 본 것이다. 자본주의 사회에서 주류경제학자들의 핵심이론 중 하나는 '모든 자산의 가치는 그 자산이 가져올 미래 현금흐름들의 현재가치 합으로 결정된다.' 는 것이다. 그러나 보유자산이 미래기간 동안 창출하는 현금흐름을 예측하는 것은 쉽지 않으며, 더구나 그 현금흐름의 성격에 따라 적용해야 할 할인율도 다르기 때문에 자산가격을 결정하는 것은 주어진 금융환경에 따라 다를 수밖에 없다. 이는 자산가격이 정확하지 않을 수도 있다는 의미이다. 그런 의미에서 채권은 그나마 다행이다. 우선 만기가 정해져 있으며 할인율도 금융시장에서 거래되는 시장수익률을 적용하면 되기 때문이다. 채권의 가치평가는 그 채권을 소유함으로서 얻을 수 있는 미래 현금흐름, 즉 만기까지의 이자액과 만기에 지급되는 원금상환액에 대한 현재가치의 합으로 계산되며, 현재가치 계산시 적용되는 할인율은 가장 대표적인 시장이자율을 사용한다. 따라서 채권가격을 계산하기 위해서는 사전에 표면이자율(coupon rate), 차입원금(principal), 만기(maturity)가 필요하고, 마지막으로 시장할인율이 있어야 한다. 이것을 식으로 나타내면 다음과 같다.

$$\text{채권의 현재가치} = \frac{\text{표면이자}}{1+\text{시장이자율}} + \frac{\text{표면이자}}{(1+\text{시장이자율})^2} + \cdots + \frac{\text{표면이자}}{(1+\text{시장이자율})^n} + \frac{\text{원금}}{(1+\text{시장이자율})^n}$$

만약 시장에서 형성된 채권가격이 n년 만기 채권의 현재가치보다 낮으면 채권시장에 수요자가 많이 생겨 채권가격은 상승할 것이고, 반대로 채권가격이 현재가치보다 높으면 채권시장에 초과공급이 발생하여 채권가격은 하락할 것이다. 따라서, 채권시장의 균형은 채권가격이 채권의 현재가치와 같을 때 성립한다.

채권가격을 결정하는 핵심적인 요인은 할인율, 즉 시장이자율이다. 왜냐하면 표면이자율, 원금, 만기는 채권발행 시 이미 정해져 있어서 변하지 않기 때문이다. 다만 할인율만이 시시각각 변하는 것이다. 위의 식에서 시장이자율과 채권가격은 반비례하는 것을 알 수 있다. 채권투자자라면 이 양자의 관계를 정확하게 알고 있어야 한다.

우선 양자는 반비례하므로 시장이자율이 상승하면 채권가격은 하락하고, 반대로 시장이자율이 하락하면 채권가격은 상승한다. 만약 조만간 시장이자율이 상승할 것으로 예측되면 보유채권의 가격이 하락할 것이므로 처분할 것을 고민해야 한다. 반대로 시장이자율이 하락할 것으로 예측된다면 계속해서 보유해야 할 것이다. 이는 채권투자 시 염두에 두어야 할 가장 기본적인 내용이다. 문제는 시장이자율이 상승과 하락을 반복할 때이다. 이런 경우에는 매매 타이밍을 잡기가 쉽지 않다. 그만큼 채권투자가 어렵다는 것을 알 수 있다. 특히 만기 이전에 매매차익을 얻는 경우가 그렇다.

한편, 시장이자율은 시장에서, 거래되는 다양한 금융상품 수익률 중 가장 대표성이 있는 수익률을 적용하는데, 국내에서는 3년 만기 국고채수익률을 사용하며, 시장에서 거래된다고 해서 유통수익률 또는 만기수익률이라고도 한다. 채권의 시장수익률은 그 채권을 만기까지 보유했을 때 얻게 되는 예상수익률을 말한다. 이는 현재시점에서 만기까지의 미래 현금흐름을 현재가치로 합산하여 계산하였기 때문이다. 따라서, 채권을 만기까지 보유하지 않고 중도에 처분하게 될 경우 구입시점 당시에 알고 있던 시장수익률과는 다르다. 만약 오늘자 3년 만기 국고채 금리가 3%라면, 이는 오늘 구입한 채권을 3년 동안 갖고 보유한 다음 만기가 되어야 연평균 3%의 수익률을 얻는다는 의미이다. 만약 1년이 경과한 시점에 처분한다면 1년이 경과한 후 남은 2년의 잔존 만기 동안의 현금흐름을 1년 후의 시장이자율로 할인하여 계산한 현재가치로 수익률을 다시 계산해야 한다. 다행히 시장이자율이 3%보다 떨어졌다면 할인율로 적용된 값이 더 작아졌으므로 채권가격은 올라가게 되고 덩달아 수익률도 상승한다. 이때 처분한다면 이익을 보게 된다. 이를 매매에 따른 처분이익이라 한다. 만약 처분하지 않고 단순히 계산만 하였다면 평가이익이 되는 것이다.

채권은 구입한 용도에 따라 만기보유채권, 단기매매채권, 중도매각채권으로 구분하는데 기관투자자의 경우 회계처리가 각각 달라서 유념해야 한다. 만기보유채권은 구입 당시에 아예 만기까지 보유하기로 결정하고 장부에 기재한 채권이므로 시장수익률이 변동되면서 발생하는 평가손익을 장부에 반영하지 않아도 된다. 즉, 구입 당시 가격이 만기까지 계속된다. 그러나 만기보유가 아니라 단기매매차익을 목적으로 채권을 구입했다면 평가시점마다 발생한 평가손익을 장부에 반영해야 한다. 이러한 회계행위를 시장가치 평가라 하며, 근래 들어 대부분의 자산항목들이 시장가치로 평가되고 있는 추세이다.

한편, 채권수익률도 다양하다. 표면이율 또는 발행이율이라고도 하는 표면금리는 채권증서에 표시된 이자율로 1년간 채권의 발행자가 지급하는 이자를 액면으로 나눈 단리이율이다. 만기수익률, 즉 유통수익률은 통상 채권시장에서 말하는 수익률로 채권이 유통시장에서 계속 매매되면서 형성되는데, 중간에 생긴 자본이득이나 자본손실은 물론 이자를 재투자하여 얻게 되는 재투자수익까지도 감안하여 산출되는 예상수익률을 의미한다. 채권의 직접수익률 또는 경상수익률은 채권투자 원금에 대한 연간 표면이자 수입의 비율을 말한다. 그리고 연평균수익률은 1년 이상 채권의 경우 만기 때까지의 총수익을 원금으로 나눈 다음 다시 해당 연수로 나눈 단리수익률을 말한다. 또한 실효수익률도 중요하다. 이는 투자기간 중에 실제로 실현된 이자수입, 이자의 재투자수입, 자본수익의 합계인 총이익에 대한 매입가격의 비율을 의미한다. 만기수익율의 경우 재투자수익률은 동일하게 적용되지만 실효수익률의 재투자율은 각각 다르게 적용된다. 즉, 만기수익률의 경우 발생이자는 시장이자율로 재투자된다고 가정하지만, 실효수익률의 경우 중간에 받는 이자수입이 표면이자율로 재투자된다고 가정한다. 따라서 실효수익률이 만기수익률보다 훨씬 더 보수적이다.

두 번째, 시장이자율이 하락할 때의 채권가격 상승폭이, 시장이자율이 상승할 때의 채권가격 하락폭보다 더 크다. 이는 시장이자율이 하락할 때 채권가격의 상승속도가 시장이자율이 상승할 때의 하락속도보다 크기 때문이다. 즉 채권가격의 하락과 상승이 비대칭적이므로 채권가격은 시장이자율의 상승보다 하락에 대해 보다 민감하게 변동한다. 따라서 시장이자율이 하락하는 추세에서는 채권수익률은 가파르게 상승하게 된다. 세 번째, 동일한 크기의 이자율변동이라면 만기가 긴 채권의 가격이 만기가 짧은 채권가격보다 큰 폭으로 변화한다. 또한, 만기까지의 기간이 길수록 동일한 이자율 변동에 대해 채권가격은 큰 폭으로 증가하지만 그 증가율은 서서히 감소하는 체감형태이다.

2. 채권리스크 측정

1) 의의

리스크란 '보유자산이 미래의 불확실성에 노출되어 손실이 발생할 가능성' 이라고 정의하였다. 이 정의에 따라 채권의 리스크는 '채권을 매입하고 난 후 시장이자율의 변동으로 인하여 보유채권의 가격이 하락할 가능성' 이다. 채권의 가격을 결정하기 위해서는 표면이자, 원금, 채권만기는 필수적으로 존재해야 하며, 이들은 채권을 구입하는 초기에 이미 결정되어 있기 때문에 보유기간 동안 변하지 않는다. 단지 변하는 것은 시장이자율, 즉 할인율의 변동이며 이에 따라 보유채권의 가격도 변하는 것이다. 따라서, 보유채권은 시장이자율의 변동에 따른 리스크에만 노출되는데, 이를 시장리스크라 한다. 시장리스크에 노출되었다는 것은 채권의 구입동기가 만기 이전의 매매차익을 목적으로 하는 경우이다. 그러나 채권을 만기까지 보유하고 그 기간 동안 이자를 받으며 만기도래 후 원금을 받는 경우도 자주 있다. 이 경우에는 만기 이전에 시장이자율이 변동하더라도 채권보유자에게는 전혀 손실이 발생하지 않는다. 단지 평가손실이 발생했을 뿐이다. 만기까지는 구입 초기에 표기된 표면이자율에 따라 주기적으로(보통 3개월) 이자를 받도록 확정되어 있다. 이런 경우에 노출되는 리스크는 이자율변동에 따른 시장리스크가 아니라 만기까지 이자 또는 원금을 제때 못 받게 될 리스크이다. 이를 신용리스크라 한다. 신용리스크는 돈을 빌려가는 사람, 즉 차주가 의도적으로 채무를 불이행하거나 또는 외부 금융환경이 악화되어 불가피하게 신용상태가 악화됨으로써 발생할 수 있는 손실가능성을 말한다. 이처럼 채권은 시장리스크와 신용리스크에 노출되어 있다.

한편, 채권을 조달하고 동시에 운용하는 경우가 있는데 대부분의 경제주체, 주로 개인보다는 금융기관을 포함한 모든 기업들이 이러한 자금구조 패턴을 갖고 있다. 이를 회계적인 측면에서 본다면 채권 등을 이용한 자금은 부채로 계상되고, 조달된 외부자금과 영업으로 벌어들인 이익금은 합쳐져서 자산으로 운용된다. 물론 자금성격에 따라 각각의 계정별로 세분화된다. 채권의 리스크측정치는 듀레이션[1]이다. 채권은 주로 자산과 부채계정에 동시에 존재하기 때문에 리스크를 측정하게 위해서는 자산듀레이션과 부채듀레이션을 계산해야 한다. 산출된 양자의 차이는 양(+) 또는 음(-)이거나 0(zero)이 된다. 이를 듀레이션 갭이라 한다. 한편, 자산에서 부채를 차감하면 순자산이 된다. 향후 금리변동에 따라 순자산의 손실가능성은 듀레이션갭을 이용하여 산출할 수 있는데, 이는 금리리스크 영역[2]이다. 결국 채권은 금리리스크까지 영향을 미치기 때문에 리스크 입장에서는 아주 중요한 관리대상이다. 정리하면 채권은 시장리스크, 신용리스크, 금리리스크에 노출되어 있다고 할 수 있다.

리스크는 기본적으로 리스크를 유발시키는 인자의 변동성을 계산한 다음 이를 노출자산에 곱하여 산출할 수 있다. 다른 하나는 주식리스크 측정치인 베타(β)처럼 인자 간의 민감도를 이용하는 방법이다. 민감도란 내가 보유하고 있는 자산의 미래 현금흐름이나 현재가치에 영향을 미치는 변수들 간의 관계를 말한다. 채권은 주로 민감도를 이용해서 리스크를 계산하는데, 이 수단이 듀레이션이다. 듀레이션은 금융재무 분야에서 가장 전통적인 리스크측정치로 간주되어 왔다.

Footnote

1) 이에 대한 내용은 본 장의 '2) 듀레이션' 참조 바람
2) 이에 대한 내용은 '9장 금리리스크' 참조 바람

2) 듀레이션(Duration)

듀레이션은 보유한 채권의 만기까지 매 기간 수입되는 이자와 원금의 현금흐름을 합한 현재가치를 분모로 두고, 매 기간 들어오는 현금흐름을 기간별 가중치를 곱하여 산출한 현재가치를 분자로 두어서 이를 나눈 값이다. 이는 채권현금흐름의 현재가치로부터 투자액을 회수하는데 소요되는 평균상환기간을 의미하며, 단위는 연(年)으로 표기한다. 통상 우리가 3년 만기 채권이라 함은 원금이 상환되는 기간이 3년이라는 의미이다. 사실 이것은 현금흐름상의 만기라고 할 수 없다. 액면이자라는 화폐의 시간가치까지 고려하여 산출된 만기가 채권운용이나 채권구조 분석에 훨씬 유용하기 때문이다. 그렇지 않으면 액면이자 지급일이 천차만별인 채권을 단순히 만기일만 가지고 분석할 수밖에 없다. 따라서 실질적인 만기를 나타내는 듀레이션이 필요하다. 듀레이션은 맥콜레이(Macaulay)가 최초로 개발하였는데, 그의 이름을 따서 맥콜레이듀레이션이라고도 한다. 간단한 듀레이션을 예를 들어 산출해 보자. 액면가 1,000만원, 표면이자율이 10%인 3년 만기 채권의 듀레이션은 다음 표 7-3에서처럼 2.735년(2,735/1,000)으로, 이것이 실질적인 만기이다(단, 시장이자율은 10%이다.).

표 7-3 듀레이션 계산

기 간	현금흐름	현금흐름의 할인가치	할인가치×기간
1년	100만 원	91만 원	91만 원
2년	100만 원	83만 원	166만 원
3년	1,000만 원+100만 원	826만 원	2,478만 원
합 계		1,000만 원	2,735만 원

이제 듀레이션의 정의를 일반적인 수식으로 나타내 보자. 채권의 현재가치 P는 다음과 같이 계산된다.

$$P = \frac{C}{1+r} + \frac{C}{(1+r)^2} + \cdots + \frac{C}{(1+r)^n} + \frac{F}{(1+r)^n} \quad \cdots ①$$

단, C : 액면이자　F : 원금
n : 만기　r : 시장이자율

위 ①식을 다음과 같이 바꿔 쓸 수 있다.

$$P = C(1+r)^{-1} + C(1+r)^{-2} + \cdots\cdots + (C+F)(1+r)^{-n} \qquad \cdots ②$$

위 ②식에서 액면이자(C), 원금(F)과 만기(n)는 채권의 발행시점에 이미 확정되어 있어서 그 값이 고정되어 있는 상수이다. 따라서 채권의 현재가치 P는 변수 r의 함수라고 할 수 있다. 위 ②식의 좌변과 우변을 변수 r로 1차 미분하면 다음과 같이 된다.

$$\frac{dP}{dr} = -C(1+r)^{-2} - 2C(1+r)^{-3} - \cdots - n(C+F)(1+r)^{-n-1} \qquad \cdots ③$$

미분은 수학적으로 순간변화율을 의미하는데, 이를 현실적으로 계산할 수가 없어서 부득이 이산적인 변화율로 바꾸는 것이지만 큰 차이는 없다. 이렇게 바꾼 다음 각 항마다 공통인자인 $-(1+r)^{-1}$를 끄집어내어 정리하면 다음과 같은 식이 된다.

$$\frac{\Delta P}{\Delta r} = -\frac{1}{1+r}\left[\frac{C}{(1+r)} + \frac{2C}{(1+r)^2} + \dots + \frac{n(C+F)}{(1+r)^n}\right] \qquad \cdots ④$$

위의 ④식에서 다시 우변의 $\frac{1}{1+r}$을 좌변으로 이동하면 다음과 같이 된다.

$$\frac{\Delta P}{\Delta r} \times (1+r) = -\left[\frac{C}{(1+r)} + \frac{2C}{(1+r)^2} + \dots + \frac{n(C+F)}{(1+r)^n}\right] \qquad \cdots ⑤$$

위의 ⑤식의 좌변과 우변을 앞의 ①식의 좌변과 우변으로 각각 나누면 다음과 같은 식이 산출된다.

$$\frac{\Delta P}{P} \times \frac{(1+r)}{\Delta r} = -D \qquad \cdots ⑥$$

즉, ⑤식의 우변을 ①식의 우변으로 나누면 앞서 정의한 듀레이션이 되는 것이다. 위의 ⑥식을 좀 더 간단히 표현하면 다음과 같이 쓸 수 있다.

$$\frac{\Delta P}{P} = -\frac{D}{1+r} \times \Delta r \qquad \cdots ⑦$$

위의 ⑦식에서 맥콜레이 듀레이션을 (1+r)로 나눈 것을 수정듀레이션(Modified Duration)이라 하며, 현재 대부분의 금융기관에서 실무적으로 사용하고 있다. 그래서 최종적으로 다음과 같은 식을 얻을 수 있다.

$$\frac{\Delta P}{P} = -MD \times \Delta r \qquad \cdots ⑧$$

위의 ⑧식에서 ΔP는 채권가격의 증감을 의미하며, P는 채권가격이다. 따라서 좌변은 채권가격의 변화율을 의미하며, 우변은 듀레이션에다 시장금리변화율을 곱한 것이다. 그리고 듀레이션은 위의 일차식의 기울기이기도 하다. 이는 상당히 중요한 시사점을 갖고 있다. 한편, 최초로 듀레이션을 개발한 맥콜레이는 듀레이션의 이 엄청난 기능을 활용하지 못했는데, 이를 리스크의 민감도 지표로 활용한 사람은 수정듀레이션을 발표한 힉스(Hicks)였다. 그는 위의 ⑧식이 의미하는 것처럼 채권가격의 변화율은 금리변화율과 듀레이션을 곱한 수치와 반대방향으로 움직인다는 것을 피력하였다. 예를 들어 보유채권의 현재가치가 10억 원이고, 듀레이션(엄밀히 말하면 수정듀레이션임)이 7년이라 하자. 만약 시장금리가 1%P 상승하면 보유채권의 가치는 위의 ⑧식에 의해 7%P 하락, 즉 7천만 원(10억 원×0.07)이 하락한다는 의미이다.[3] 그러면 평가금액은 10억 원에서 7천만 원 손실을 차감한 9억 3천만 원이 된다. 만약 향후에 시장금리가 상승한다고 하면 무엇을 우선적으로 고려해야 할까? 즉시 보유채권의 듀레이션을 줄이는 방안부터 검토해야 할 것이다. 즉, 만기가 짧은 채권으로 갈아타야 한다는 것이다.

이처럼 듀레이션의 가장 큰 특징은 채권의 가치가 금리변동에 따라 어떻게 변동하는가를 선형적으로 파악하는데 있는데, 이 방법은 미래 현금흐름만 알 수 있다면 그에 따라 듀레이션을 산출할 수 있기 때문에 얼마든지 자산가치의 변동을 예측해 볼 수 있다. 채권의 가치와 시장이자율, 그리고 듀레이션의 관계식을 그림으로 나타내면 그림 7-1과 같다. 아래 그림처럼 실제 채권가치와 듀레이션을 통한 채권가치는 오차가 발생하는데, 이 오차는 시장이자율이 크게 변화할수록 더욱 크게 발생한다. 따라서, 듀레이션을 통한 채권가치 변화에는 어느 정도 오차가 있음을 전제해야 한다.

Footnote

3) 듀레이션에 해당 채권의 가격을 곱한 것을 금액듀레이션이라 한다.

그림 7-1 듀레이션과 현재가치

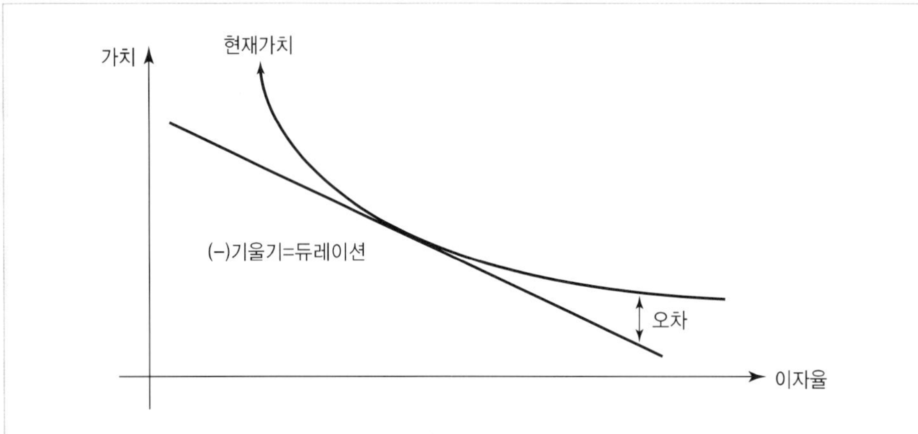

한편, 듀레이션은 시장이자율의 변화가 채권의 현금흐름에 영향을 미치지 않는다는 가정하에 산출된다. 그러나 옵션이 부가된 채권, 즉 수의상환채권[4](callable bond)이나 상환요구채권[5](putable bond) 등은 수익률 변화가 현금흐름에 영향을 미치므로 듀레이션공식에 의해 듀레이션을 계산할 수 없게 된다. 이 경우에는 유효듀레이션(effective duration)으로 대신하게 되는데, 이 부분은 다소 복잡하여 생략한다.

채권에서 듀레이션은 아주 중요한 개념으로 여러 가지 의미로 활용된다. 우선 듀레이션은 채권현금흐름의 가중평균만기(weighted average time to maturity)로 현금흐름상의 평균적인 상환기간을 의미한다. 또한 원금을 회수할 수 있는 실질적인 만기이며 채권의 평균수명이라 할 수 있다. 수학적으로는 채권수익률 곡선의 1차 미분계수, 즉 기울기라 한다.

두 번째, 듀레이션은 현재가치로 계산된 채권현금흐름의 균형점으로 재투자수익과 채권가격의 변화가 미치는 상반되는 영향을 서로 상쇄시키는데 필요한 기간이다.

세 번째, 듀레이션은 무이표채, 즉 액면이자가 없는 할인채권의 만기와 같다. 따라서 이표채의 듀레이션은 항상 만기보다 짧다. 앞에서 분석한 3년 만기 이표채의 듀레이션은 2.735년인데 이 채권은 만기가 2.735년인 무이표채와 동일한 속성을 갖는다. 무이표채는 현금흐름이 만기일에만 발생하므로 만기일까지 보유하는 투자자는 어떤 종류의 리스크에도 노출되지 않는다. 따라서, 만기 3년인 이표채를 2.735년만

Footnote

4) 이는 발행기업에게 미래 일정 기간 동안에 일정가격으로 채권을 상환할 수 있는 권리를 부여한 채권이다.
5) 이는 채권소유자에게 일정 기간 동안 일정한 조건만 충족되면 원금의 상환을 청구할 수 있는 권리를 부여한 채권이다.

보유하면 일정한 조건하에서 금리변동에 따른 리스크에 전혀 노출되지 않는다. 따라서 듀레이션기간만큼 이표채를 보유한다면 일정한 조건하에서 시장이자율이 변해도 채권가격과 재투자 수익률에 미치는 상반되는 영향이 서로 상쇄되어 순 효과를 0(zero)으로 만드는 것이 가능한 반면, 만기일까지 보유하면 가격이 하락할 리스크는 없으나 재투자 수익률 리스크에 노출된다.

네 번째, 액면이자율이 낮을수록 듀레이션은 길어진다. 그 이유는 액면이자율이 낮을수록 만기 가중치, 즉 원금의 현재가치가 상대적으로 크기 때문이다.

다섯 번째, 액면이자율과 만기가 고정되어 있고 시장이자율이 높을수록 듀레이션은 짧아진다. 그 이유는 시장이자율이 상승하면 먼 미래 현금흐름의 현재가치가 상대적으로 더 크게 감소하여, 즉 가중치가 감소하여 듀레이션은 짧아지기 때문이다.

3) 볼록성 효과(convexity effect)

채권의 실제가치는 앞의 그림 7-1처럼 비선형 곡선이어서 계산하려면 복잡하다. 이를 단순화하기 위해 비선형을 선형인 직선으로 치환해 놓은 것이 듀레이션이다. 듀레이션을 채권수익률 곡선의 기울기라 하는 것도 이런 이유에서다. 그림에서도 알 수 있듯이 만약 시장금리의 변동 폭이 커지면 그만큼 실제 채권가치 곡선과의 오차가 커져서 듀레이션으로 계산된 값은 리스크 관리 지표로서 의미가 없게 된다. 따라서, 듀레이션은 금리변동이 소폭일 때만 의미가 있으며, 만약 큰 폭으로 변동하면 적절한 조치가 필요하다. 1차 기울기뿐만 아니라 2차 항까지 반영해야 그나마 정확성을 유지할 수 있게 된다. 이를 그림 7-2로 설명하면 다음과 같다. 그림 7-2처럼 2차 항까지 반영했으므로 화살표로 된 추정식은 실제 채권가치와의 오차가 훨씬 줄어들었다. 이를 볼록성 효과(convexity effect)라 한다. 한편, 3차 항, 4차 항을 계속 반영하면 오차는 거의 제로 수준으로 줄어드나 산출계산은 훨씬 복잡해진다. 따라서, 실무상 2차 항까지 고려하면 투자의사결정에 참고하기에는 큰 무리가 없다. 산출식은 선형기울기의 변화율, 즉 2차 미분계수이며 간단히 듀레이션을 금리 변동폭(Δr)으로 나누면 된다. 볼록성 현상은 시장이자율의 변화폭이 클수록, 시장이자율이 상승할 때보다 하락할 때, 듀레이션이 길수록 나타난다.

참고 7-1

채권시장

채권시장은 채권이 거래되는 곳으로 주식시장처럼 실시간으로 누구든지 참가하기가 어려우며, 거래규모도 최소 100억 원 이상이어야 한다. 이런 이유는 채권이 가지고 있는 독특한 속성 때문이다. 우선 채권은 발행 시에 이미 발행자가 지급해야 하는 이자와 원금의 상환금액과 그 기준이 확정된 확정이자부 증권이다. 따라서, 투자원금에 대한 수익은 발행 시에 이미 결정되는 것이므로 투자시점에서 발행자의 원리금 지급능력 여부가 가장 중요시된다. 둘째, 채권은 원금과 이자의 상환기간이 사전에 정해져 있는 기한부증권이다. 그러므로 시간이 경과되면서 남아 있는 잔존기간만이 채권의 수명이 된다. 그러니 잔존기간이 무한정한 주식처럼 변화무쌍할 수가 없다. 이는 투자자의 다양한 욕구를 맞추기에는 역부족이다. 일반투자자 중 만기나 발행자의 신용 등에 관심 있는 사람들만이 채권에 투자하는데, 이에 해당되는 투자주체는 주로 기관투자가들이다. 그들은 상당한 자금을 장기로 운용하되 안정적인 수익을 창출하는 것이 당면과제이다 보니 채권투자에 적격이다. 안정성이 우선인 고객의 펀드나 기업의 흥망이 걸려 있는 투자자금, 국가의 존망이 걸려 있는 재정자금을 주식시장처럼 변동성이 큰 시장에 투자할 수는 없다.

채권시장은 크게 발행시장과 유통시장으로 구분된다. 채권발행은 거래당자 간의 이해관계만 맞으면 가능하다. 다만, 일반적인 상행위에 부수되는 채무증서와는 달리 경제시스템에 미치는 영향이 커서 발행주체나 발행한도 금액은 법에 의해 엄격히 제한된다. 예를 들면, 국채는 국회의 동의를 얻어야 하고, 기업이 발행한 회사채는 금융감독 당국이 제시한 발행충족 요건에 적합하여야 한다. 그 외에는 큰 제약이 없다. 채권발행은 모집방법에 따라 공모발행과 사모발행으로 구분되며, 공모발행은 인수기관, 즉 증권사가 회사채 발행총액을 인수한 후 제3의 매수자에게 매출하는 방식이며, 사모발행은 최종매수자와 회사채 발행조건을 직접 협의한 후 발행하는 방식이다. 발행금액은 법률로 제한되어 있는데, 회사채는 순자산의 4배 이내, 은행채는 자기 자본의 3배 이내 등이다. 만기는 일반적으로 3년물이 대부분이다. 다음 그림은 회사채를 발행하는 구조를 나타낸 것이다.

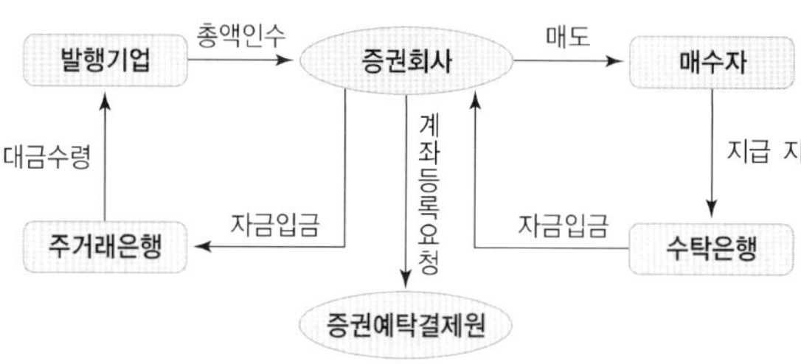

• 회사채 발행구조 •

출처 : 방영민(2006), p.52

채권의 유통시장은 채권이 발행되고 난 후, 제3자에게 사고팔 수 있도록 하는 시장이다. 채권의 거래형태는 상당히 다양하고 거래조건 또한 복잡하므로 거래형태를 표준

(계속)

화하기가 어렵다. 오히려 표준화하면 그만큼 거래절차가 더 복잡해질 수도 있다. 우리나라의 경우 국채에 한해 표준화된 시장에서 거래가 가능하고, 개인투자자들도 시장에 참여할 수 있도록 하고 있다. 표준화, 즉 공개된 시장을 장내시장이라 하고, 그렇지 않은 시장을 장외시장이라 한다. 장내시장은 증권선물거래소에 상장된 채권을 대상으로 표준화된 거래방식에 따라 거래소의 회원사끼리 이루어지며, 크게 일반채권시장과 국채전문유통시장으로 구분된다. 일반채권시장에서는 불특정 다수의 일반투자자가 참여하여 소액국공채와 상장전환사채 위주로 거래가 이루어진다. 장외시장의 거래는 대부분 증권회사의 중개로 이루어지는데, 이는 채권의 종목이 다양하고 거래조건이 표준화되어 있지 않아 거래소시장의 자동매매시스템을 이용할 수 없기 때문이다. 또한, 장외시장의 매매시간은 제한이 없으나 보통 은행의 영업시간 범위 내이며, 거래단위는 관행적으로 100억 원이다.

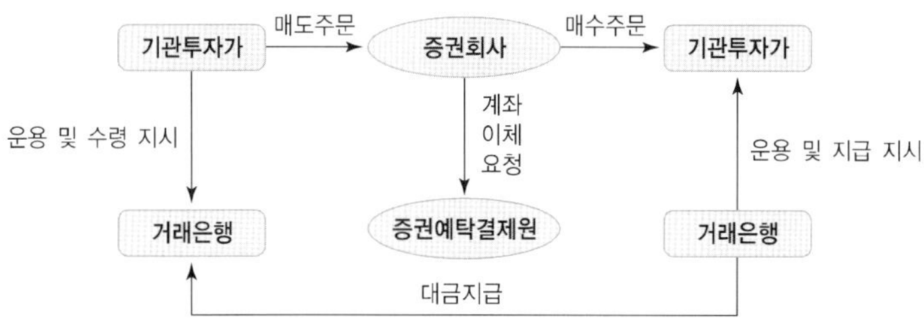

• 채권 유통구조(기관투자간) •

출처 : 방영민(2006), p.55

표 7-5 채권 장내거래와 장외거래

구 분	장내거래	장외거래
대상채권	상장채권	상장, 비상장 채권
거래장소	한국거래소	금융투자회사(증권사) 영업점
거래방법	경쟁매매	상대매매
거래시간	09 : 00~15 : 00	금융투자회사 영업시간 내
호가단위	수익률로 호가	매매단위로 호가
매매단위	액면 10만 원 단위 정배수	액면 1,000원 단위
결제방법	당일 및 보통 결제	당일 결제
위탁수수료	0.3% 이내 자율	없음

출처 : 차명준·정무권(2009), p.154

참고 7-2

Reference

채권과 주식의 동조화

채권은 주식과 함께 유가증권의 대종을 이루고 있으며 간접금융이 아닌 직접적인 자금조달이라는 점과 자본의 증권화라는 점에서 공통점을 갖고 있으나 다음과 같은 차이점이 있다. 첫째, 주식은 상법상의 주식회사만이 발행할 수 있으나 채권은 정부, 지방자치단체, 특수법인 및 주식회사 등이 발행할 수 있으므로 그 범위가 다양하고 또한 발행자의 공신력도 상대적으로 높다. 둘째, 자본조달방법에 있어서 주식은 자기자본인 반면 채권은 타인자본의 조달이므로 주식에 의한 자본조달은 대차대조표의 자본항목인 반면, 채권은 부채항목에 표시된다. 셋째, 증권소유자의 위치에서 볼 때 주식은 주주로서의 권리를 나타내는 반면, 채권은 채권자로서의 권리를 나타낸다. 넷째, 소유로부터 발생하는 권리의 측면에서 볼 때 주식을 소유하고 있는 주주는 회사의 경영성과에 따라 지급받는 배당금이 변동되지만 채권의 소유자는 회사사정에 관계없이 확정된 원금과 이자를 받는다. 다섯째, 유동성 면에서 주식은 채권보다 높으나 위험성 면에서는 채권이 훨씬 안전하다. 해당기업이 도산할 경우 주식은 잔여재산에 대한 분배청구권을 갖고 있으나 현실적으로 권리행사가 어렵고 주식시장에서의 거래가 끊어져 시장가치도 사실상 소멸된다. 반면, 채권은 시장가격 변동 폭이 작아 시장 위험도 주식보다 적다. 여섯째, 주식은 발행회사와 존속을 같이 하는 영구증권인 반면, 채권은 영구채권을 제외하면 원리금의 상환기간을 발행자가 시장상황에 따라 조절할 수 있는 기한부증권이다. 그러나 주식과 채권의 궁극적인 차이점은 인플레이션 시기에 드러난다. 채권이자와 상환금액은 고정되어 있기 때문에 인플레이션 시기에는 그 가치가 줄어든다. 주식 역시 인플레이션으로 인한 손실을 피할 수는 없지만 기업은 판매상품이나 서비스의 가격을 올릴 수 있으므로 순이익, 즉 주식의 가치는 인플레이션과 함께 어느 정도 올라가게 된다. 이상 채권과 주식을 상호비교하면 표 7-6과 같다.

표 7-6 채권과 주식의 상호 비교

구 분	채 권	주 식
자금조달방법	타인자본 조달(부채증가)	자기자본 조달(자본증가)
증권소유자의 법적 지위	채권자로서의 지위	주주로서의 지위
납입 방법	분할납입 가능	전액납입
액면미달 발행	가능	원칙적으로 금지
증권소유에 대한 반대급부	경영성과와 무관한 확정 이자수입	경영성과에 따라 배당금 수령
증권소유에 따른 권리	원리금상환 청구권	이익배당청구권, 경영참가권, 신주인수권, 잔여재산분배청구권
존속기간 및 출자자금의 회수	• 영구증권을 제외하고는 원리금 상환기간이 정해진 기한부증권 • 회사 해산 시 주주에 우선하여 변제받을 권리	• 발행회사와 존속을 같이하는 영구증권 • 회사 해산 시 일반채권자보다 후순위로 잔여재산 배분
주금 납입에 대한 상계	상계로서 회사에 대항 가능	상계로서 회사에 대항 못함

출처 : 차명준·정무권(2009), p.125

(계속)

최근 주식소유와 회사경영 간의 분리가 정착되고, 기업이익의 과소에 관계없이 주주 배당의 평준화가 지속되는가 하면, 후순위채권 등 중장기 회사채의 준 자본화 현상이 활성화됨에 따라 채권과 주식의 차이는 점점 없어지고 있다. 특히 배당을 보장받는 무의결권 우선주, 비참가적 우선주, 또한 전환사채나 신주인수권부사채 등과 같이 사채와 주식의 중간형태가 갈수록 대중화되고 있는 추세이다.

한편, 주식과 채권을 병행하는 투자 포트폴리오가 보편적인데, 만약 주식과 채권 중에 어느 것을 선택할까 하는 문제가 발생한다면 다음과 같은 방법도 좋은 대안이 될 수 있다. 대체로 주가와 금리가 동일한 방향으로 움직일 때, '주식과 채권 중 어느 상품에 투자하는 것이 유리한가?'를 판단하기 위한 지표로 Yield Gap이 있는데, 이는 다음과 같이 정의된다.

$$\text{Yield Gap} = \text{채권수익률} - \frac{1}{\text{PER}}$$

위 식에서 Yield Gap이 0보다 크면 주식보다 채권에 투자하는 것이 유리하다. 반대로 Yield Gap이 0보다 작으면 채권보다 주식에 투자하는 것이 유리하다. PER(price earning ratio)의 역수는 주식을 매수했을 때 투자자가 이론적으로 얻을 수 있는 이익의 정도를 나타낸다.

PER는 주가수익률이라고 불리는데, 주식의 1주당 시장가격인 주가와 1주당 순이익의 비율을 말한다. 이 비율이 높으면 회사의 이익에 비해 주가가 상대적으로 높다(고평가)는 의미이며, 비율이 낮으면 주가가 이익에 비해 낮다(저평가)는 의미이다. PER를 달리 표현하면 시가총액을 당기순이익으로 나눈 수치이다. 즉, 해당기업을 현재 주가수준에서 인수한다면 매년 당기순이익만으로 투자원금을 회수하는 기간을 뜻한다. 예를 들어 PER가 4이면 4년치 당기순이익만으로 투자원금을 회수할 수 있다는 의미이다. 달리 표현하면 매년 25%(1/4×100)의 투자수익률을 기대할 수 있다는 의미이다. 그러므로 대부분의 투자자들은 시중금리와 비교해서 상대적으로 PER값이 낮은 주식을 선호한다.

Chapter 08

외환리스크

1. 외환의 특성

1) 외환의 정의

근래 주변에서 외국에 송금하는 경우가 자주 있다 보니, 외환이나 환율은 이제 일상적인 용어가 되었다. 외화송금은 일단 은행에 가서 원화를 지불하고 그에 상당하는 외국통화로 교환하여 송금하는 것이 기본적인 절차이다. 흔히 외국으로 상품대금이나 학비 등을 송금할 때 사용되는 수단을 외환(foreign exchange)이라고 한다. 한편, 환(換, exchange)이란 서로 멀리 떨어진 곳에 있는 사람들끼리 현금을 보내는 불편과 위험을 피하기 위하여 제3자인 금융기관(주로 은행)을 이용하여 지급위탁 방식으로 결제하는 수단을 말하는데, 크게 내국환과 외국환으로 구분된다. 국내에 있는 사람들 간의 거래를 결제하기 위한 환을 내국환이라 하며, 서로 다른 국가에 있는 사람들이 국제거래의 결제를 위해 사용하는 환을 외국환 또는 외환(foreign exchange)이라고 한다.

외환에는 또 다른 측면이 있다. 세계 여러 나라에는 서로 다른 통화가 유통되고 있는데, 이와 같이 서로 다른 통화를 교환하는 것을 외환이라고도 부른다. 통화를 교환한다는 것은 상품을 사고팔 때와 마찬가지로 자국표시통화(예를 들면 원화)를 지불하고 외화표시채권(예를 들면 달러화)을 사는 것을 의미한다. 물론 이와 반대로 자국표시통화로 수취하고 외화표시채권을 파는 경우도 있다. 이종통화 간의 교환비율이 양국 간의 외환시세, 즉 환율이다.

일상생활에서 '환율이 오른다' 또는 '상승한다' 고 하는 것은 자국통화로 표시한 외국통화의 가격이 상승하는 것을 의미한다. 예를 들어 1달러에 1,200원이던 환율이 1,300원이 되었다고 하면 환율이 올랐다고 하는데, 이 경우 원화는 가치가 하락한 것(depreciating)이며, 달러화는 가치가 상승한 것(appreciating)이 된다. 반대로 1달러당 1,200원이던 환율이 1,100원으로 떨어진다는 것은 원화가치가 상승한다는 것을 의미하며, 달러화는 그 가치가 하락한 것이다. 이를 정리하면 다음과 같다.

- 환율상승 : 자국통화로 표시한 외국통화의 가치상승
  (예를 들어, 달러화 강세=원화 약세=평가 절하)
- 환율하락 : 자국통화로 표시한 외국통화의 가치하락
  (예를 들어, 달러화 약세=원화 강세=평가 절상)

무엇보다 환율의 중요성은 두 나라 간의 물건 값을 비교할 수 있다는 점에 있다. 따라서 환율변동에 따라 두 나라의 희비가 교차된다. 물건을 제조하여 해외로 수출하는 수출업체는 자국의 환율이 하락하는 경우 수출품 판매대가로 받은 금액을 자국통화로 환전 시 손해를 보게 된다. 즉 환율하락 위험에 노출된다. 수입업체는 반대로 환율상승 위험에 노출된다. 한편, 외화자산을 보유한 기업은 환율이 하락하는 경우 해당 외화자산의 가치는 증가하나 이를 원화로 환산한 자산의 가치는 감소함에 따라 평가손실이 발생한다. 반면, 외화부채의 경우 그 반대로 원화로 환산한 부채가치가 하락하므로 평가이익이 발생한다.

아직까지 우리나라의 외환시장 규모는 협소하기 때문에 환율변동에 상당히 민감한 편이다. 그러므로 정책 당국은 환율이 경제 근간이나 시장참가자들에게 과도한 영향을 미치는지에 항상 관심을 갖고 있다. 외환 당국의 대표적인 환율정책 수단은 필요시 시장에 직접 개입하여 외환보유액을 적절히 운용하는 것이다. 1997년 IMF 외환위기 시에도 외환 당국의 시장개입이 있었지만 그 역할은 미미하였다. 외환보유액이 많지 않았기 때문이었다. 이의 개입형태는 다음과 같다. 만약 해외로부터 국내로 대규모의 자본이 유입된다고 가정해 보자. 이 경우 국내 외환시장에는 원화가 상대적으로 부족하게 되므로 원-달러 환율은 하락압력을 받는다. 이때 중앙은행은 환율의 급격한 하락을 방지하기 위해 외환시장에서 원화를 대가로 미 달러화를 매입한다. 그리하여 미 달러화의 초과공급이 줄어들게 되고 원화의 절상속도를 조절할 수 있게 된다. 만약 반대의 상황이라면 외환 당국은 원화를 대가로 미 달러화를 매각하게 된다. 그런데 중앙은행이 이렇게 외환시장에 개입하면 외환 매매에 따른 반대급부로 인해 국내통화량에 영향을 미친다. 그러므로 중앙은행은 필요시 공개시장조작 등을 통하여 통화량을 흡수하고 있다. 이처럼 과잉통화량의 영향을 중화시키는 개입을 불태화개입(sterilized intervention)이라 하며, 중화하지 않는 경우를 태화개입(non-sterilized intervention)이라 한다. 대체로 우리나라를 비롯한 세계 각국은 불태화개입정책을 취하고 있다. 예컨대 한국은행은 외환시장 개입에 따른 통화량 증감을 상쇄시키기 위한 가장 보편적인 공개시장정책으로 국공채를 매각하거나 통화안정증권을 발행하는 조치를 취한다.

2) 환율변동 요인

환율변동에 영향을 미치는 요인은 크게 경제적 요인과 심리적 요인으로 구분하는데, 경제적 요인으로 물가, 경제성장률, 수출입, 통화량, 금리동향 등을 들 수 있다. 첫번째, 물가이다. 흔히 인플레이션의 측정척도인 도매물가 및 소비자물가 상승률은 그 나라의 통화 당국이 금융정책을 결정하는데 중요한 요인으로 작용한다. 예를 들면 한국의 도매물가 및 소비자물가의 상승률이 높아 인플레이션 우려가 강하면, 통화 당국은 긴축기조의 금융정책을 취하게 된다. 그러면 한국 금리는 올라가는 추세이므로 원화는 강세가 될 것으로 예상할 수 있다. 반대로 한국의 물가상승률이 낮아 인플레이션 우려가 없으면 통화 당국은 금융완화 정책을 취하여 경기를 촉진시킬 수 있다. 그러면 금리는 내려가고 원화가치는 하락할 것으로 예상할 수 있다. 한편, 환율결정 이론의 하나인 구매력 평가설[1]에 의하면 각국의 물가상승률은 장기적으로 환율을 결정하는 요인이다. 자국의 물가상승률이 타국에 비하여 상대적으로 상승추세에 있을 때 국내 상품에 대한 수요가 감소하고 외국 상품에 대한 수요가 증가하여 자국의 수출경쟁력은 약화되는 반면, 수입수요는 증대되어 경상수지의 악화를 유발시킨다. 이로 인하여 자국통화의 가치는 하락하게 된다. 이처럼 각국의 통화가치는 물가상승률에 반비례하는 경향이 있다.

Footnote

1) 이는 일물일가의 법칙, 즉 어떤 제품의 한 나라에서의 가격은 다른 나라에서의 가격에 운반비를 더한 가격과 일치한다는 법칙에서 유도할 수 있으며, 환율의 변화율이 양국의 물가수준 변화율의 차이로 결정된다는 이론이다. 동 이론은 절대적 평가설과 상대적 평가설로 나뉜다.

두 번째, 경제성장률이다. 경제성장에 따른 환율변동은 지출변동과 경상수지 조정을 통하여 나타나는데 이는 장기적인 환율변동요인이 된다. 자국 경제가 높은 성장을 하면 자국 금리는 상승할 것으로 예상되며, 또한 자국경제의 건전성에 대한 신뢰도가 높아짐으로써 외환시장에서는 자국통화에 대한 수요가 증대되는데, 이때 자국통화의 가치가 상승한다. 국내총생산(GDP ; gross domestic product)은 한 국가의 경제성장률을 나타내는 대표적인 지표로 외환시장에서 주목받고 있는 경제통계이다. 일반적으로 GDP통계가 전월 또는 전년보다 상승한다는 것은 그 국가에서의 투자효율이 좋다는 의미이므로 해외자본이 유입되기 쉽다.

세 번째, 수출입이다. 외환시장의 관심은 무역수지 통계이다. 예를 들면 무역수지가 흑자이면 원화강세, 적자이면 원화약세 경향이 나타난다. 수출은 대가로 받은 달러를 팔아 원화로 바꿈으로써 원고(강세)요인이 되며, 수입은 반대로 그 대가로 지불할 달러를 원화를 팔아서 조달하게 되므로 원저(약세)요인이 된다.

네 번째, 통화량이다. 통화량의 변동이 환율에 미치는 영향은 두 가지 상반된 결과를 초래할 수 있다, 하나는, 물가안정을 우선시하는 긴축정책에서 통화량이 증가할 경우, 장기자금보다는 단기자금으로 통화가 몰리면서 단기금리가 상승하게 되는데, 이는 해당 통화의 강세로 전환될 수 있다. 반대의 경우는 성장 위주의 정책에서 나타나는 현상으로 통화량 증가는 물가상승을 초래할 것으로 우려되어 해당 통화는 약세를 보일 수도 있다.

다섯 번째, 국내외 금리동향이다. 금리는 단기적인 환율변동 요인으로 가장 중요하다. 한 국가의 금리상승은 타국의 자금이 몰리게 하고, 이로 인해 자국의 자금수요를 증가시켜 단기적으로 해당 통화의 강세요인이 된다. 각국의 상대적 금리 수준의 변동은 다른 조건이 일정할 때 자산시장을 통하여 환율변동의 주요 요인이 된다. 자국의 금리가 상승한다는 것은 자국 통화표시 금융자산의 수익률이 상대적으로 높아졌음을 의미한다. 이 경우 투자자는 자국 통화표시 금융자산 투자증대를 위하여 자국통화의 매입수요를 증대시킴으로써 자국통화는 강세를 나타내게 된다. 양국 간의 금리 차이가 확대되면 자금은 보다 높은 금리를 찾아 고금리 나라로 흘러가기 때문에 고금리 나라의 통화는 수요가 늘어 그 가치가 올라간다. 반대로 저금리 나라의 통화는 팔려는 공급이 늘어나면서 값이 떨어진다.

이상과 같이 환율에 영향을 미치는 실체적인 요인 외에도 심리적인 요인이 갈수록 부각되고 있다. 일반적으로 외환시장 참가자들의 심리는 민감하다. 국제정치의 급변이나 석유 등의 에너지 문제 따위가 발생하면 그 움직임은 환율에 즉각적으로 반영된다. 또한, 환율의 전망이 불투명하여 불확실한 상태에 있을 때, 통화 당국자나 외환시장의 유력한 오피니언 리더(opinion leader)의 발언이 환율을 움직이기도 한다. 정세가 불안할 때는 해당국의 통화를 기피하여 다른 안정된 통화로 투자대상을 바꾸려는 투자자들 때문에 해당 통화는 약세를 보이고 기축통화인 달러가 강세를 나타낸다. 대표적으로 전쟁 등의 비상사태가 발생하면 미국 달러로의 자금이동이 일어나고 달러 강세 현상이 나타난다. 이는 사람들이 자신들의 자산을 지키기 위하여 세계에서 가장 안전하다고 생각하는 국가로 자산을 옮겨 가기 때문이다. 과거 중동전쟁, 걸프전쟁, 이라크전쟁 시에 이런 현상이 두드러졌다. 그러나 2008년 미국 서브프라임 사태가 발생한 이후부터 미국 달러화를 매입하려는 외환시장의 움직임도 점차 줄어들고 있다. 이것은 기축통화로서의 미국의 위상이 그전 같지 않다는 반증이기도 하다.

3) 환율변동의 영향

대외의존도가 높은 우리나라의 경제구조상 환율변동은 개별기업의 수익과 경영성과에 큰 영향을 미친다. 우리나라의 원-달러 환율은 1997년 말 외환위기 때 도입된 자유변동환율제도 시행 이후 변동성이 크게 확대되었다. 특히 미국발 금융위기가 확산되었던 2008년 10월 원-달러 환율변동은 일평균 기준 65.8원이나 되었다. 급격한 환율변동은 기업들의 경영활동 차질은 물론 막대한 사회적비용을 유발시킨다.

자국통화표시법을 사용하는 우리나라의 경우 미국 달러당 원화환율의 숫자가 커지는 경우에 원화환율이 상승하였다고 한다. 원화환율의 상승, 즉 원화가치 하락의 긍정적인 효과는 수출증가를 들 수 있으며, 부정적인 효과는 수입물가의 상승에 따른 인플레이션의 초래와 외채의 원리금 증대 등이 있다. 이와는 반대로 환율을 인하시켜 원화가치가 오르게 되면 채산성 유지를 위하여 달러화로 표시한 수출상품의 가격을 올리게 되므로 외국으로부터의 수출주문량이 줄어들게 된다. 수출업자가 경쟁력 유지를 위하여 원가절감 등을 통해 수출가격을 올리지 않는다 하더라도 원화가치의 상승폭이 원가절감 효과보다 클 경우에는 수출기업의 채산성은 악화되어 수출이 줄어든다. 수출이 줄어들면 경제성장은 둔화되고, 이에 따라 실업자가 늘어나고 고용환경이 어렵게 된다. 그러나 환율인하분만큼 수입상품의 가격은 싸지게 되므로 수입상품의 소비가 늘게 되어 수입은 증가하게 된다. 외국으로부터 원료를 수입하여

표 8-1 환율변동의 파급효과

구 분	원화가치 상승	원화가치 하락
수 출	수출채산성 악화로 수출 감소	수출채산성 호전으로 수출 증가
수 입	수입상품 가격하락으로 수입 증가	수입상품 가격상승으로 수입 감소
국내 물가	수입원자재 가격하락으로 물가 안정	수입원자재 가격상승으로 물가 상승
외자도입기업	원금상환 부담 경감	원금상환 부담 증가

생산하는 상품의 제조원가도 하락하게 되므로 국내물가가 내려간다. 이밖에 우리나라는 경제개발계획을 추진하는 과정에서 막대한 자본을 외국으로부터 빌려 왔기 때문에 외국 빚을 많이 지고 있는데, 환율이 내리면 그만큼 외채의 원금상환 부담이 줄어들고 이것은 결국 원가를 절감시켜 싼 가격의 물건을 만들 수 있게 한다.

또한, 환율변동은 외화자산과 외화부채로부터 발생하는 외화환산손익에도 영향을 미친다. 외화부채가 외화자산보다 많은 기업은 원화환율 상승 시 외화환산손실이 발생하고 이는 경상이익을 악화시킨다. 반대로 환율이 하락하면 외화환산이익이 발생하여 경상이익이 늘어난다. 이상 환율변동의 파급효과를 표 8-1에 정리하였다.

한편, 우리나라를 포함한 개발도상국의 환율폭등에 관한 직접적인 원인은 주로 다음과 같다. 첫째, 외국인의 주식매도 영향이다. 본국의 유동성 부족과 신용경색에 따른 환매에 대응하기 위해 기축통화인 달러를 본국에 송금함으로써 환율이 급등하는 경우이다. 둘째, 계절적 요인에 속하는 분기 배당금 송금 등으로 달러 수요가 급증하면 갑작스런 수급 불균형으로 환율이 상승한다. 셋째, 정부정책에 선행하는 환투기 세력의 공격 등이다.

2. 외환리스크 측정

1) 의의

외환리스크는 개인이나 기업이 외화표시 자산이나 부채를 보유하고 있는 상황에서 환율변동으로 인해 원화로 환산한 자산의 가치가 감소하거나 갚아야 할 부채의 가치가 증가하게 됨으로써 예상되는 손실을 말하며, 환율리스크라고도 한다.

표 8-2 외화자산 및 외화부채를 보유한 경우의 환차손익

구 분	환율 상승(원화가치 하락)	환율 하락(원화가치 상승)
달러 자산 보유 시	원화로 환산한 자산의 가치가 증가함에 따라 이익 발생	원화로 환산한 자산의 가치가 감소함에 따라 손실 발생
달러 부채 보유 시	원화로 환산한 부채의 금액이 증가함에 따라 손실 발생	원화로 환산한 부채의 금액이 감소함에 따라 이익 발생

예를 들어 달러화에 대한 원화가치가 상승(평가절상, 원-달러 환율 하락)할 경우 달러화표시 자산을 보유하고 있는 기업은 원화로 환산한 자산의 가치가 감소하게 되어 손실을 입게 된다. 물론 그 반대인 경우에는 이익이 발생한다. 이를 정리하면 표 8-2와 같다.

한편, 환리스크에 노출된 경우, 이를 피하기 위하여 외화자산 또는 외화부채의 포지션에 대하여 반대포지션을 취함으로써 리스크를 헤지하는데, 환리스크는 주로 다음과 같이 구분된다.

(1) 환산리스크(translation F/X risk)

예를 들어, 보유한 외화표시자산이 10만 달러로, 취득시점에는 환율이 1,000원이었는데 현재는 900원으로 하락한 경우 외화환산손실이 1억 원 발생한 경우이다.

(2) 거래 환리스크(transaction F/X risk)

예를 들어, 외국 바이어와 3개월 후 10만 달러 물품을 선적하기로 계약한 경우, 계약 당시는 1,000원이었는데 선적한 당시에는 900원으로 하락하여 1억 원의 거래손실이 발생한 경우이다.

(3) 영업 환리스크(operating F/X risk)

이는 주로 제조기업에서 많이 발생하는데, 예를 들어 생산원가가 1,000원인 물품을 1달러에 수출하는 기업의 경우 환율이 1,100원일 때는 제품 1개를 수출할 때마다 100원의 이익을 볼 수 있으나, 환율이 900원으로 하락할 경우에는 개당 100원의 손실을 보게 된다. 이때 손실을 피하기 위해 수출가격을 1달러 20센트로 올릴 경우 가격경쟁력 약화로 수출물량이 감소하면서 매출액 및 이익이 감소하게 된다.

2) 외환리스크 측정

외환리스크는 외환포지션의 크기(익스포저), 보유기간, 환율변동성의 3대 요인에 의해 결정된다. 만약 보유기간이 1일이면 외환리스크 산출은 다음과 같다.

R＝외환포지션(E)×환율변동성(σ)

만약 보유기간이 1일 이상이면 다음과 같이 해당영업일의 제곱근을 곱하면 된다.

R＝외환포지션(E)×환율변동성(σ)× $\sqrt{영업일}$

먼저, 현물환포지션의 외환리스크를 계산해 보자. 이 경우 외환포지션, 즉 익스포저는 통화별로 구분한다. 그리고 각 통화별 포지션은 환율변동에 따른 재산가치의 변화방향에 따라 매입초과포지션, 매도초과포지션, 균형포지션으로 구분된다. 매입초과포지션은 외화자산이 외화부채보다 많은 경우이다. 매도초과는 그 반대이며, 균형포지션은 자산과 부채가 동일하다. 따라서, 매입초과포지션은 해당 통화의 가치가 하락하는 경우 환차손이 발생하며, 매도초과포지션은 해당 통화의 가치가 상승하는 경우 환차손이 발생하고, 균형포지션은 해당 통화의 가치가 변동해도 재산가치가 변하지 않는다. 따라서, 균형포지션 상태를 환율변동에 따라 무차별적으로 리스크에 노출되지 않는 리스크 중립(risk neutral)이라고 한다.

예를 들어 외화자산 100만 달러, 외화부채 70만 달러를 보유한 경우를 살펴보자. 이는 30만 달러의 매입초과포지션 상태이다. 만약 원-달러 환율 일별 변동성(표준편차)이 0.560%라 하면 외환리스크는 1,680달러가 된다.

R＝30만 달러×0.560%＝1,680달러

이는 환율이 불리하게, 즉 환율이 하락함으로써 하루 동안에 1,680달러를 손해볼 수 있다는 의미이다. 만약 반대로 환율이 상승하게 되면 최대 1,680달러의 이익이 발생할 수도 있다는 의미이다. 이것은 넓은 의미의 리스크이며, 주로 이익보다는 손실에 초점을 맞추어 리스크를 논하는 것이 대세이다. 이익은 굳이 리스크 차원에서 관리할 필요가 없기 때문이다.

이제는 통화선물에 대한 리스크를 계산해 보자. 리스크를 계산하는 기본개념은 앞의 현물환포지션과 동일하다. 중요한 것은 외환포지션(익스포저), 즉 리스크에 노출된 금액을 산출하는 것이다. 만약 원-달러 선물 9월물을 990에 1계약 매수하였다면, 원-달러 선물가격이 1 상승할 때 1×1계약×50,000원의 평가이익, 선물가격이 2 하락할 경우에는 −2×1계약×50,000원의 평가손실이 발생한다. 앞의 예가 선물매수포지션으로, 이 경우에는 특정 미래시점에 환포지션을 미리 정해진 가격에 사는 거래이므로 환율움직임이 정(+)의 관계로 나타난다. 즉, 환율상승 시 이익이 되는 포지션이다. 따라서, 선물의 현재가치에 상당하는 금액이 양(+)의 익스포저로 구성된다. 만약 매도포지션인 경우에는 그 반대로 환율하락 시 이익이 되는 구조로 선물의 현재가치에 상당하는 금액이 음(-)의 익스포저로 구성된다.

외환스왑도 마찬가지로 익스포저 산출이 중요하다. 외환스왑은 현물환과 선물환 또는 만기가 짧은 선물환과 긴 선물환을 동시에 반대방향으로 매입 또는 매도하는 거래이다. 예를 들어 보자. 원-달러 현물환율 1,000원, 계약환율 990원을 조건으로 미화 10백만 달러에 대해 거래일에 매입하고, 만기일에 매도하는 외환스왑을 체결했다고 하면 현금흐름은 거래일과 만기일로 구분해서 발생된다. 거래일의 경우 원화 100억 원을 매도하고, 대신 미화 10백만 달러를 매입한다. 만기일에는 반대로 원화를 99억 원에 매입하고 미화 10백만 달러를 매도한다. 이 경우의 익스포저는 거래일과 만기일로 구분하여 분리할 수 있으며 각 외환거래는 현물환거래 또는 통화선물거래와 동일한 익스포저를 갖기 때문에 앞의 방법대로 외환스왑거래에 따른 리스크를 계산하면 된다.

참고 8-1

선물환거래[2)]

일반적으로 외환거래는 외환의 인수도 간에 소요되는 시간이 은행영업일 기준 2영업일 정도가 소요되기 때문에 2영업일 이내에 끝나는 거래와 그 이상 걸리는 거래로 구분한다. 2영업일은 한국의 오늘이 미국의 어제가 되는 등 국제 간의 거래는 하루 정도의 시차가 기본적으로 발생한다는 점, 업무처리를 위하여 추가로 하루 정도가 더 소요된다는 점을 감안하여 국제 간의 외환거래 기준일로 정착된 것이다. 외환거래에서 2영업일 이내 거래를 현물환거래(spot transactions)라고 하며, 그 이상인 거래를 선물환(선도환)거래(forward transactions)라고 한다.

선물환거래는 외환매매계약 체결일로부터 영업일이 2일 경과한 후 특정일에 외환을 수도결제하기로 약정한 거래이다. 따라서, 장래에 이행될 통화 간의 환율을 미리 약정하고 약정된 결제일에 당초 약정된 환율로 외환의 매매가 이루어진다. 선물환거래의 주요 특징은 장래에 이루어질 두 통화의 교환비율을 계약일에 미리 결정해 둔다는 점이며, 이때 적용되는 환율을 선물환율(forward rate)이라고 한다. 선물환거래는 장래의 상품시세 변동에 따른 손실을 예방하기 위해 도입된 상품선도거래의 방식이 외환거래에까지 확대된 것으로서 1920년대부터 활발하게 이용되어 왔다.

선물환거래를 이용하는 목적은 다음과 같다.

첫째, 선물환거래는 외환거래 당사자 간에 장래의 외환결제에 적용할 환율을 거래시점에서 미리 약정함으로써, 계약일로부터 결제일 사이의 환율변동에 따른 환위험을 회피할 수 있다. 예를 들어 국내 기업이 미국으로부터 수입계약을 체결한 후 실제 수입대금은 3개월 후에 지급하기로 하였을 때 원-달러 환율이 상승하면 국내 기업은 손실을 입게 된다. 이 경우 국내 기업이 수입계약을 체결할 때 3개월 선물환으로 미국 달러를 매입하는 계약을 맺었다면 현물환율의 변동과 관계없이 선물환율로 달러를 매입하여 수입대금을 결제하면 되므로 환율변동 위험을 피할 수가 있다. 그러나 3개월 후의 현물환율이 하락하게 되면 선물환계약을 맺은 국내기업은 오히려 손실을 입게 된다. 이처럼 선물환거래는 장래 결제일에 적용할 환율을 수입계약 체결일에 확정시킴으로써 환율변동에 따른 위험을 회피할 수 있으나 반대로 환율이 유리하게 변동할 경우에는 기회이익을 상실하는 단점도 발생한다.

둘째, 선물환거래는 외환차익을 위한 투기수단으로도 이용된다. 예를 들어 3개월 미국 달러 선물환율이 1,300원일 때 어느 투기자가 3개월 후 현물환율이 1,400원으로 상승할 것으로 예상하고 3개월 선물환을 매입한다고 하자. 이 경우 예측이 적중되면 3개월 후에 달러당 1,300원에 달러를 사서 1,400원에 팔 수 있으므로 달러당 100원의 이익을 얻을 수 있다. 그러나 예측이 빗나가면 이 투기자는 손실을 입게 된다. 이처럼 투기목적의 선물환거래는 환율예측이 투기자의 예상대로 실현될 경우에는 자기자금의 부담 없이 일정 기간 후에 환차익을 얻을 수 있으나, 환율 예측이 반대방향으로 나타날 경우에는 손실을 보게 된다.

(계속)

Footnote

2) 성용모(2009), 『글로벌 경제시대의 외환관리론』, pp. 85~86 인용·정리

셋째, 선물환거래는 현물환포지션에서 필요한 즉각적인 자금결제 부담 없이도 환포지션을 조정할 수 있을 뿐 아니라, 스왑거래의 일부분으로 선물환거래를 활용하면 일시적인 자금의 과부족을 해결할 수 있다. 예를 들어 A사가 현재 보유하고 있는 미국 달러화의 자금은 부족하나 영국 파운드화의 자금에는 여유가 있다고 하자. 영국 파운드화가 가까운 장래에 가치가 상승할 것으로 예상할 경우에 A사의 자금담당자는 현물환시장에서 파운드화를 팔아서 달러화를 매입하여 필요한 달러자금을 확보하고, 동시에 파운드화의 자금소요일에 맞추어 달러 매도 및 파운드화 매입의 선물환거래 계약을 맺음으로써 당초의 파운드화 자금을 환위험 부담 없이 다시 확보할 수가 있다.

이론적으로 선물환율은 금리평가이론[3](interest rate parity theorem)에 따라 양 국가의 금리 차와 현물환율에 의해 결정된다. 예를 들어 현재 원화와 달러 간의 현물환율은 1,100원, 미국의 3개월 국채금리는 연 2.3%, 한국 3개월 국채금리는 연 4.5%라고 할 때 3개월물 선물환율은 다음과 같이 계산된다.

$$\text{3개월 선물환율} = 1,100 \times \frac{(1+4.5\% \times 90/365)}{(1+2.3\% \times 90/360)} = 1,106$$[4]

이때 선물환율이 현물환율보다 높으면 선물환 프리미엄(forward premium)이 있다고 하고, 그 반대이면 선물환 디스카운트(forward discount)가 있다고 한다. 만약 현물환율과 선물환율이 같은 수준이라면 시장은 미래의 환율이 지금처럼 별다른 변화가 없을 것이라고 예측한다는 의미이다. 통상 특별한 조건이 없다면 선물환율이 현물환율보다 높게 결정되는데, 이는 대상통화의 가치가 미래에 더 올라갈 것이라고 예측하고 있다는 것이다.

Footnote

3) 선물환 결제시점까지는 일정 기간이 남아 있으므로 고금리통화는 저금리 통화에 비하여 상대적으로 높은 이자수익을 실현하게 된다. 따라서 이러한 금리 차이를 선물환율에 반영하여 현물환거래와 실질적으로 동일한 조건의 교환을 이루기 위해서는 고금리통화에는 현물환율에 비하여 불리한 교역조건을, 저금리통화에는 유리한 조건을 적용해야 한다는 이론이다.

4) 통상 원리금 계산 시 한국은 365일 기준이고, 미국의 경우는 360일 기준으로 적용된다.

Chapter 09

금리리스크

1. 금리리스크의 특성

금리리스크의 가장 큰 특징은 대차대조표상 자산과 부채 양쪽 모두에서 발생한다는 점이다. 대부분의 리스크는 대차대조표의 자산 파트에서 발생한다. 그러므로 보유자산의 가치가 미래 불확실성에 노출되어 손실이 발생할 가능성을 예측하고 관리하는데 주력한다. 이런 자산을 시장성 자산 또는 트레이딩(trading) 자산이라 하며, 회계장부에 즉시 이익이나 손실이 반영되므로 시가평가성 자산이라고도 한다. 시장성자산은 해당 자산의 익스포저와 리스크를 유발시키는 변동요인, 즉 주가, 금리, 환율 등의 변동성을 곱하면 간단히 리스크를 측정할 수 있기 때문에 상대적으로 계량화하기가 쉽다. 그러나 금리리스크는 자산과 부채 양쪽에서 노출되므로 다른 리스크에 비하여 계량화하기가 쉽지 않다. 만약 조달한 자금을 금리부 자산 대신 시장성 자산인 트레이딩 계정에 전액 배정하여 운용하면 시장리스크에 노출되며 주로 금리변동에 따른 자산의 가격변동리스크를 관리하게 된다. 일반적으로 자금을 조달하면 포트폴리오상 일정부분은 예금 또는 유가증권에 투자하고, 나머지는 대출이나 부동산을, 그리고 비상자금으로 일부 현금을 보유한다. 따라서, 자금조달에 따른 운용자산을 어디에 배정하느냐에 따라 리스크 노출 영역이 달라진다.

금융세상에서 자금을 빌리고 그 자금을 운용하는 행태는 필수불가결하다. 따라서 자산과 부채를 통하여 발생하는 금리리스크는 이미 오래 전부터 관리해 왔다. 단지 체계적이지 못했을 뿐이다.

한편, 유동성리스크도 당연히 자산과 부채를 통하여 발생한다. 유동성리스크는 자금조달 만기와 자금운용 만기가 달라 유동성에 노출됨으로써 예상되는 손실이다. 금융환경에서 다양하게 노출된 리스크 중 금리리스크와 유동성리스크를 합하여 ALM (Asset Liability Management), 즉 자산부채종합관리라고 하며 금융기관에서 특히 중요시한다. 금융기관은 태생적으로 보유자금을 고객의 입맛에 맞는 사람끼리 연결하는데 그치지 않고 보다 적극적으로 중개한다. 예컨대 자금차입자는 보다 싼 가격에 오랫동안 자금을 사용하고자 한다. 반면 자금대여자는 높은 이자를 원하며, 가능하면 단기로 빌려 주고자 한다. 그래야만 무사히 원금을 받을 수 있기 때문이다. 당연히 양자의 기대 차이로 자금거래가 쉽게 이루어지지 않는다. 이런 경우에 금융기관이 적극적으로 나서서 고객들 간의 요구자금 규모, 필요한 자금조달 비용과 운용수익, 자금조달 기간과 운용기간 등을 조정하여 거래를 성사시킨다. 그 결과 양자가 안고 있는 리스크를 금융기관이 떠안게 되며 그 대가로 수수료를 받는다.

금융기관은 자금중개와 아울러 자산변환의 기능까지 수행함으로써 엄청나게 성장한 반면, 태생적으로 껴안을 수밖에 없는 자산과 부채 간의 미스매치(mismatch), 즉 금리리스크를 철저히 관리하였다. 이것이 체계화되면서 자산부채종합관리시스템(ALM)으로 자리 잡았다. 그들은 자산(대출)으로부터 유입되는 운용수익과 부채(예금)에 기인하여 발생하는 비용 간의 격차를 벌려 이익을 창출하기 위한 노력과 아울러, 그로 인해 불가피하게 발생하는 리스크를 통제해야 하는 상호배타적인 경영을 끊임없이 해왔다. 이것이 리스크와 수익의 상반관계(risk-return trade off)인 셈이다. 자본주의하에서 수익을 추구하기 위해서는 그에 상응하는 리스크를 감수하는 것은 필연이다.

그림 9-1 개별리스크별 관리영역

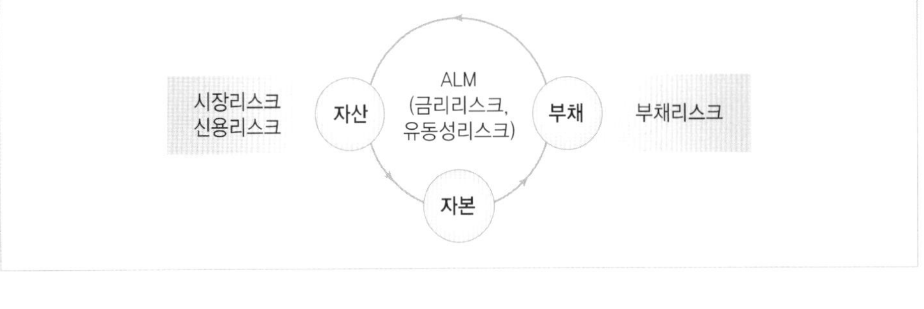

ALM과 리스크별 영역을 대차대조표에 표시하면 그림 9-1과 같다.

2. 금리리스크 종류

1) 재조달리스크(refunding risk)

금리리스크는 향후에 예상치 못한 시장금리 변동으로 인해 개인이나 금융기관 또는 기업들의 자산과 부채가치가 변하여 해당주체의 손실이 발생할 가능성을 말한다. 예를 들면, 부채를 단기로 조달하고 이의 자금을 장기로 대출했을 경우, 단기부채를 상환해야 할 시점이 도래하면 필요한 자금을 재조달해야 한다. 이 경우 재조달 시점의 차입이자(율)가 최초 조달 시점의 이자(율)보다 높으면 그만큼 손실이 발생한다. 이를 재조달리스크(refunding risk)라 한다. 우리나라의 경우 IMF 이전까지만 해도 대부분의 금융기관들이 '단기자금조달-장기운용'의 형태를 취했었다.

우리나라는 1960년대 경제개발계획을 시작으로 주로 수출 위주의 산업 활성화를 통한 경제성장에 주력하였는데, 이를 위해 관련 산업군에는 운영자금을 과감히 지원해 주었다. 이것은 자금수요가 공급보다 항상 넘쳤다는 의미이다. 달리 말하면 자금공급자(주로 자금중개자인 금융기관)는 빌려 오는데 수반되는 차입이자보다 항상 더 높은 이자를 받을 수 있었다는 의미이다. 그러니 누구라도 최대한 단기로 돈을 빌려오고 장기로 운용하고 싶어진다. 그래야만 수익이 더 많이 발생하기 때문이다. 국내보다 해외에서 돈을 빌리는 것이 더 싸다면 굳이 마다할 이유가 없다. IMF 당시 특히 종합금융사의 자금운용 형태가 '단기조달-장기운용' 구조였다. 그러나 IMF가 터지면서 원화환율이 불과 3개월 사이에 900원대에서 거의 2,000원대로 육박하자, 그들은 단기부채를 상환하고 재조달하는 차입비용이 3개월 사이에 2배 이상 오르자 도저히 조달할 수가 없었다. 설령 무리하게 조달할 여건이 되었음에도 외화부족으로 인한 한국의 대외신인도가 상당히 떨어져 거래상대방이 아예 빌려 주지도 않았다. 그들은 이보다 더 높은 차입비용을 부담하면서 근근이 버티다가 결국은 파산하고 말았다. 당시 20여 개의 종금사가 대부분 파산하였다. 그들이 파산한 이유는 전적으로 재조달 리스크에 노출되었기 때문이다. 돌이켜 보건대 이런 리스크를 사전에 예측하고 주기적으로 모니터링하여 그 결과를 경영진에게 제때 보고하고 관리하였더라면 파산이라는 최악의 상황은 미연에 막았을 것이다. 물론 당시 수익지상주의 영업환경에 치중했던 경영진에게는 설령 리스크 관리체계가 있다손치더라도 형식적으로만 운영되었을 것이었다.

2) 재투자리스크(reinvestment risk)

이번에는 반대로 부채를 장기로 조달하고 이 자금을 단기로 투자했을 경우이다. 이런 형태가 자금을 빌리는 입장에서는 유리하다. 우선적으로 자금을 장기간 조달했다는 심리적인 안도감이 작용하기 때문이다. 또한 아무리 부채(타인자본)라 하더라도 일단 내 수중에 들어오면 자금은 엄청난 마력을 발휘해서 마치 내 돈처럼 보인다. 이런 현혹효과로 인해 일부는 자금을 운용하는 과정에서 운용수익 창출보다는 자기만족이라는 효용을 올리는데 자금을 집행하기도 한다. 이는 비용이 아니라 일방적인 손실이다. 회계기준에 '수익-비용대응의 원칙'이 있다. 이는 수익을 창출하기 위해 수반되는 자금은 비용이고, 그렇지 않게 집행된 자금은 손실로 귀속된다는 것이다. 그래서인지 '장기조달-단기운용'의 형태는 대부분 투자수익률이 당초 기대한 것보다 저조하다. 이처럼 향후 시장금리 변동으로 인하여 투자수익률이 기대보다 하락하여 손실이 발생할 수 있는데, 이를 재투자리스크(reinvestment risk)에 노출되었다고 한다. 이는 시장금리의 변동 폭이 크거나 변동주기가 짧아지면서 더욱 노출빈도가 많아진다. 향후에도 시장금리의 패턴은 더욱 복잡하게 될 가능성이 높다. 왜냐하면 금융시장의 글로벌화로 그 영향력이 세계 곳곳에 실시간으로 미치기 때문이다. 또한 저금리 패턴이 지속적으로 확산된다면 재투자 리스크에 항상 노출될 수밖에 없다.

3) 금리개정리스크

통상 시장금리가 상승하거나 하락할 때 자산과 부채에 미치는 민감도, 즉 대응속도가 다르다. 보통 부채보다 자산이 빠르다. 따라서, 시장금리는 해당자산 운용수익률에 바로 영향을 미친다. 대신 부채에 미치는 속도는 더디다. 보통 자산과 부채의 변화속도는 약 6개월 정도 차이가 나는데 이로 인해 스프레드(spread)[1], 즉 이익에 미치는 차이가 일률적이지 않다. 그렇게 되면 자산가치의 변동 폭과 부채가치의 변

Footnote

1) 스프레드는 통상 자금운용 수익에서 자금조달 코스트를 차감한 것을 말한다. 그러나 금융시장에서 그 의미는 다양하게 사용된다. 예를 들면, 파생금융시장에서의 스프레드거래는 3개월물과 6개월물의 두 가격 간의 차이에서 발생하는 수익을 염두에 두고 거래하는 파생금융거래의 하나의 형태이다. 회사채 발행시장의 스프레드는 무위험 채권금리와 회사채 발행금리 간의 차이를 말한다.

동 폭이 다르게 된다. 만약 시중금리가 상승하게 될 경우에는 자금운용자 입장에서는 자산가치가 부채가치보다 더 빠르게 올라 이익이 난다. 반대로 시중금리가 하락하게 되면 반대의 현상이 발생한다. 그러나 이것은 단정 지을 수가 없다. 자산과 부채의 만기나 그 규모에 따라서 이익과 손실이 영향을 받기 때문이다. 이처럼 만기 전에 금리가 변동되면서 자산과 부채의 가치변화에 영향을 주어 손실이 발생하는 리스크를 금리개정리스크라 한다.

4) 기타 리스크

기타 금리리스크로 수익률곡선 리스크, 베이시스(basis) 리스크, 금리부 옵션리스크가 있다. 이들 리스크는 산출과정이 복잡하므로 여기서는 개념만 파악해 본다.

첫 번째, 수익률곡선 리스크이다. 일반적으로 금리를 만기별로 구분해서 나열한 것을 금리기간구조라 한다. 금리기간구조는 채권 분야에서 아주 중요한 개념이며 재무관리 분야에서 금리결정이론의 핵심이다. 그리고 금리파생상품을 다루는 분야에서는 반드시 이해해야 할 영역이다. 금리기간구조는 만기별 수익률곡선이 나타나므로 채권의 가치평가에 필수적으로 사용된다. 만약 수익률곡선이 시간이 경과하면서 당초의 예상을 빗나가게 되면 해당 채권의 기대손실이 발생하게 되는데, 이런 리스크를 수익률곡선 리스크라 한다.

두 번째, 베이시스 리스크이다. 이는 금리민감도의 예측이 어긋나면서 발생한 리스크이다. 금융시장에서는 다양한 형태의 자금조달이 이루어지기 때문에 대표적으로 기준금리를 설정하고 이를 근간으로 차입이자를 계산한다. 자금운용도 마찬가지이다. 따라서 미래 수익을 예측할 때 기준금리를 가지고 이자수입과 지출을 계산하는데 이러한 기준금리와 다른 금리간의 차이, 즉 베이시스가 시간이 경과하면서 어긋나 잘못된 예측을 하게 되면서 부담되는 손실을 말한다.

세 번째, 금리부 옵션리스크는 최근에 그 중요성이 커지고 있다. 근래 중도상환이 가능한 모기지대출이나 중도인출이 가능한 예금상품 등 옵션부 금융상품이 대중적인 인기를 얻고 있다. 옵션부 금융상품의 특징은 미래 현금 흐름의 예측이 어렵다는 것이다. 따라서, 예측과 실제의 오차가 자주 발생하게 되는데, 이로 인한 추가적인 손실을 금리부 옵션리스크라 한다. 대부분의 금융기관들은 이러한 손실을 사전에 방지하고자 고객의 다양한 행동을 모형화하여 중도 상환율이나 중도 인출률을 계산하여 반영하고 있으며 그에 따라 실질적인 현금 흐름을 적용하고 있다.

3. 금리리스크 측정

1) 금리리스크 노출

편의상 당신이 금융회사의 주인이며, 주로 예금과 대출 위주의 자금운용을 한다고 하자. 영업 첫날 예금 1억 원을 맡기려는 고객과 잠시 후 대출 1억 원을 받으려는 고객이 왔다. 대출기간 2년, 대출이자는 연 5%이고, 예금기간 2년, 예금이자는 연 3%인데 6개월마다 변경되는 변동금리이며, 이와 관련해서 세금은 없다. 보통 회계연도가 1년이기 때문에 1년 단위로 수익관리를 한다. 따라서 향후 1년 간 이익은 다음과 같이 2백만 원이 예상된다.

$$1억\ 원 \times 5\% - 1억\ 원 \times 3\% = 2백만\ 원$$

이것을 순이자수익(NII ; Net Interest Income)이라 하며 이는 지금도 은행수익의 대부분을 차지하고 있다. 이제 6개월이 경과하였고 현재 시장금리는 6개월 전보다 상당히 상승하였다. 만약 당초의 예금금리 3%를 또다시 적용하려고 한다면 예금자는 금리가 높은 다른 은행으로 옮겨 갈 것이 분명하다. 그래서 예금금리를 4%로 올려 주고 예금을 재예치하였다. 이 경우 예상되는 이익은 다음과 같다.

$$1억\ 원 \times 5\% - (1억\ 원 \times 3\% \times \frac{6}{12} + 1억\ 원 \times 4\% \times \frac{6}{12}) = 1백\ 50만\ 원$$

6개월이 경과한 시점에서 1년 동안의 이익을 계산해 봤더니 당초 2백만 원에서 1백 50만 원으로 50만 원의 손실이 발생하였다. 이제 시간을 되돌려 5개월이 경과한 시점으로 되돌아가 보자. 이때쯤이면 금융기관은 예금만기가 1개월밖에 안 남아 신규로 예금을 예치하거나 기존고객의 예금을 재연장하는 등의 방안을 검토하고 그에 따른 이익의 변화를 예측한다. 이때 이익에 영향을 미치는 핵심요인은 시장금리의 향방이다. 향후 1개월 동안 시장금리의 변동에 따라 이익규모가 달라지기 때문이다. 만약 앞의 예처럼 시중금리가 상승하면 이익규모가 줄어들고, 반대로 시중금리가 하락하면 이익규모는 늘어나게 된다. 이런 상황을 금리리스크에 노출되었다고 한다. 즉 미래 금리변동으로 인하여 수익에 불리한 결과가 발생할 가능성이 있으면 금리리스크에 노출된 것이다. 그러나 현실적으로 금융기관의 경우 이런 거래가 하루에도 자주 발생하고 일정 자산규모 이상인 개인들도 마찬가지이다. 거래 건마다 일일이 수작업으로 관리하는 것이 불편하고 체계적이지도 않다. 그래서 등장한 것이 '금리만기갭(repricing gap)' 이다.

2) 금리만기갭 (repricing gap)

금리만기갭은 자산과 부채를 금리가 개정되는 기간에 따라 각각 구분하여 각 구간별 금리변동에 따른 자산과 부채의 이자변동을 파악하여 순이자 증감을 분석하는 기법이다. 자산과 부채항목은 금리에 따른 이자를 발생시키는 항목과 그렇지 않은 항목으로 구분된다. 금리리스크의 경우 금리변동과 관계없는 자산과 부채항목은 측정대상에서 제외되는데 대부분 고정자산이나 현금 등이 해당된다. 대표적인 금리성자산으로 대출금, 채권 등이 있으며, 금리성 부채는 예금, 차입금 등이 있다.

자산을 금리에 따라 크게 분류하면 금리적용기간이 변동하는 금리민감자산(RSA ; rate sensitive asset), 금리가 계약시점에 확정되는 고정금리자산(FRA ; fixed rate asset), 그리고 금리와 관계없는 비금리 수익자산(NEA ; non-rate earning asset)으로 구분된다. 부채 역시 동일한 기준으로 금리민감부채(RSL ; rate sensitive liability), 고정금리부채(FRL ; fixed rate liability), 비금리 비용부채(NEL ; non-rate paying liability)로 구분된다.

금리민감자산은 계약만기가 1년 이내인 만기도래자산(maturing asset), 약정기간이 끝나면 금리가 개정되는 금리개정자산(repricing asset), 기준금리에 연동되어 수시로 변동되는 변동금리자산(floating rate asset)으로 세분화된다. 부채 역시 동일하다.

만약 금리부 자산에서 벌어들이는 연간 자산운용수익률을 r_A라 하고, 금리부 부채를 조달하면서 발생하는 연간비용율을 r_L이라 하면, 연간 순이자수익(NII ; Net Interest Income)은 다음과 같이 나타낼 수 있다.

$$NII = (RSA + FSA) \times r_A - (RSL + FSL) \times r_L$$

위의 식에서 순이자수익의 변동(ΔNII)을 구하기 위하여 좌변과 우변에 각각 증분(Δ)을 취하면 고정금리부 자산과 고정금리부 부채는 금리가 변동되더라도 이자수입과 이자지출비용이 변경되지 않는다. 따라서, 그 증분은 0(zero)이 된다. 그러면 다음과 같은 식이 도출된다.

$$\triangle \text{NII} = (\text{RSA} \times \Delta r_A) - (\text{RSL} \times \Delta r_L)$$

위의 식을 간단히 하기 위하여 자산과 부채의 금리변화가 동일하다고 가정하면, 즉 $\Delta r_A = \Delta r_L$이라고 하면 다음과 같은 식을 얻을 수 있다.

$$\Delta \text{NII} = (\text{RSA} - \text{RSL}) \times \Delta r$$

위의 식에서 (RSA-RSL)을 금리갭이라 하며, 금리갭을 금리개정 기간에 따라 각 구간(time bucket)별로 세분화한 것을 금리만기갭이라 한다. 구간은 자산과 부채의 계약만기 구성비를 기준으로 구분하는데, 통상 1개월 이내, 3개월 이내, 6개월 이내, 1년 이내, 1년 초과, 만기 없음까지 총 6단계로 설정한다. 이렇게 해서 각 구간마다 자산과 부채를 차감한 값을 구할 수 있는데, 그 값이 양(+)인 구간을 양의 갭(positive gap) 또는 자산민감형(asset sensitive type)이라 한다. 이런 구간에는 여유로운 자산을 재투자해야 재투자리스크(reinvestment risk)에 노출된다. 반면에 자산과 부채를 차감한 값이 음(-)의 값인 구간을 음의 갭(negative gap) 또는 부채민감형(liability sensitive type)이라 한다. 이런 구간에는 부족한 부채를 조달해야 하는 재조달리스크(refinancing risk)에 노출되었다고 한다. 금리만기갭(gap)이 양(+)인 경우에는 시장금리가 하락할 때 순이자수익이 감소하게 되며, 반대로 시장금리가 상승하면 순이자수익이 증가하게 된다. 즉, 양(+)의 갭인 구간은 순이자수익이 시장금리 방향과 동일하게 움직인다. 반대로 갭이 음(-)이면 시장금리가 하락할 때 오히려 순이자수익이 증가하게 되고, 반대로 시장금리가 상승하게 되면 순이자수익이 감소하게 된다. 따라서 음(-)의 갭인 구간은 순이자수익이 시장금리 방향과 반대로 움직인다. 이상을 정리하면 표 9-1과 같다.

표 9-1 금리변동과 순이자수익(NII)의 관계

금리변동	갭(gap)의 부호		
	양(+)	0(zero)	음(-)
금리 상승	NII 증가	불변	NII 감소
금리 하락	NII 감소	불변	NII 증가
	⇓		⇓
리스크 노출	재투자리스크 금리하락리스크		재조달리스크 금리상승리스크

금리만기갭을 이용하면 장래에 어떤 구간에서 얼마만큼의 금리리스크에 노출되는지 정량적으로 파악할 수 있어 적시에 거시적인 리스크 헤지가 가능해진다. 실제로 대부분의 금융기관은 금리만기갭 표를 이용하여 연간순이자 수익의 규모를 추정하고 시장금리 변동에 따른 순이자수익의 증감을 분석하여 이에 대한 대응전략을 준비하고 있다.

한편, 금리민감자산을 금리민감부채로 나눈 비율, 즉 $\frac{\text{RSA}}{\text{RSL}} \times 100$을 금리민감도갭 비율이라 한다. 최근에는 금리리스크 관리 차원에서 기준금리 연동이나 정기적인 금리재설정이 가능한 모기지 관련 담보대출 위주로 영업패턴이 바뀌면서 자산의 금리개정기일이 짧아지고 있다. 또한 특별한 시책이나 세금우대를 제외하고는 만기가 1년 이내인 정기예금이 대부분이어서 역시 금리개정기일도 짧아졌다. 표 9-2는 금리만기갭 표의 예시이다.

표 9-2에서 만약 1개월 이내에 금리가 1% 상승한다면 $50 \times 0.01 = 5$천만 원의 이자수익 증가가 예상된다. 반대로 1개월 이상 3개월 이내에 금리가 1% 상승한다면 이번에는 $-30 \times 0.01 = -3$천만 원의 이자수입 감소가 예상된다.

표 9-2 금리만기갭 표(예시)

구분(억 원)	0~1개월	1~3개월	3~6개월	6~1년	1년 이상	합계
자 산	100	120	100	50	60	430
부 채	50	150	110	50	70	430
갭	50	-30	-10	0	-10	0
누적갭	50	20	10	10	0	0

이처럼 금리가 개정되는 구간대(time bucket)별로 자산과 부채를 구분해 놓으면 금리변동에 따른 이자수익의 변화를 쉽게 파악할 수 있게 된다. 그러나 금융기관은 이자수익의 변화를 가능하면 회계단위기준인 1년간 묶어서 알고 싶어 한다. 금리변동 시 만기구간별 갭이 향후 1년간 순이자수익에 미치는 금액은 다음과 같은 식으로 계산할 수 있다.

$$\text{향후 1년간 순이자수익 변동금액} = \text{갭} \times \text{금리 변동폭} \times \frac{\text{잔여기간}}{\text{1년}}$$

앞의 예에서 만기구간 1개월의 평균만기를 0.5개월로 치면 금리가 1% 상승할 경우 1개월 갭 50으로 인한 순이자수익의 변동금액은 전체 1년에서 향후 11.5개월만 영향을 받는다.

따라서 변동금액은 $50 \times 1\% \times \frac{11.5\text{개월}}{12\text{개월}} = 4$천 8백만 원이다.

즉, 잔여기간 동안 4천 8백만 원의 이자수입이 증가할 것으로 예상된다. 이런 방식으로 앞의 금리갭 표에서 금리가 1%씩 상승할 경우 순이자수익의 변동금액은 다음 표 9-3과 같다. 표 9-3에 의하면 향후 1년의 잔여기간 동안 순이자수익은 1천 7백만 원 증가할 것으로 예상된다.

금리만기갭 표는 금리변동에 따른 이자수익의 변화를 쉽게 분석할 수 있다는 장점 때문에 금리리스크 관리에 오랫동안 사용되어 왔다. 그러나 문제점도 많다. 가장 큰 문제점은 자금조달과 자금운용의 금리변동 패턴이 동일하다는 가정이다. 금융시장에서는 자산과 부채의 금리변화폭이나 방향이 다르게 움직이는 경우가 허다하다. 따라서 금리만기갭 표를 이용하면 정확성은 어느 정도 떨어진다. 또한, 장부상 금액을 사용한 정태적 분석이라는 점, 또한 금리개정구간을 설정할 때마다 다른 결과값이 산출된다는 점, 특정 구간대 갭을 조정하고자 자산과 부채금액을 조정하면 다른 기

표 9-3 향후 1년간 순이자수익의 변동금액 산출(예시)

구 분(억 원)	0~1개월	1~3개월	3~6개월	6~1년	합 계
갭	50	-30	-10	0	10
중간만기	0.5개월	2개월	4.5개월	9개월	
잔여기간	11.5개월	10개월	7.5개월	3개월	
NII 변동금액	+0.48	-0.25	-0.06	0	+0.17

간의 전체 누적갭에 영향을 주므로 계속적으로 갭 조정을 해야 한다는 점이다. 마지막으로 중요한 문제점은 계약만기 이전에 발생하는 현금흐름을 전혀 반영하지 못한다는 점이다. 이처럼 만기 이전에 발생한 현금 흐름을 반영하고 실질적인 순자산가치의 변동도 반영하고자 금리만기갭보다 더 강력한 듀레이션갭 관리가 등장하였다.

3) 듀레이션갭(duration gap)

제7장 채권리스크에서 듀레이션의 개념과 이를 어떻게 산출하는지, 그리고 리스크 관리지표로서의 듀레이션의 활용에 대하여 살펴보았다. 듀레이션갭은 자산듀레이션과 부채듀레이션을 산출하여 이를 차감한 것이다. 금리만기갭은 금리변동에 따른 순이자소득의 변동을 비교적 간편하게 산출할 수 있지만 순자산가치의 변동까지는 산출하지 못한다. 이런 단점을 극복하고자 금리변화가 자산과 부채의 순현재가치에 미치는 영향을 듀레이션이라는 리스크 관리 민감도지표로 분석한 것이 듀레이션갭이다. 이를 통하여 최종적으로 금리변화에 따른 자기자본의 시장가치 변화를 측정할 수 있다. 요약하면 금리만기갭이 손익계산서상의 이익변동성을 관리하는 기법이라면, 듀레이션갭은 대차대조표상의 순현재가치의 변동성을 관리하는 리스크 관리기법이다.

재무제표의 가장 대표적인 것은 손익계산서와 대차대조표이다. 대차대조표는 자산(asset)과 부채(liability), 그리고 자본(equity)으로 구성된다. 자본[2]은 자산에서 부채를 차감한 값이다. 이를 식으로 쓰면 다음과 같이 된다.

$$E = A - L \qquad \cdots ①$$

위의 ①식에서 양변에 증분(△)을 취하면 다음과 같이 된다.

$$\Delta E = \Delta A - \Delta L \qquad \cdots ②$$

이는 자기자본의 증감은 자산의 증감에서 부채의 증감을 차감한 것과 같다는 의미이다. 한편 제7장 채권리스크에서 다음과 같은 식을 도출하였다.

Footnote

2) 엄밀히 말하면 자기자본이다.

$$\frac{\Delta P}{P} = -MD \times \Delta r \text{ (MD는 수정듀레이션)} \quad \cdots ③$$

위의 ③식에서 좌변의 분모 P를 우변으로 이항하면 다음과 같이 된다.

$$\Delta P = -P \times MD \times \Delta r \quad \cdots ④$$

이제 ④식을 이용하여 위의 ②식의 오른쪽 항을 다음과 같이 고칠 수 있다.

$$\Delta E = (-A \times MD_A \times \Delta r_A) - (-L \times MD_L \times \Delta r_L) \quad \cdots ⑤$$

위 ⑤식을 간단히 하기 위하여 자산과 부채의 금리변화가 동일하다고 가정하면, 즉 $\Delta r_A = \Delta r_L$이라고 하면 다음과 같이 간단히 할 수 있다.

$$\Delta E = -(A \times MD_A - L \times MD_L) \times \Delta r \quad \cdots ⑥$$

다시 위의 ⑥식에서 A를 괄호 밖으로 끄집어내면 다음과 같은 식을 얻을 수 있다.

$$\Delta E = -A \times \left(MD_A - \frac{L}{A} \times MD_L\right) \times \Delta r \quad \cdots ⑦$$

위의 ⑦식의 괄호 안에 있는 식을 듀레이션갭(DGap)이라 한다.

$$DGap = MD_A - \frac{L}{A} \times MD_L \quad \cdots ⑧$$

⑧식에서 $\frac{L}{A}$을 헤지비율이라 한다. 만약 $\frac{L}{A}$이 1이라면 $DGap = MD_A - MD_L$이 되고 이를 단순 듀레이션갭이라 한다. 이상 최종적으로 다음과 같은 식을 도출할 수 있다.

$$\Delta E = -A \times DGap \times \Delta r \quad \cdots ⑨$$

이제 위의 ⑨식으로부터 자기자본의 가치변화(ΔE)는 자산규모(A)와 듀레이션갭, 그리고 금리변화(Δr)의 세 가지 요인을 곱한 값에 반대 방향으로 움직인다는 것을 알 수 있다. 세 가지 요인 중에서 자산규모나 듀레이션갭은 얼마든지 통제할 수 있지만 시장금리 변화는 통제할 수 없는 변수이다. 한편, 자산규모는 총자산이며 항상 양(+)의 값을 갖는다. 따라서, 굳이 통제할 필요를 못 느낀다. 그러므로 관심을 가져야 할 지표는 듀레이션갭으로 귀결된다.

만약 어떤 금융기관의 듀레이션갭을 산출한 결과 그 값이 양수(+)였다면 시장금리 변화에 따라 자기자본의 가치변화는 어떻게 될까? 예를 들어 시장금리가 상승한다면 자기자본 가치변화는 위의 ⑨식에 따라 다음과 같은 부호가 도출된다.

ΔE = 음수(계수) × 양수(총자산) × 양수(듀레이션갭) × 양수(시장금리변동) = 음수

최종값은 음수이다. 이는 자기자본 가치가 하락한다는 의미이다. 따라서 이런 자산과 부채구조를 갖는 금융기관이나 개인투자자들은 금리상승 시 자기자본 가치가 하락하게 될 리스크에 처한다. 이를 헤지하려면 우선적으로 통제 가능한 듀레이션갭을 음수(-)로 만들면 된다. 그러면 자기자본변화 식은 양수(+)가 되므로 자기자본 가치는 상승하게 된다. 이때 듀레이션갭을 음수(-)로 만들기 위해서는 어떻게 해야 할까? 자산듀레이션을 줄이거나 아니면 부채듀레이션을 늘려야 한다. 자산듀레이션을 줄이는 방법은 만기가 장기인 자산을 단기로 교체하거나 고정금리부 자산을 변동금리부 자산으로 교체하는 것이다. 부채는 자산과 반대로 하면 부채듀레이션이 늘어난다. 물론 다양한 대안 중 처한 상황에 가장 적합하고 최소비용으로 실현가능한 방법을 모색해야 한다. 이런 행위를 전략적 선택이라 하며 달리 면역화전략이라고도 한다. 한편, 듀레이션갭을 0(zero)으로 유지하면 전략적 선택을 고민할 필요가 없다. 위의 ⑨식에서처럼 시중금리변화가 자기자본 가치에 전혀 영향을 주지 않고 항상 0(zero)이 되기 때문이다.

요약하면 듀레이션갭이 양수(+)인 경우에는 금리상승 시 리스크에 노출되며, 반대로 듀레이션갭이 음수(-)이면 금리하락 시 리스크에 노출된다. 듀레이션갭의 부호와 금리변동에 따른 자기자본가치 변화, 즉 순자산가치(NPV) 변화의 관계를 표 9-4에 정리하였다.

표 9-4 듀레이션갭과 금리변동에 따른 순자산가치(NPV) 변화의 관계

금리변동	듀레이션갭의 부호		
	양(+)	0(zero)	음(-)
금리상승	NPV 감소	불변	NPV 증가
금리하락	NPV 증가	불변	NPV 감소
	⇓		⇓
리스크 노출	금리상승 리스크		금리하락 리스크

표 9-5 듀레이션갭 분석(예시)

자 산			부채/자본		
항 목	금액(억 원)	듀레이션(년)	항 목	금액(억 원)	듀레이션(년)
현 금	100	0	CD(1년 물)	600	1
신용대출	400	1.25	CD(5년 물)	300	5
담보대출	500	7	자 본	100	0
합 계	1,000	4.0	계	1,000	2.33

금융기관의 리스크 관리부서는 듀레이션갭의 개념적인 방법에 근거하여 실제로는 복잡하지만 주기적으로 자기자본의 가치변화에 대한 분석자료를 만들어서 리스크 관리위원회나 경영진에게 보고하고 있다. 표 9-5는 듀레이션갭을 분석한 예시이다.

표 9-5에서 자산듀레이션 4년, 부채듀레이션 2.33년은 각 자산과 부채의 금액별 가중치를 적용하여 다음과 같이 산출된다.

- 자산듀레이션 : $\frac{100}{1,000}\times 0+\frac{400}{1,000}\times 1.25+\frac{500}{1,000}\times 7=4$년
- 부채듀레이션 : $\frac{600}{900}\times 1+\frac{300}{900}\times 5=2.33$년

듀레이션갭은 앞의 공식 ⑧을 이용하면 $4-\frac{900}{1,000}\times 2.33=1.9$가 된다. 이런 구조는 금리 상승 시 순자산가치, 즉 자기자본이 하락하는 리스크에 노출된다. 이것을 방지하기 위해서는 자산듀레이션을 줄이거나 반대로 부채듀레이션을 늘려야 한다. 만약 자산듀레이션을 줄이고자 한다면 7년짜리 담보대출이 장기이므로 이를 조정하

도록 고려해야 한다. 우선 줄이고자 하는 목표자산듀레이션을 계산해 보자. 부채듀레이션 2.33년에 대응되는 자산듀레이션은 앞의 ⑧식에 의하면 2.1년이 되어야 듀레이션갭이 0(zero)이 된다. 따라서, 구하고자 하는 담보대출 듀레이션을 x라 하고 아래와 같은 식을 만들어서 구하면 목표한 담보대출듀레이션은 3.2년이 산출된다. 7년의 듀레이션을 3.8년이나 줄여야 원하는 듀레이션 3.2년이 된다.

$$\frac{100}{1,000} \times 0 + \frac{400}{1,000} \times 1.25 + \frac{500}{1,000} \times x = 2.1$$

물론 이런 전략은 이론적으로는 가능하지만 실제로 적용하기에는 어렵다. 자산을 조정하다 보면 그와 동시에 부채를 조정해야 하는 딜레마에 빠지기 때문이다. 그러므로 대부분 부외거래, 즉 파생거래를 통한 헤지전략을 구사하고 있다.

Chapter 10

유동성리스크

1. 유동성에 대한 이해

유동성이란 필요할 때 아무런 조건 없이 바로 현금화할 수 있는 능력을 말한다. 보통 금융기관이나 개인들에게 유동성능력이 있다는 것은 다음을 의미하며, 이 중 하나라도 갖추고 있으면 유동성문제를 해결할 수 있게 된다.

- 항상 현재처럼 사업을 하기 위한 충분한 현금을 확보할 수 있는 능력
- 항상 적정가격에 시장에서 자금을 차입할 수 있는 능력
- 문제 발생 시 문제해결을 위한 시간을 확보할 수 있는 능력

일상생활에서 유동성문제는 조달한 자금의 만기와 운용하는 자금의 만기가 일치하지 않는 경우에 발생한다. 대체로 이런 문제는 또 다른 곳에서 비슷한 조건으로 자금을 차입해서 유동성문제를 해결하기 때문에 평상시에는 그렇게 문제되지 않는다. 다만 자금을 신규로 재차입할 때 그전보다 더 높은 이자비용을 지불하게 된다면 문제이다. 만약 더 높은 이자를 주고 자금을 차입해서 일단 현금흐름에 문제가 없게 되고, 회사가 추가생산성을 올려 이익을 많이 낼 수 있으면 추가이자를 충분히 상쇄할 수 있다고 판단한다. IMF 이전만 해도 이런 패턴이 대부분 우리나라 기업들의

자금순환 구조였다. 추가적인 이자비용을 부담하면서까지 확실하게 이익을 발생시킬 수 있는 비즈니스모델이나 원천기술을 보유하고 있는 기업이라면 그리 문제될 게 없다. 그러나 진입장벽이 없는 평범한 사업모델이나 대기업계열사로 비교우위가 없는 평범한 사업은 예기치 않은 금융환경에 처하면 유동성에 타격을 받을 수밖에 없다. 추가적인 이자비용을 지속적으로 감내할 수단이 없기 때문이다. 자기자본으로 버티기에는 한계가 있어 계열사의 도움을 받든가, 정부지원을 받는 비정상적인 방법을 동원할 수밖에 없다. 유동성문제는 금융환경 변화에 따라 평상시에도 문제가 될 수 있지만 기업이나 개인의 신용, 즉 신용리스크나 금리리스크 등 다른 리스크에 노출되면 더욱 가중된다. 리스크의 연쇄적인 파급효과는 최종적으로 유동성에 직결되기 때문에 일단 유동성리스크에 노출되면 회복하기가 어렵다. 그래서 유동성리스크를 처음이자 마지막 리스크라 한다.

유동성리스크는 크게 두 가지로 구분된다. 우선 시장 유동성리스크이다. 대부분의 기업이나 개인들은 유동성문제가 발생하면 불가피하게 보유자산 중 부담 없는 순서대로 처분해서 유동성을 해결한다. 그런데 공교롭게도 거래량이 부족하여 해당자산을 정상적인 가격으로 처분할 수 없는 상황이 발생하면 문제이다. 부득이 일정 처분손실을 감수하거나 최악의 상황에는 아예 거래가 이루어지지 않을 수도 있음을 감수해야 한다. 이런 경우를 시장 유동성리스크에 노출되었다고 하며, 주로 발행규모가 적거나 유통시장이 제대로 발달되어 있지 않은 경우에 자주 발생한다.

두 번째가 자금조달 유동성리스크이다. 유동성문제를 해결하기 위해 보유자산 처분이 순조롭지 않을 경우에 추가적인 대안은 다른 데서 동일한 금액을 차입하는 수밖에 없다. 이때 비정상적인 시장상황이 발생하여 해당 차입시장이 급격히 축소되거나 소멸될 수가 있다. 예를 들어 정부의 대출규제 및 금융긴축 정책 등으로 인해 신규자금지원이나 기존자금을 회수하는 경우이다. 이럴 경우 해당 자금을 적기에 확보할 수 없거나 예상되는 자금소요 시기보다 앞당겨 자금을 확보할 수밖에 없다. 당연히 불필요한 비용이 발생한다. 이런 경우를 자금조달 유동성리스크에 노출되었다고 한다.

한편, 유동성이 너무 풍부하여 지나친 현금자산을 필요 이상으로 가지고 있어 이로 인해 오히려 기회수익이 저하되는 손실도 유동성리스크에 포함한다. 수익성과 유동성은 상반관계(trade off)에 있기 때문에 이의 적절한 포트폴리오는 투자세상에서 기본이다. 실례로 펀드투자 전이나 환매 후 마땅한 투자처를 찾지 못한 경우에 임시로 MMF(money market fund) 계정에 자금을 예치해 놓는 경우가 있다. 그 이전만 하더라도 대부분 통장에 그대로 놔두거나 현금으로 갖고 있었다. 유동성으로 인해 수익성이 떨어지는 대표적인 사례이다. 직장인 급여통장을 보통예금에서 자산관리계좌(CMA ; Cash Management Account)라고 하는 통장과 함께 자금운용 기능까지 겸비한 계좌로 옮기는 것도 유동성과 수익성의 상반관계를 보여 주는 좋은 사례이다. 적정 규모 이상의 자산가들에게는 수익성과 유동성의 적절한 조화가 반드시 필요하다.

그러나 현실적으로 수익성과 유동성을 함께 고려하는 것은 그리 쉬운 일이 아니다. 경제주체들이 투자를 하는 근본적인 이유는 수익을 얻기 위함이다. 따라서 가능한 한 수익에 우선한 투자행동을 하게 되고 모든 의사결정이 수익에 맞추어져 있다. 그럼에도 유동성관리를 하지 않으면 안 된다. 유동성리스크에 노출되어 개인이나 회사가 망하는 것보다 당분간 이익이 저조하더라도 살아 있는 것이 더 낫지 않은가?

금융기관의 경우 유동성리스크는 영업을 개시하는 순간부터 노출된다. 은행의 자금구조는 기본적으로 단기의 소액예금을 장기 거액대출로 변환하는 구조여서 자금 만기구조가 불균형하다는 것을 전제로 하고 있다. 대신 자금의 만기불일치 기간 동안에 금리변동 등 예상치 못한 리스크에 대처하기 위해 유동성을 반드시 확보해 둔다. 그러나 유동성을 확보할수록 수익저하라는 압박에 시달린다. 그래서 은행의 경우에도 일반 기업들처럼 수익성을 유동성보다 늘 우선시한다.

2. 유동성리스크 노출

간단한 예를 들어 보자. 어떤 금융기관의 영업 첫날, 예금 1억 원을 맡기려는 고객과 잠시 후 대출 1억 원을 받으려는 고객이 지점에 왔다. 예금이자는 연 3%이고, 대출이자는 연 5%라고 하면 '1억 원×5%-1억 원×3%=2백만 원'으로 향후 1년간 2백만 원의 이익이 예상된다. 그런데 예금고객은 6개월만 예치하고자 하는 대신 대출고객은 1년을 사용하기로 한다면 6개월 후 은행은 바로 유동성리스크에 노출된다. 6개월 후 예금이 만기가 되어 1억 원이 인출되는 반면, 빌려 준 대출금이 상환되려면 아직도 6개월이 남아 있기 때문이다. 만약 6개월 후 은행은 예금 1억 원을 추가로 유치하거나 재예치하지 못하면 지급불능사태에 처하게 되므로 이를 방지하는 모든 수단을 강구해야 한다. 결국 예금을 재유치하기 위해 보다 높은 예금금리를 제시한다면 당초에 기대하였던 2백만 원이라는 이자수익은 사라지게 된다. 설령 고금리 예금을 유치하여 유동성리스크, 즉 만기불일치를 해결하였다 하더라도 은행은 또 다른 금리리스크에 노출된다. 이처럼 향후 6개월 동안 시장금리가 어떻게 변동하는 가에 따라 이자수익의 손실이 발생할 수도 있다.

유동성리스크와 금리리스크는 상호 밀접한 관계에 있기 때문에 동시에 관리하는 것이 훨씬 효율적이다. 예를 들어, 약정기간 6개월 변동금리 기준으로 3년 만기 자금을 조달하였다면 이 경우 금리리스크에 노출되는 기간은 6개월이며, 유동성리스크의 노출기간은 만기인 3년이다. 한편, 금리리스크는 자금조달과 자금운용 기간의 불일치(mismatch position)가 발생하면 금리변동에 따라 손실발생 가능성은 항상 있으나, 유동성리스크는 단기에 자금을 조달하고 장기로 운영하는 불일치 기간에서만 발생된다. 금리리스크와 유동성리스크를 동시에 관리하는 것을 자산부채종합관리(ALM ; Asset Liability Management)라 하며 금융기관, 특히 은행에서 가장 오랫동안 관리해 왔다.

3. 유동성리스크 측정

금융기관은 유동성리스크를 관리하고자 금리만기 갭처럼 '유동성 갭'을 이용한다. 이는 만기구간대별로 자산과 부채를 구분하여 유동성 갭을 계산하도록 만든 표이다. 만약 자산에서 부채를 차감한 유동성 갭이 양수(+)이면 유동성에 문제가 없다는 의미이고, 반대로 유동성 갭이 음수(-)이면 해당 구간에서 유동성에 문제가 있다는 의미이다.

표 10-1 만기구간대별 유동성 갭(예시)

구분(억 원)	0~1개월	1~3개월	3~6개월	6개월~1년	1년 이상	합 계
자 산	50	70	90	80	60	350
부 채	70	60	100	60	60	350
갭	-20	10	-10	20	0	0
누적 갭	-20	-10	-20	0	0	0

표 10-1은 유동성 갭의 예시이다. 표 10-1에 의하면 1개월 동안 유동성 갭이 -20억 원이므로 즉각적인 유동성대책이 필요하며, 주로 단기에 유동성 갭이 음수(-)일 때가 가장 문제시된다.

한편, 유동성 갭은 정태적인 분석과 동태적인 분석으로 나뉜다. 정태적 갭 분석은 원금만을 반영하여 자산, 부채의 만기도래 금액을 특정구간별로 생성하여 각 구간별 당기와 누적으로 유동성 갭을 산출한다. 동태적 갭 분석은 원금 및 이자, 수수료 등 모든 현금흐름을 반영하여 갭을 생성하고, 그 외 시장금리에 연동하여 발생하는 조기상환, 해지 등에 의한 실제 현금흐름까지 반영하여 갭을 산출하기 때문에 비교적 정확하다. 그리고 유동성비율은 유동성자산을 유동성부채로 나눈 값으로, 100% 이상이면 유동성에 문제가 없다고 판단한다.

Chapter 11

신용리스크

1. 신용리스크 측정

금융기관, 특히 은행수익의 근간은 예대마진, 즉 자금운용수익에서 조달예금에 대한 이자를 차감한 것이다. 그러므로 은행은 탄생하면서부터 예대마진을 집중적으로 관리하였는데 예금보다는 주로 대출 부분에 주력하였다. 그로 인해 대출심사, 대출진행, 대출 후 모니터링, 대출회수 등 대출 관련 업무가 은행의 주된 업무가 되었다. 이후 대출관리가 점차 신용리스크 관리로 확대되었다. 그러다 보니 신용리스크는 자연스럽게 리스크 영역 중에서 가장 오래된 역사를 갖게 되었으며 여러 리스크 중 가장 체계적으로 관리되어 왔다.

신용리스크는 국제결제은행(BIS ; The Bank for International Settlement)에 따르면 '거래상대방의 부도, 파산 등의 이유로 계약상의 의무를 이행할 수 없거나 고의적으로 의무를 이행하지 않아 원금을 받지 못할 손실을 말하며, 거래상대방의 신용등급 하락으로 보유한 채권의 가치가 하락할 위험이나 보다 광의적으로 거래상대방이 속하는 산업이나 국가 전체에 대한 리스크도 포함한다.' 고 정의된다. 요약하면 신용리스크는 거래상대방의 채무불이행 또는 신용악화에 따라 발생할 수 있는 손실가능성을 말하며, 개인보다는 거래규모가 큰 금융기관에 주로 노출되어 있다. 신용리스크는 크게 예상손실(EL ; expected loss)과 비예상손실(UL ; unexpected loss)로 구분한다. 예상손실은 과거의 경험과 현재의 시장여건을 고려할 때 금융기관이 부담하는 신용리스크 노출액(exposure) 중 일부분이 미래의 일정 기간에 손실로 나타날 것으로 예상되는 금액을 말한다. 예상손실을 산정하기 위해서는 부도율(default rate)과 손실률(loss rate given default)이 필요하며, 손실률은 거래상대방의 도산에 의해 잃어버리는 포트폴리오의 가치로부터 담보권의 실행 등에 의해 회수 가능한 부분을 공제하고 산출한다. 이를 식으로 나타내면 다음과 같다.

예상손실＝노출액×부도율×손실률 (단, 손실률＝1－회수율)

한편, 금융기관은 예상손실을 업무 수행과정에서 피할 수 없는 영업비용으로 인식하고 이를 대손충당금이란 형태로 미리 충당하여 예상되는 손실을 대비하고 있다. 물론 충당비용을 대출가격에 미리 반영한다. 현행 감독규정에 따르면 금융기관은 보유자산을 건전성 분류기준에 따라 분류한 다음, 해당 자산별로 대손충당금을 쌓도록 되어 있다.[1)]

예상외손실은 신용리스크 노출액, 부도율, 손실률 등의 변동성에 의해 결정되며 주로 통계적 확률모형을 이용하여 산출한다. 미래 손실의 변동치는 평균과 표준편차로 설명되는 확률분포로 나타낼 때 평균이 예상손실에 해당하고 평균을 초과하여 발생하는 손실 부분, 즉 표준편차가 예상외손실에 해당한다. 따라서 엄밀하게 보면 예상외손실만이 신용리스크에 해당된다.

신용리스크는 다른 리스크에 비하여 독특한 특징을 보인다.

첫째, 부도율 등 신용리스크 산출을 위한 통계자료가 많지 않으며 명확하지도 않다. 시장리스크의 경우 동일한 상품의 가격변화 자료를 시장에서 반복적으로 수집할 수 있는 데 반해, 신용리스크의 경우 동일한 기업의 과거 부도통계 자료는 존재하지 않는다. 부도율 1%는 해당기업의 부도율이 1%라는 의미가 아니고, 유사한 특성을 가진 100개 기업 중 1개 기업이 부도날 확률을 말한다. 참고로 일반적인 개인과 기업의 부도율 산출식은 다음과 같다.

■ 개인부도율 산출공식(예시)

• 서울시 거주 공무원인 여자 A의 부도율

$$= \frac{\text{t년도 서울·공무원·여자 그룹에 속하는 부도 고객 수}}{\text{t년도 서울·공무원·여자 그룹에 속하는 전체 고객 수}} \times 100$$

Footnote

1) 이의 자세한 내용을 본 장 끝의 〈참고 11-1〉, 〈참고 11-2〉, 〈참고 11-3〉에 기술하였다.

▦ 기업부도율 산출공식(예시)

- R등급 기업의 t년도 부도율

$$= \frac{\text{t-1년도 R등급 기업 중 t년도에 부도가 발생한 기업 수}}{\text{t-1년도 R등급 기업 수}} \times 100$$

- R등급의 평균부도율

$$= \frac{\text{t-1년도 R등급 기업 중 t년도에 부도가 발생한 기업 수}}{\text{t-1년도 R등급 기업의 합계}} \times 100$$

두 번째, 손실분포가 통상 다른 리스크에서처럼 좌우 대칭적인 종모양이 아니라 한쪽으로 치우친 비대칭적인 분포이고, 그것도 한쪽 모양이 길면서 두터운 꼬리(fat tail) 형태여서 리스크를 측정하기가 어렵다. 일반적으로 부도의 경우 발생빈도는 낮으나 한번 도산할 경우 손실규모는 상당하기 때문에 신용리스크의 손실확률분포는 다른 리스크처럼 정규분포를 가정해서는 안 된다. 따라서, 주어진 평균과 표준편차만으로 리스크를 측정할 경우 오차가 크게 발생할 수 있다. 그러므로 과거 손실분포에 대한 꾸준한 데이터 집적과 지속관리가 반드시 필요하다. 통상 은행들은 전국은행연합회를 통해 해당기관에 소속된 계약자에 대한 신용정보를 통합하도록 하여 기업과 개인들의 신용상태를 관리하고 있다.

세 번째, 리스크 측정요소간의 상관관계가 특이하다. 가령 부도형태가 각각 개별적으로 발생하거나, 손실도 손실 아니면 비손실, 즉 이항분포형태로 나타나기 때문에 상관관계가 약하다. 또한, 도산은 발생빈도가 낮고 관측기간이 길기 때문에 도산확률 간의 상관관계 측정도 곤란하다.

네 번째, 대출의 경우 지급보증, 담보 또는 상계약정 등 다양한 형태의 신용보완(Credit enhancement) 조치가 따르므로 대출상품의 구조가 복잡하다. 따라서, 그에 따른 신용리스크 산출도 상당히 까다롭다.

한편, 금융기관이나 개인의 경우 다음 중 한 가지 이상의 사건이 발생하면 부도라 한다.

- 부담해야 할 채무 전액을 변제할 가능성이 없는 경우
- 추가 대손상각, 원리금면제, 상환기간 연장 등 채무조정관련 사건이 발생한 경우
- 90일 이상 연체를 한 경우
- 파산 신청한 경우

개인의 신용리스크 유형은 금융기관과는 다르다. 가장 흔한 유형이 빚보증이다. 주로 가족이나 친인척 간의 잘못된 보증으로 인해 둘 다 망하는 사례이다. 흔한 말로 빚보증은 부자(父子) 간에도 해서는 안 된다고 하였다. 부동산거래 시에도 분양대행사의 신용사기, 전세권 및 근저당 설정권 등의 이행 여부 등 다양한 신용리스크가 도사리고 있다. 각종 상거래에서도 다양한 형태의 신용문제가 발생할 수 있다. 또한 사금융, 유사금융 또는 다단계사업과 관련된 신용상의 손실도 염두에 두어야 한다. 대체로 일반개인들이 알아야 할 신용상식으로 나의 신용이 어떻게 평가되는지, 만약 부득이하게 신용상태가 불량하게 될 경우 이를 극복하는 방법, 즉 채무불이행이나 신용회복지원, 사전채무조정 등을 최악의 경우 소비자파산에 대하여도 알아둘 필요가 있다.

2. 개인의 신용관리

1) 개인 신용평가

신용은 미래의 예상소득을 현재시점에서 미리 차용하여 소비할 수 있는 능력을 말한다. 그러므로 개개인의 미래 소득이 다르므로 사람마다 신용이 다를 수밖에 없다. 개인신용이란 현재 시점에서 어떤 재화를 차용 또는 이용한 후 일정시간이 경과한 미래시점에 재화의 가치를 지급할 것을 약정할 수 있는 능력을 말한다. 개인이 사용할 수 있는 신용한도는 개인의 현재소득과 미래 예상소득의 현재가치의 합계이며, 이 신용한도 내에서 신용이 발생한다.

개인신용 평가란 개인신용 평가기관(CB ; Credit Bureau)이 개인의 채무상환능력과 채무상환의지를 평가하여 개인신용 공여기관들의 경영의사결정에 활용할 수 있도록 개인의 신용평점을 산출하고 개인의 신용등급을 부여하는 것을 말한다. 여기서 중요한 것은 개인의 신용정보이며 이는 금융거래 등에서 거래상대방에 대한 식별을 가능하게 하고, 신용도를 측정할 수 있게 하며, 거래능력 등을 판단할 수 있는 정보를 말한다. 평가방법은 다수의 사람에 대한 업무의 효율성과 표준화 등의 이유로 신용평가시스템(credit scoring system)에 의한 방법이 대부분이며, 우리나라의 경우 전문평가기관인 한국신용평가(한신평), 한국신용정보(한신정) 등에서 수행하고 있다.

개인의 신용유형은 크게 세 가지로 나뉜다. 첫 번째 유형은 은행 등 여신기관으로

부터 가계소요자금을 차입할 수 있는 대출신용을 말한다. 두 번째 유형은 재화와 서비스를 구매한 후 그 대금을 일정 기간 동안 나누어 지급하는 할부구매 등의 판매신용을 말한다. 세 번째 유형은 판매신용의 포괄적인 개념으로 관리비, 통신서비스 등 미래의 일정시점에서 결제되는 서비스 신용을 말한다.

한편, 개인의 신용은 크게 신용평점과 신용등급으로 구분한다. 개인신용 보고서의 평점은 일반적으로 0~1,000점, 신용등급은 1~10등급으로 구성되어 있으며, 신용평점은 1,000점에 가까울수록, 신용등급은 1등급에 가까울수록 우수하다. 현행 개인신용등급은 개인의 여신규모나 신용거래 활동의 기간과 빈도, 연체규모와 과거 연체이력 등 모든 신용정보를 종합하여 개인의 신용상태를 신용점수로써 측정하는데, 표 11-1과 같이 10개 신용등급으로 나눈다.

개인신용 정보는 식별정보, 신용도정보, 신용거래정보, 신용능력정보, 공공기록정보로 나뉜다. 식별정보는 특정개인을 식별할 수 있는 정보로, 성명, 주민등록번호, 성별, 국적, 직업 등이 해당된다. 신용도정보는 신용주체의 신용도를 판단할 수 있는 정보로서, 대출금의 연체와 용도 외 유용사실, 지급보증의 대지급금 발생사실, 어음 또는 수표거래정지처분을 받은 사실, 신용카드대금의 미결제 사실, 부정한 방법으로 대출 받은 사실 등이 해당된다. 신용거래정보는 신용주체의 거래내역을 판단할 수 있는 정보로서, 대출, 보증, 담보제공, 가계당좌예금의 개설과 해지사실, 신용카드, 시설대여 등의 금융거래 사실 등이 해당된다. 신용능력정보는 개인의 재산, 채무, 소득, 납세실적 등이 해당되며, 공공기록정보는 법원심판 및 결정에 관한 정보, 조세 또는 공공요금의 체납정보, 주민등록에 관한 정보 등이 해당된다. 이 중 신용거래 및 신용능력 정보가 가장 중요하다.

표 11-1 개인의 신용등급

등급	내용
1, 2등급	대출도 많고 신용카드도 많지만 연체가 없어 돈을 떼일 위험이 없는 등급으로 우수한 등급이다.
3, 4등급	적극적인 신용거래는 없지만 금융기관과 오랫동안 거래한 고객으로, 연체가 거의 없는 일반인은 대부분 이 등급에 속한다. 보통 등급에 해당한다.
5, 6등급	단 며칠이라도 연체한 경험이 있다면 5등급 이하로 하락하며, 이 경우 대부분 제2금융권에서 대출을 이용한다. 이 등급이 하위 등급의 초기단계이다.
7~10등급	이는 하위 등급에 진입한 단계로, 연체가 자주 발생하여 주로 사채를 사용한다.
9, 10등급	최하위 등급으로, 현재 신용불량자이거나 신용관리대상자에 진입할 경우이다.

한편, 개인신용 평가관련기관으로 개인신용 평가기관(Credit Bureau ; CB), 개인신용정보 집중기관, 개인신용 공여기관이 있다. 개인 신용평가 및 신용등급을 산출하는 기관은 은행 및 금융기관 등의 CB업체와 한국신용정보회사, 한국신용평가회사 등의 전문 CB업체가 있다. 개인신용정보를 수집, 집중, 관리하는 기관은 전국은행연합회, 한국여신금융업협회, 생명보험협회, 손해보험협회 등이 있으며, 신용정보업자로 한신정, 한신평 등이 있다. 개인신용 공여기관은 개인신용정보를 이용하거나 생산하는 기관으로 공공기관, 금융기관, 통신회사, 유통회사 등이 있다.

2) 채무불이행

채무불이행이란 용어는 2005년 4월 28일 이전까지 사용되었던 신용불량 용어에서 대체되었다. 이는 금융거래 등 상거래에서 발생한 결제대금 또는 대출금 등의 채무에 대하여 정당한 사유 없이 약정된 기일 내에 변제를 이행하지 않는 행위를 말한다. 만약 채무불이행의 해당요건이 되면 별도의 통보절차 없이 즉시 해당기관에 등록된다. 그러나 등재로 인한 어떠한 제재나 벌칙은 없다. 채무불이행은 주로 갚아야 할 결제대금이 연체되면 바로 등록되며 현행 규정은 50만 원 초과, 3개월 이상 연체가 되는 경우이다. 다만, 소액연체의 경우 은행연합회에 정보는 제공되지만 다른 금융기관에 제공되지는 않는다. 그러나 소액연체가 많을 경우에는 정보가 제공되며 연체건수도 2건 이상이면 채무불이행으로 등재된다.

구체적인 채무불이행의 등록요건은 결제대금연체와 소액연체를 2건 이상 한 경우이다. 결제대금 연체는 다음의 경우에 해당된다.

- 금융기관에서 50만 원을 초과하여 돈을 빌리고 3개월 이상 갚지 않는 경우
- 신용카드 사용 후 50만 원 초과결제 대금을 3개월 이상 갚지 않은 경우
- 30만 원을 초과하는 할부대금을 3개월 이상 갚지 않은 경우

한편, 소액연체 2건 이상도 다음과 같은 경우이다.

- 금액과 무관하게 금융기관에서 돈을 빌리고 3개월 이상 갚지 않은 경우
- 신용카드 사용 후 5만 원 이상의 결제 대금을 3개월 이상 갚지 않은 경우
- 5만 원 이상 할부대금을 3개월 이상 갚지 않은 경우

채무불이행을 해결하는 우선적인 방안은 해당 금융기관에 연락하여 담당자와 상담하는 것 밖에 없다. 만약 거래사실이 없음에도 채무불이행자로 등록된 경우, 해당 업체에 문의하여 즉시 정정요청을 해야 하며, 정정 결과에 불만이 있을 때는 금융감독위원회에 시정요청서를 제출한 다음 후속절차를 밟으면 된다. 그 외 해당 금융기관의 사전채무조정(프리워크아웃) 제도나 신용회복지원위원회의 개인 워크아웃제도를 활용한다.

3) 개인 신용회복지원제도

이는 개인 및 개인사업자 중 협약 등에서 규정하는 일정요건을 갖춘 채무자를 대상으로 상환기간의 연장, 분할상환, 이자율 조정, 변제기 유예, 채무감면 등의 채무조정 수단을 통해 경제적으로 재기할 수 있도록 지원하는 제도이다. 신청자격은 최저생계비 이상의 수입이 있는 채무자로서, 협약가입 금융기관에 대한 총 채무액이 5억 원 이하인 경우이다. 상환기간 연장은 대출금의 종류, 총 채무액, 변제가능성, 담보, 채무자의 신용 등을 고려하여 최장 8년까지 가능하다. 또한, 최장 8년의 기간 내에서 채무분할상환이 가능하고, 이자율 역시 인하할 수 있으며, 채무상환도 1년 이내의 기간 내에서 유예할 수 있다. 만약 채무자의 재산을 모두 처분하더라도 채무를 완납하기 어렵고, 변제금액이 강제집행 시 회수예상가 이상인 경우에 채권의 성격을 감안하여 이자는 전액, 원금은 금융기관이 손실 처리한 채권에 한하여 50% 범위 내에서 감면할 수 있다.

신용회복 지원이 확정된 채무자는 신용회복 지원내용의 협약을 준수하여야 하며, 만약 3개월 이상 채무를 이행하지 않는 경우에는 지원이 취소된다. 또한 신청 시 제출자료 등이 허위이거나 재산의 도피 등 도덕적 해이 사실이 확인된 경우에는 지원이 취소되어 금융질서 문란자 등으로 등재되며 추가적인 불이익을 받게 된다.

4) 사전채무조정(프리워크아웃)

이는 실직, 휴·폐업, 재난, 소득감소 등으로 연체가 발생하여 장기화가 예상되는 단기연체 채무자가 금융채무불이행자로 전락되는 것을 방지하여 정상적인 경제활동이 가능하도록 지원하는 제도이다.

신청자격은 아래 요건을 모두 충족하는 경우에만 가능하다.

- 금융회사에 대하여 채무불이행기간이 30일 초과 90일 미만이며, 2개 이상의 금융회사에 총 채무액이 5억 원 이하
- 신청 전 6개월 이내 신규발생 채무액이 총 채무액의 30/100 이하
- 부채상환 비율이 30% 이상
- 보유자산가액 6억 원 미만(부동산은 공시가격 기준)
- 기타 사전채무조정 지원 없이는 정상적인 채무상환이 어렵다고 위원회가 인정하는 경우

한편, 이의 지원방법은 다음과 같다.

- 상환기간 연장 : 무담보채권 최장 10년, 담보채권 최장 20년
- 이자율 조정 : 약정이자율의 70%(단, 조정이자율이 5% 미만인 경우에는 5% 적용, 약정이자율이 5% 미만인 경우에는 약정이자율 적용)
- 채무감면 : 원금 및 이자는 감면 없으며, 신청 전에 발생한 연체이자만 감면 가능
- 변제기 유예 : 연체사유가 실직·휴업·폐업·재난 등에 해당하는 경우 최장 1년 이내, 6개월 단위(유예이자 3%)

5) 소비자파산

이는 봉급생활자나 주부, 학생 등과 같은 비사업자의 파산을 의미하는 것으로, 소비자가 부채상환을 감당할 수 없는 지불불능상태에 빠졌을 때 법원이 이를 인정하여 채무이행을 면책해 주는 제도이다. 우리나라에서는 1997년 외환위기와 함께 부각되었다. 소비자파산은 채무자가 소비자로서 과다한 채무를 지게 된 경우에 채무자가 스스로 파산신청을 하는 자기파산과 채권자가 채무자에 대하여 파산신청을 하는 경우로 나뉜다. 절차는 관할법원에 파산원인을 소명하고 파산신청서를 접수, 파산관재인의 관리하에 진행된다. 파산관재인은 파산재단을 대표하여 재단의 관리, 처분, 배당 등 파산절차상의 중심적 활동을 하는 공공기관을 말한다. 한편, 파산선고를 받은 자는 채무의 면제를 받게 되더라도 그 파산자에게 보증을 선 사람의 보증채무는 그대로 남는다. 만약, 재산 은닉 등 사기파산인 경우 최고 10년 이하의 징역에 처한다.

참고 11-1

금융기관의 자산건전성 분류

자산건전성 분류는 보유자산의 부실화 정도를 평가하여 이에 대한 적정수준의 충당금을 적립하고 추가담보 징구, 채권의 조기회수 등 필요한 조치를 강구함으로써 부실자산의 발생을 사전에 예방하는 한편, 이미 발생한 부실자산의 조기정상화를 촉진함으로써 금융기관 자산운용의 건전화를 도모하는 데 있다. 이의 중요성은 다음과 같다. 우선적으로 동 분류는 대손충당금 적립금액 산정의 기준이 된다. 금융기관은 여신포트폴리오에 내재된 손실 발생위험을 흡수할 수 있는 충분한 수준의 대손충당금을 적립해야 하는 바, 자산건전성 분류는 보유자산의 손실 발생위험을 평가하기 위한 기초가 되며, 대손충당금 적립금액의 산정기준이 된다. 두 번째, BIS 자기자본비율 산정에 영향을 준다. BIS 자기자본비율은 금융기관의 자산건전성 분류에 의해 크게 영향을 받는데, 예를 들어 고정 이하 여신 증가 시 대손충당금의 적립부담으로 인해 수익이 감소함에 따라 자기자본이 감소하게 된다. 그 결과 BIS 비율은 하락하게 된다. 세 번째, 금융기관 부실채권에 대한 대손상각업무의 기초가 된다. 금융기관은 보유자산 중 회수가 곤란하다고 판단되는 자산에 대해서는 대손상각 처리하여야 하는데, 자산건전성 분류업무 처리과정에서 회수가능 여부를 판단하고 그 결과 회수가 곤란하다고 판단되는 자산에 대해서는 '추정손실'로 분류한 후 대손상각 처리한다.

한편, 자산건전성 분류대상 자산은 신용리스크를 보유한 모든 자산, 즉 대출채권, 확정지급보증, 유가증권, 리스자산, 가지급금, 미수금 등이며, 자산건전성을 정상, 요주의, 고정, 회수의문, 추정손실의 5단계로 분류한다. 보유자산의 건전성은 차주의 채무상환능력을 기초로 하여 연체기간 등 차주의 금융거래실적을 종합적으로 감안하여 분류한다. 실무적인 자산건전성 분류기준은 채무상환능력, 연체기간, 부도여부 등 3가지이며, 이 중 가장 낮은 단계를 적용하여 자산건전성을 최종적으로 결정한다. 예를 들어 채무상환능력기준으로는 '고정', 연체기간으로는 '요주의'인 차주의 경우 최종적인 자산건전성은 '고정'으로 분류된다.

채무상환능력은 산업위험, 영업위험, 경영위험, 재무안정성 등에 의한 차주의 채무상환능력과 신용리스크 평가를 통해 금융기관의 원리금회수 위험정도에 따라 건전성을 평가한다. 따라서, 채무상환능력 평가에 있어서는 원칙적으로 차주의 경영내용 및 이를

표 11-2 연체기간에 따른 건전성분류

구 분	기업 및 일반가계여신	가계신용카드채권
정 상	1개월 미만	좌 동
요주의	1개월 이상 3개월 미만	
고 정	3개월 이상 (회수예상가액 해당 부분)	
회수의문	3개월 이상 12개월 미만 (회수예상가액 초과 부분)	3개월 이상 6개월 미만 (회수예상가액 초과 부분)
추정손실	12개월 이상 (회수예상가액 초과 부분)	6개월 이상 (회수예상가액 초과 부분)

(계속)

둘러싼 외적 환경, 재무상태, 현금흐름 등을 우선적으로 고려해야 한다. 금융기관의 채무상환능력 평가는 5단계 자산건전성 분류보다 세분화하여 10~15단계로 분류한다. 두 번째, 연체기간이다. 금융기관은 보유자산에 대한 차주의 연체기간에 따라 표 11-2와 같이 건전성을 분류한다.

그리고 연체는 약정기일에 이자 또는 원금이 상환되지 아니한 경우를 말하고, 연체기간은 최초 연체발생 시점을 기준으로 산정하며, 연체 상태가 완전히 해소될 때까지는 연체가 지속되는 것으로 간주한다. 예를 들어 이자납입을 5개월 간 연체중인 차주가 3개월 분 이자를 중도에 납입한 경우에도 연체기간은 2개월이 아닌 5개월로 산정한다. 세 번째, 부도 여부이다. 만약 거래기업이 최종부도가 발생하거나 청산 또는 파산절차가 진행 중인 경우, 그리고 폐업 중인 거래처의 경우 담보물의 회수예상가액 해당 부분은 '고정', 초과 부분은 '추정손실'로 분류한다.

참고 11-2

Reference

대손충당금 적립제도

자산건전성을 분류하는 궁극적인 목적은 건전성 정도, 즉 채권의 회수가능성 정도에 따라 충당금을 적절히 적립하는 데 있다. 대체로 보유자산이 부실화될수록 충당금을 많이 쌓아야 하며, 자산의 건전성이 높아지면 충당금을 환입하는 등 건전성 정도에 따라 탄력적으로 충당금을 조절한다. 대손충당금은 대차대조표상 자산의 차감항목으로 표시되는 바, 미래에 발생할 수 있는 손실에 대한 조정이 이루어지지 않은 상태에서 여신을 금융기관의 대차대조표에 그대로 표시하는 경우 금융기관의 수익성과 건전성이 실제보다 과장되어 예금자와 투자자, 그리고 감독 당국은 금융기관의 경영상태를 정확히 파악할 수 없게 된다. 그런데 대손충당금 전입액은 비용(expense)이기 때문에 실제 손실예상액보다 당기비용을 과소 인식할 경우 당기순이익이 과대 계상되는 결과를 초래할 뿐만 아니라, 그 결과 이를 재원으로 배당을 실시할 경우 금융기관의 건전성은 더욱 악화될 수 있다. 따라서, 보유자산의 건전성을 적정하게 반영하여 이에 상응하는 충당금을 적립하는 것이 중요하다. 한편, 충당금의 충실한 적립은 부실채권 발생 시 일차적으로 이를 흡수하는 기능을 담당하고 부실자산을 상각 처리할 수 있는 재원이 된다.

금융기관은 결산(분기결산 포함)일 현재 대손충당금 적립대상 자산에 대하여 건전성 분류결과에 따라 단계별로 다음의 금액 이상을 대손충당금으로 적립해야 한다.

- 정상 : 0.5% 이상
- 요주의 : 2% 이상
- 고정 : 20% 이상
- 회수의문 : 50% 이상
- 추정손실 : 100%

참고 11-3

대손상각 제도

대손상각(write-off)이란 채권자가 보유하고 있는 채권 중 채무자의 상환 능력이 없거나 회수가 불가능하다고 판단되는 채권을 손실로 처리하는 것을 말하며 손실 처리된 채권은 대차대조표상의 장부가액에서 제외되고 대차대조표 난외계정에 대손상각채권으로 표시된다. 대손상각을 통하여 금융기관은 직접적으로 부실채권 규모 및 비율을 낮춤으로써 자산의 건전성 제고를 도모할 수 있을 뿐만 아니라 대손충당금 적립부담 감소에 따라 충당금 적립 전 이익 및 당기순이익 증가를 가져올 수 있다. 한편, 대손상각은 매각, 유동화, 출자전환 등 여타 방법들에 비하여 일정 재원 충족 시 금융기관의 자체적 여건에 따라 비교적 신속하고 간편하게 부실채권을 정리할 수 있는 방법이다. 대손상각 가능 여부는 금융기관의 자체 판단에 따르며, 상각 여부에 대하여 감독 당국의 허가나 인가 등 절차를 필요로 하지 않는다. 다만, 금융기관이 상각채권에 대하여 손비인정을 받기 위해서는 대손상각 전에 감독 당국의 인정 절차를 준수해야 한다.

Chapter 12

VaR(Value at Risk)

1. VaR의 도입배경

은행을 포함한 금융기관의 최대과제는 자산으로부터 발생하는 수익과 자금의 조달원천인 부채로부터 발생하는 비용을 대응시켜서 양자의 차이를 효율적으로 관리하는 것이다. 그러면 개별적으로 발생하는 금리리스크, 유동성리스크, 신용리스크 등은 충분히 커버할 수 있다. 그러나 금리자유화가 시작되면서 금융기관 영업경쟁이 치열해지자 과거처럼 안정적인 수익을 기대할 수 없게 되었다. 더불어 금융소비자들의 자금용도도 다변화되면서 자금사용기간이나 상환방법이 자주 변경되었다. 마찬가지로 금융기관의 자금집행 계획도 수시로 바뀌었다. 이런 경영환경 변화에 따라 금융기관의 리스크 관리기법도 더욱 세분화되면서 단순 자산부채관리에서 종합적인 자산부채관리시스템(ALM ; Asset Liability Management System)으로 확장되었다.

ALM은 자산과 부채의 기간 또는 적용금리 간의 불일치를 관리하면서부터 시작되었는데, 주로 장부상에 표기된 자산과 부채금액을 분석하였다. 이를 원가주의에 입각한 발생주의 회계라고 하는데, 이의 단점은 실제 거래되는 금액이 아니고 장부상의 금액을 적용한다는 점이다. 또한 발생주의 회계는 실제 현금흐름과도 엇박자가 발생한다. 이런 단점에도 불구하고 ALM 기법은 계속 적용되었다. 특별한 대체수단이 없었을 뿐더러 실제 현금흐름이 발생한 자산도 많지 않았기 때문이었다. 그러나 미국을 중심으로 전통적인 상업은행이 새로운 수익원을 창출하고자 투자은행으로 변신하면서 금융상품이 과거 예대마진 위주의 상품에서 유가증권투자, 대출자산 운용, M&A 중개 등 다양하게 변하였다. 이들 상품은 매일 시가로 평가하는 시장성 자산이 대부분이었고, 이를 기초로 한 파생상품 거래액도 엄청나게 증가하였다. 파생상품은 다른 금융상품과는 달리 일일정산(mark to market)을 해야 한다. 점차 투자자산과 시가주의에 근거한 평가성자산 규모가 커지면서 기존의 장부상 자산과 부채를 관리하는 ALM만으로는 한계에 이르렀다. 시가주의에 근거한 새로운 리스크 관리 수단이 절실히 필요하여 VaR 기법이 등장하였다. 이후 금융기관은 기존의 ALM 기법과 VaR 기법을 상호보완적으로 사용하고 있다.

한편, 리스크 관리 차원에서도 VaR의 도입은 절실했다. 기존의 전통적인 리스크 측정치는 대상상품마다 적용방법이 달랐다. 즉 예금과 대출에는 ALM 기법인 금리갭이나 만기갭이 적용되었고, 채권에는 듀레이션기법, 주식에는 베타기법이 적용되었다. 그 결과 각각 산출단위가 달라 이를 종합적으로 합산할 수가 없었다. ALM은 금액단위이고, 주식은 숫자단위로, 채권은 연(年) 단위여서 전체 리스크를 알고 싶어도 합산할 수가 없어 불가능하였다. 리스크 관리 초기에는 대상상품별로 노출된 리스크를 계량화하고 거기에 상응한 적정수익만 창출하도록 관리하였기 때문에 굳이 합산할 필요성을 못 느꼈다. 또한 초창기 금융기관의 주된 리스크영역은 ALM이었으며 이것만으로도 충분하였다.

그러나 점차 트레이딩 관련 자산운용이 빈번해지고 그 규모도 커지면서 이에 대한 리스크 측정과 관리의 중요성이 대두되었다. 무엇보다 최고경영자로 하여금 전체 리스크를 파악해 일관성 있는 수익과 리스크 관리 정책을 펴도록 금융환경이 바뀌었다. 따라서, 리스크별 합산이 가능한 VaR가 등장하게 되었다. VaR는 '일정 신뢰수준하의 최대 손실가능액'이라는 리스크 측정 방법으로 대차대조표상 여러 자산의 리스크를 용이하게 산출할 수가 있다. 무엇보다 주기적으로 금융기관 전체의 리스크 노출액을 파악하여 종합적인 리스크 관리시스템을 운영할 수 있다는 데 그 의의가 있다.

한편, 금융기관의 경영진은 VaR를 가장 유용하게 활용하였다. 가장 대표적인 사례가 J. P. Morgan사의 '4.15보고서'이다. 이 그룹의 전(前) 회장인 데니스 웨더스톤(Dennis Weatherstone)은 회사 전체의 리스크를 하나의 수치로 요약해야 할 필요성을 느끼고, 매일 영업이 끝난 후 15분 이내에 자신에게 1쪽짜리 요약보고서를 제출하도록 했다. 보고서에는 모간사의 모든 리스크가 하나의 수치인 VaR로 종합되어 있었다. 이 보고서는 매일 오후 4시 15분에 제출되었기 때문에 '4.15보고서' 로 불렸다. 그 보고서에는 24시간 안에 발생할 수 있는 모간사의 최대손실금액의 추정치가 나타나 있다. 당시 이 보고서는 상당히 혁신적이었으며 리스크 관리시스템 구축의 단초가 되었다.

VaR는 1980년대 말 J.P. Morgan사의 글로벌 리서치센터의 팀장이었던 틸 길디만(Till Guldimann)이 최초로 사용하였는데, 한참 지나서 그는 1994년 Risk Metrics 시스템에 VaR 기법을 적용하여 새로운 리스크측정시스템을 개발하였다. 이듬해는 국제결제은행(BIS)에서 발간된 'Risk Management Guidelines for Derivatives'에서도 시장리스크 측정방법으로 VaR가 소개되었다. 이후 J.P. Morgan사를 주축으로 미국의 대형 금융기관들과 감독 당국에서도 VaR에 근거한 자본적정성 기준을 마련하고 제도화하였다. 이 방법은 더욱 확대되어 무디스, S&P 등 신용평가기관, 미국 증권관리위원회(SEC ; The Securities and Exchange Commission)등 많은 금융관련 기관들이 VaR를 사용하였으며 이를 지지하였다. VaR는 현재 세계적으로 리스크측정치의 모범답안(best practice)으로 자리 잡았다고 할 수 있다. 우리나라는 외환위기 당시 IMF나 외국자본을 국내에 투자하는 외국금융기관들이 국내 금융기관들의 리스크 관리능력이 부족하다는 지적을 받았다. 그로 인해 국내금융기관은 BIS기준의 자본건전성 방안을 강구하였는데, 그때 VaR 기법을 이용한 리스크 측정시스템과 리스크 관리에 필요한 각종 제도와 기법들이 도입되었으며, 현재에도 VaR에 근거하여 리스크 관리시스템을 운용하고 있다.

2. VaR의 정의

VaR는 '정상적인 시장(normal market) 여건하에서 주어진 신뢰수준(confidence level)으로, 목표기간(target period) 동안에 발생할 수 있는 최대 손실금액(maximum loss)' 이라고 정의한다. 예를 들어 내가 어떤 투자자산을 갖고 있는데 보유기간 1주일, 신뢰수준 95%의 VaR가 10억 원이라 하자. 이는 '나의 투자자산 포지션의 가치에 영향을 미치는 어떤 리스크 요인의 변화로 인해 1주일 동안에 발생할 수 있는 손실이 10억 원보다 작다는 사실을 95% 신뢰수준에서 확신할 수 있다.' 는 의미이다. 다시 말하면 '1주일 동안에 10억 원보다 큰 손실이 발생할 확률이 5%' 라는 의미이다.

그림 12-1 손익분포

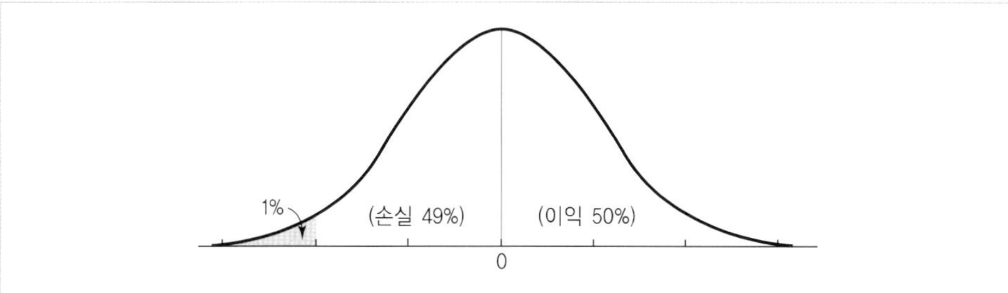

VaR의 정의를 구체적으로 살펴보면, 첫째, 정상적인 시장이다. 이는 누구나가 인정하는 보편적인 시장을 의미한다. 예를 들어 9.11테러로 인해 미국을 포함한 세계 주식시장의 폭락은 정상적인 시장이라면 발생하지 않아야 한다. 그러므로 비정상적인 상황에서 VaR는 유익하지 않은 리스크측정기법이다. 두 번째가 신뢰수준이다. 신뢰수준이란 관찰 값의 분포에서 특정 관찰 값이 포함될 확률을 의미한다. 예를 들어 99% 신뢰수준을 사용하면 관찰 값 전체의 99%가 이 범위 안에 포함됨을 의미한다. 그림 12-1의 손익분포는 정규분포를 가정한 것으로 50%의 이익분포와 50%의 손실분포로 구성되어 있다. 99% 신뢰수준을 적용하면 그림 12-1에서 평균이 0인 손익의 분포에서 '50%의 이익 발생확률+49% 손실발생 확률'에 해당하는 값을 구하겠다는 의미이다. 만약 95% 수준이라면 '50%의 이익 발생확률+45% 손실발생 확률'에 해당하는 값이다.

따라서, 신뢰수준이 높으면 그만큼 통계적으로 정확하다는 의미가 될 수 있으나 더 넓은 범위를 포괄하게 되어 VaR값은 당연히 커지게 된다. 대부분의 금융기관은 95%~99% 사이의 신뢰수준을 선택하고 있다. 세 번째가 목표기간이다. 이는 해당자산 또는 포트폴리오의 보유기간으로 통상 금융기관은 영업일기준으로 계상한다. 일주일은 영업일기준으로는 5일이며, 1년은 250일이다. 목표기간은 보유포지션의 헤지기간이나 계약해지 기간 등 원래포지션의 유동성과 연관하여 설정하는 것이 좋다. 예를 들어 한 달 후에 투자자금이 필요하다면 목표기간을 1개월로 정하면 된다. 네 번째 최대손실액이다. 이는 측정된 리스크금액으로 최종적으로 얻고자 하는 값이다. 이 금액을 가지고 확률적으로 투자여부를 판단한다. 만약 투자를 원할 경우 최대손실액을 부담할 만큼 자본금이 있는지 없는지를 확인해야 한다. 만약 자본금을 초과한 상태에서 투자를 감행한다면 실제로 리스크가 발생하였을 경우에는 바로 파산이다.

VaR를 이용하면 또 다른 리스크, 즉 시장리스크에 노출된 시장 VaR, 금리리스크에 노출된 금리 VaR, 신용리스크에 노출된 신용 VaR, 기타 운용리스크에 노출된 운용 VaR 등을 전부 합하여 금융기관 또는 개인에게 노출된 전체 리스크금액을 합산할 수가 있어 훨씬 간단하게 투자의사 결정을 할 수 있게 된다. 가령 신규투자를 할 경우에는 신규리스크와 기존리스크 노출금액을 합한 금액이 자본금을 초과한다면 한도 내로 적정하게 줄여서 추진할 수 있는 방법을 찾아야 한다. 이런 방법은 기존의 투자결정 방법에 비하여 훨씬 간단하면서 공정하기 때문에 다양한 이해당사자들을 쉽게 이해시킬 수 있다. VaR 산출식은 정의에 따라 다음과 같다.

$$\text{VaR} = \text{Exposure} \times \text{신뢰수준} \times \text{변동성}(\sigma) \times \sqrt{\text{기간}}$$

한편, VaR는 통계적인 리스크 측정치이므로 그 값을 구하기 위해서는 보유자산이나 포트폴리오의 과거 손익분포를 알아야 한다. 만약 실제 손익분포를 알지 못한다면 통계적으로 가장 유용한 정규분포를 사용하면 된다. 정규분포는 실제 현상에서 가장 많이 나타나고 웬만한 다른 분포함수들도 정규분포를 따르기 때문에 가장 무난한 분포이다. 정규분포를 이용한 방법을 모수[1)]적 방법이라 한다. 예를 들어 99% 신뢰수준에서 VaR는 그림 12-2에서처럼 하위 1% 부분에 해당되며, 이는 평균값에서 하위 1% 확률까지의 거리이다.

다행히 실제 손익분포를 알고 있다면 굳이 정규분포를 가정할 필요가 없다. 따라서 VaR 값도 실제 값과 오차가 작아진다. 또한 손실분포를 가정하지 않고 무작위적인 시뮬레이션을 통하여 손실분포를 만들어서 측정할 수도 있는데 이는 모수를 사용하지 않았다 해서 비모수적 방법이라 한다.

그림 12-2 VaR의 개념

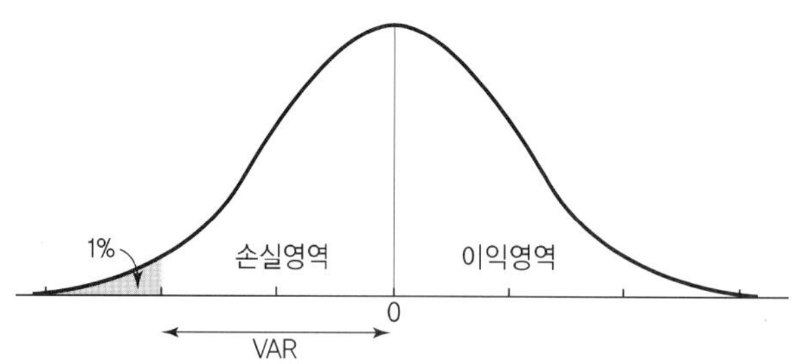

Footnote

1) 모수는 모집단의 특성을 알 수 있는 통계값으로, 평균 또는 표준편차가 대표적이다. 통계값이란 이러한 값을 가지고 전체 현상을 추론할 수 있는 값을 말한다.

VaR를 측정하는 모형 중 모수적인 방법을 쓰는 대표적인 방법이 분산-공분산법(variance-covariance model)이며, 델타노말(delta normal) 방법이라고도 하는데 정규분포를 가정하기 때문에 이렇게 부른다. 정규분포는 평균과 분산의 두 가지 모수만으로 분포의 모든 특성을 나타낼 수 있으므로 비교적 쉽게 VaR를 계산할 수가 있다. 이런 장점 때문에 실무적으로 많이 활용된다. 비모수적인 방법으로는 역사적 시뮬레이션법과 몬테카를로 시뮬레이션법이 있다. 역사적 시뮬레이션법은 과거 수익률데이터의 실제 수익률 변동성을 현재 포트폴리오에 적용하며, 몬테카를로 시뮬레이션법은 약 1,000개의 시나리오를 무작위로 만들어서 이의 확률분포를 가지고 계산한다. 대표적인 무작위 방법은 기하적 브라운운동(Geometric Brownian motion)이다. 이상의 방법 중 실무적으로 활용성이 가장 높고 일반투자자들도 알아두어야 할 분산-공분산법을 이용하여 VaR를 측정하고자 한다.

3. VaR 측정

1) 주식 VaR 측정

예를 들어 1개의 A주식 10억 원어치를 1주일 동안 보유하는데 A주식의 직전 1년 동안 수익률의 일별 변동성, 즉 표준편차가 2.69%라 하자. 신뢰수준 99%하에서(신뢰계수는 2.33) A주식의 VaR는 다음과 같이 계산되는데, A주식을 일주일 동안 보유했을 때 최대로 예상되는 손실액은 약 1억 4천만 원이다.

$$\text{A주식 VaR} = 10\text{억 원} \times 2.33 \times 2.69\% \times \sqrt{5} = 140{,}149{,}500\text{원}$$

보유기간 일주일을 영업일로 환산하면 토요일과 일요일은 제외되어 5일이다. 만약 A주식의 과거 일별변동성을 모르고 주가지수 전체의 변동성과 그에 따른 베타값을 알고 있으면 역시 VaR를 계산할 수 있다. 위의 예처럼 A주식 10억 원, 전체 주가지수(예 : KOSPI) 일일변동성이 1.7%, A주식의 베타(민감도)가 1.6이라면 VaR 값은 다음과 같이 계산되며 최대손실액은 약 1억 4천 2백만 원[2]이다.

Footnote

2) 위의 두 가지 방법으로 산출한 A주식의 VaR값이 차이가 난 이유는 민감도지표인 베타계수를 산출하는 과정에서 발생한 것이다.

$$A주식\ VaR = 10억\ 원 \times 2.33 \times 1.7\% \times 1.6 \times \sqrt{5} = 141,713,044원$$

이제는 한 개를 추가해서 B주식까지 보유한다고 해 보자. B주식에는 5억 원을 투자하고 똑같이 일주일 동안 보유하기로 했다. 마찬가지로 B주식의 직전 1년 동안 수익률의 일별 변동성(표준편차)을 계산해 보니 2.92%였다. B주식의 VaR는 다음과 같이 계산된다.

$$B주식\ VaR = 5억\ 원 \times 2.33 \times 2.92\% \times \sqrt{5} = 76,062,850원$$

B주식을 일주일 동안 보유했을 때 최대로 예상되는 손실액은 약 7천 6백만 원이다. 개별적으로 보면 A주식의 최대손실액은 1억 4천만 원이고, B주식의 최대손실액은 7천 6백만 원이다. 이를 합하면 전체 2억 1천 6백만 원의 손실이 예상된다. 그러나 두 주식을 합하면 A주식과 B주식 간의 상관관계로 인하여 포트폴리오효과, 즉 분산효과가 생긴다. 만약 A주식과 B주식 수익률 간의 상관관계가 0.48이라 하자. 이제 A주식과 B주식으로 구성된 포트폴리오 VaR를 계산해 보자. 계산공식에 따라 포트폴리오의 익스포저(5억 원+10억 원=15억 원), 신뢰계수(2.33), 보유기간(일주일)은 이미 알고 있으며 포트폴리오의 상관관계가 반영된 일별 변동성만 구하면 된다. 포트폴리오 분산을 구하는 공식은 다음과 같다.

$$\sigma_P^2 = w_A^2\sigma_A^2 + w_B^2\sigma_B^2 + 2w_A\, w_B\, \rho_{AB}\, \sigma_A\, \sigma_B$$

W_A는 A주식에 투자한 비율로서 (10억 원/15억 원)$=\frac{2}{3}$이고,

B주식에 투자한 비율 W_B는 (5억 원/15억 원)$=\frac{1}{3}$이다.

만약 세 개의 변수인 경우에도 순차적으로 공분산을 반영하여 구할 수 있으며, 4개 이상인 경우에도 똑같은 방식이 적용된다. 다만, 계산절차가 복잡해진다. 따라서 실제 펀드를 구성하거나 포트폴리오효과 차원의 개별종목이 10개 이상만 되더라도 공분산을 구하기 위해서는 전산시스템을 이용해야 한다. 두 종목의 포트폴리오 변동성(표준편차)은 위의 공식에 각각의 숫자를 대입하여 구하면 다음과 같다.

$$\sigma_p = \sqrt{\left(\frac{2}{3}\right)^2 (0.0269)^2 + \left(\frac{1}{3}\right)^2 (0.0292)^2 + 2\left(\frac{2}{3}\right)\left(\frac{1}{3}\right)(0.48)(0.0292)(0.0269)}$$
$$= 2.4263\%$$

따라서, 포트폴리오의 VaR는 다음과 같이 계산할 수 있다.

$$\text{포트폴리오 VaR} = 15\text{억 원} \times 2.33 \times 2.4263\% \times \sqrt{5} = 188{,}730{,}000\text{원}$$

앞의 개별주식 A와 B의 VaR 단순합은 2억 1천 6백만 원이었으나, 포트폴리오 VaR는 1억 8천 9백만 원으로 감소하였다. 즉 두 종목의 포토폴리오로 인해 예상손실액이 2천 7백만이나 줄어든 셈이다. 포트폴리오를 구성하면서 리스크 감소효과가 나타난 것이다. 한편, 종목이 늘어나 3개 또는 5개, 10개가 되더라도 계산방법은 동일하다. 개별리스크별 상관관계를 잘 고려하면 전체 리스크를 합산할 때 충분히 리스크를 분산시킬 수 있다. 분산효과는 아직까지 가장 강력한 리스크 관리수단으로 작용하고 있다.

2) 채권 VaR 측정

제7장 채권리스크에서 채권의 가격변화율과 듀레이션의 관계를 다음과 같이 유도하였다. 여기서 맥콜레이듀레이션을 1+r로 나누면 수정듀레이션이 되므로 오른쪽과 같이 변형할 수 있다.

$$\frac{\Delta P}{P} = -\frac{D}{(1+r)} \times \Delta r \rightarrow \frac{\Delta P}{P} = -MD \times \Delta r$$

위 식으로부터 수익률과 가격변화율의 변동성은 다음의 관계가 성립됨을 알 수 있다.

$$\sigma\left(\frac{\Delta P}{P}\right) = MD \times \sigma(\Delta r)$$

따라서, 채권 VaR 산출식은 위의 식을 이용하여 다음과 같이 유도할 수 있다.

채권 VaR = Exposure × 신뢰계수 × 수정 듀레이션 × 시장금리변동성

예를 들어 만기 3년, 연 1회 액면이자율 8% 지급, 액면가 10,000원, 만기수익률 10%인 채권이 있다고 하자. 또한, 직전 1년 간 3년 만기 국고채금리의 일일변동성은 0.45%이다. 채권의 듀레이션은 공식에 따라 계산하면 2.78년이다. 만약 이 채권에 100억 원 투자했다면 채권 VaR는 공식에 따라 다음과 같이 계산할 수 있다.

$$\text{채권 VaR} = 100\text{억 원} \times 2.33 \times \frac{2.78}{1.1} \times 0.45 = 2\text{억 6천 5백만 원}$$

따라서, 100억 원의 채권에 투자할 경우 최대 2억 6천 5백만 원의 손실이 예상된다.

3) 외환 VaR 측정

외환 VaR는 주식 VaR를 계산하는 방법과 동일하다. 예를 들어 100만 달러를 보유하고 있으며 환율의 일별변동성은 0.565%라 하자. 이때 99% 수준의 VaR를 계산하면 다음과 같다.

외환 VaR = 2.33 × 100만 달러 × 0.565% = 13,165달러

이는 향후 24시간 이내에 원화환율의 불리한 움직임으로 인해 보유 외환 포지션에서 발생할 수 있는 최대손실이 13,165달러이고, 확률적으로는 99%까지 신뢰할 수 있다는 뜻이다.

4. VaR의 용도

현재 대부분의 금융기관은 VaR를 이용하여 리스크를 측정하고 이를 근거로 회사 전체 리스크를 관리하고 있다. 심지어 감독 당국이나 신용평가기관까지도 VaR를 활용하고 있는 추세이다. VaR가 폭발적인 인기를 끈 이유는 무엇보다 계산하기가 쉽

고, 회사 전체적으로 리스크를 관리할 수 있기 때문이다. 여타 리스크 관리수단에 비하여 VaR는 회사의 전체 영역에 걸쳐 노출되어 있는 리스크를 합산해서 하나의 수치로 보여 주기 때문에 투자의사 결정 시 판단자료로 적격인 셈이다. 그러므로 VaR는 다양한 용도로 활용된다.

첫째, 이해관계자들에게 주기적인 리스크관련 정보를 제공하는데 활용된다. VaR는 금융기관이나 기업의 노출된 리스크를 간단한 수치로 파악하게 해 주므로 내부적으로 주요 의사결정을 할 때 사용된다. 특히, 신규사업에 진출하거나 추가사업을 확장할 때 적극 활용된다. 금융기관은 펀드규모를 늘리거나 투자 포트폴리오를 조정하고 싶을 때 우선적으로 VaR를 산출하고 이를 비교한 다음 투자 여부를 판단한다. 또한 주주들에게도 쉽게 이해할 수 있는 리스크관련 정보를 주기적으로 제공해 준다. 대부분의 주주들은 경영에 대한 전문지식이 부족하여 해당기업의 경영상태를 정확히 파악하지 못한다. 그런 면에서 VaR는 비전문적인 일반주주들도 기업의 경영상태, 특히 리스크노출에 따른 자본적정성 등을 쉽게 이해할 수 있도록 해 준다. 최고경영자 역시 회사 전체에 노출된 리스크를 하나의 수치로 이해하고 이를 적극 활용한다. 이런 경우에 복잡하고 자세한 정보는 오히려 경영혼란을 야기할 수도 있다.

둘째, 자산운용포지션 한도나 기업 내 내부자원을 배분하는데도 활용된다. 전통적으로 자산운용의 포지션은 경영자나 투자책임자의 주관적인 판단하에 액면금액을 운용인원 수에 따라 또는 사업목표를 중심으로 배분하였는데, 이 중 중요한 판단기준이 자산운용의 성과였다. 이 방법은 투자자산에 내재된 리스크를 전혀 고려하지 않아 실제 노출된 리스크가 상이할 경우 포지션 배분의 합리성을 유지하지 못한다. 그러므로 VaR를 이용하여 설정한 포지션한도는 리스크노출이라는 공통적인 기준으로 측정한 것이므로 이런 문제점을 극복할 수 있다. 한편, VaR를 이용하여 회사 내 제한된 자원, 즉 예산을 부서별, 계층별로 배분하여 리스크 간의 분산효과를 얻을 수도 있다. 즉, 리스크한도를 계층별로 설정하면 상위계층의 VaR는 하위계층 VaR를 합산한 것보다 작게 설정될 수 있어 보다 효율적으로 자원을 배분할 수 있다.

셋째, 포트폴리오 운용 시 VaR를 통하여 실질적으로 리스크를 관리할 수 있다. VaR를 이용하면 펀드매니저별 리스크를 실시간으로 평가할 수 있어 펀드매니저별 운용자산을 보다 적극적으로 재분배할 수 있다. 기본적으로 펀드매니저들은 최대한 고수익을 추구하고자 무리하게 포트폴리오를 구축하기 때문에 이를 통제하기가 어렵다. 그러나 VaR를 이용하면 펀드매니저들이 사전적으로 너무 높은 리스크에 노출되지 않도록 가이드라인을 설정할 수 있다. 나아가 적절한 헤지의사결정도 할 수 있다. 리스크에 노출된 포지션을 무조건 헤지하는 것은 좋다고 볼 수 없다. 왜냐하면 헤지는 리스크를 감소시키는 동시에 수익률도 감소시키고 비용도 수반되기 때문이다. 따라서 포지션의 VaR를 계산한 결과 VaR가 적절한 수준이면 펀드매니저에게 굳이 헤지할 필요가 없다고 권고할 수 있다.

넷째, 운용실적을 평가하는데 활용된다. VaR를 이용하면 다양한 자산에 투자하여 실현된 이익을 노출된 리스크(변동성)의 크기로 거래자간 동일한 기준, 즉 리스크가 반영된 실적으로 평가할 수 있게 된다. 따라서 피평가자의 성과평가에 대한 불만이나 이의제기에 합리적인 기준으로 대응할 수 있어 조직분위기가 가라앉지 않는다. 대표적으로 실현이익을 VaR로 나누어 계산한 리스크조정성과평가(RAROC ; Risk Adjusted Return on Capital)가 있다. 예를 들어, 표 12-1과 같이 A펀드매니저는 주식에 10억 원을 투자하여 1억 원을 벌었고, B펀드매니저는 채권에 20억 원을 투자하여 2억 원을 벌었다고 하자. 두 펀드매니저의 수익률은 똑같이 10%이므로 동일한 점수를 받는다. 그러나 내재된 리스크, 즉 VaR 대비 수익을 고려했을 때 B펀드매니저의 성과는 111%이고, A펀드매니저의 성과는 43.4%이다. 따라서 B펀드매니저에게 평가점수를 더 많이 주어야 한다.

마지막으로 회사 내 건전한 리스크 관리문화를 조성할 수 있다. VaR에 근거한 적절한 리스크 관리시스템을 운용하면 펀드매니저들에게 공정한 평가와 그에 따른 보상을 제시함으로써 리스크를 감안한 투자전략이 가능해진다. 또한, 펀드매니저들의 운용성과에 리스크를 반영하므로 흔히 발생할 수 있는 도덕적 해이를 방지할 수도 있다. 만약 펀드매니저들에게 리스크가 반영되지 않는 운용한도를 제시하게 되면 그들은 높은 수익에 대한 보상을 염두에 두고, 항상 공격적이고 리스크가 큰 포지션을 취하려고 할 것이다.

표 12-1 리스크조정성과평가(예시)

구 분	A 펀드매니저	B 펀드매니저
투자규모	10억 원	20억 원
수익액(률)	1억 원(10%)	2억 원(10%)
수익률의 변동성 VaR(99% 신뢰수준, 연간)	10.0% 2.3억 원	4.0% 1.8억 원
리스크조정성과평가(RAROC)	43.4%	111%

5. VaR의 사후검증(back testing)

VaR를 통한 리스크 측정은 어디까지나 통계적인 기법을 적용하여 미래의 예상손실을 예측하는 것이므로 실제로 일정시간이 경과해서 그러한 예측이 정확한가를 검증할 필요가 있다. 이를 사후검증(back testing)이라 하며 주로 1일 VaR를 기준으로 테스트하고 있다. 만일 VaR값이 99% 신뢰수준하에서 계산되었다면 통계적으로 미래에 발생할 손실 중 99%는 VaR의 영역 안에 있어야 하며, 1%만이 이를 초과할 것으로 예상한 것이다. 예를 들면 1년 250일 영업일 중 평균 2~3회의 손실만 VaR를 초과했더라면 VaR모형은 적정하다고 판단할 수 있다. 사후검증 방법에는 실제손익을 이용하는 방법과 가상손익을 이용하는 방법이 있다. 전자는 어제(t-1)포지션의 손익과 오늘(t)포지션의 손익을 비교한 후 이를 1일 VaR와 비교하는 방법인데, 실제손익을 관리할 수 있다는 장점이 있다. 후자인 가상손익을 이용하는 방법은 어제(t-1)의 포지션에 오늘(t)의 시장가격을 적용하여 가치를 산출하고 이를 어제의 포지션 가치와 비교하는 방법으로 모형의 적합성을 검증하는데 유용하다.

6. VaR의 한계점

대부분의 금융시스템에 적용된 모형이 그렇듯이 VaR도 모형에 설정된 가정들로 인하여 몇 가지 한계점을 갖고 있다. 우선 극단적인 상황에서는 VaR 적용 자체가 불가능해진다. VaR는 과거자료에 근거하여 변동성(표준편차)을 계산, 이것이 미래에도 발생할 것이라고 가정하고 산출한 계산값이다. 따라서, 과거패턴이 완전히 바뀌는 상황이라면 과거자료에 의존하여 계산한 VaR는 미래를 예측하는데 적절하지 않다. 이의 좋은 예가 한국의 외환위기이다. 1997년 9월부터 12월까지 당시의 금융지표는 엄청나게 변동하였다. 콜금리가 13%에서 35%까지 급등하였고, KOSPI 지수는 760선에서 300선까지 급락하였으며, 원-달러 환율은 900원대에서 1,990원대까지 폭등하였다. 이런 사례는 세계적으로 빈번하게 발생하였는데 대표적으로 1987년 블랙먼데이 사건 때 미국의 다우지수가 하루 동안 23%나 폭락하였고, 1997년 아시아 외환위기 때 인도네시아 루피화는 하루 동안 71% 하락하였다.

VaR에서 가정한 정상적인 시장여건을 커버하지 못한 위기상황은 스트레스 테스트(stress test)로 대신하고 있는데, 여기에는 두 가지가 있다. 우선 단순 민감도테스트이다. 이는 금리, 주가 환율 등을 미리 정한 다양한 수준으로 변화시켜 포트폴리오의 가치가 어떻게 변화하는지를 분석하는 방법이다. 예를 들어 주가인 경우 ±2%, ±4%, ±6%, ±8% 순으로 단계적으로 충격을 주어 그에 따른 포트폴리오의 가치가 어떻게 변화하는지를 측정한다. 대체로 이 방법은 단순하고 적용이 용이하다는 장점이 있는 반면, 충격발생의 개연성이나 논리적 근거가 부족하다는 단점이 있다. 두 번째 방법이 시나리오 분석법이다. 이는 실제 일어날 수 있는 극단적인 위기상황을 가정하고 그에 따른 손실을 평가하는 방법으로 가장 많이 사용되고 있다. 이는 역사적 시나리오 방법과 가상시나리오 방법으로 나뉜다. 전자는 과거 위기상황시 가격변동 폭을 현재의 포트폴리오에 그대로 적용하는 방법으로 실제 일어난 사건을 반영하기 때문에 이해는 쉽지만, 미래의 리스크를 설명하기에는 다소 부족하다. 후자인 가상시나리오 방법은 주관적 혹은 체계적인 방법을 이용하여 향후 나타날 것으로 여겨지는 리스크요인들의 변동성을 합리적으로 추정한 다음, 이를 기초로 시나리오를 설정하는 방법이다. 이는 과거와는 다른 행태를 보일 가능성이 있는 미래의 리스크를 설명하는데 효과적이어서 역사적 시나리오의 단점을 보완할 수 있으나, 개발자의 주관적인 요소가 개입될 수 있다는 단점이 있다. 한편, 위기상황 분석결과는 최고경영진이나 이해관계자들에게 수시로 보고되는데, 수시로 비상계획(contingency plan)에 반영된다.

VaR의 두 번째 한계점은 국가 전체적인 리스크나 법률리스크 등 비재무적인 리스크를 커버하지 못한다. 국가리스크는 국가가 외환거래나 무역거래를 강제로 통제해서 거래상대방이 계약을 이행하지 못할 때 주로 발생하는 리스크이다. 1998년 발생하였던 러시아 외환위기가 전형적인 국가리스크에 속하며 이런 리스크는 VaR를 통해서 전혀 통제할 수 없다. 이를 통제하는 유일한 방법은 여러 나라에 분산투자하는 수밖에 없다. 그리고 법률리스크는 거래상대방이 거래에 참여할 법적 또는 규제상의 권한을 갖지 못하는 경우에 주로 발생한다. 이런 경우에도 VaR는 전혀 도움이 안 된다. 그 외에 정치적, 규제적 조치 등으로 인해 전략적으로 발생하는 리스크도 VaR를 통해 통제하기 어렵다.

Chapter 13

순수리스크(위험)

1. 순수리스크의 특성

순수리스크는 최선의 경우에는 손실이 발생치 않으나 항상 손실의 기회만 존재하고 이득의 기회는 전혀 존재치 않는 상황을 말한다. 통상 순수리스크를 우리말로 위험이라 하며 이는 보험을 통해 보험료라는 비용을 지불하고 항상 손실만 발생하는 기회를 보험자에게 전가시킨다. 따라서 투기리스크와 순수리스크의 구분은 보험부보 가능성을 따지면 된다. 한편, 보험자는 일정한 요건을 갖추는 위험만 인수하려고 한다.

보험으로 부보되기 위한 위험요건으로 첫째, 다수의 동질적인 순수위험이어야 한다. 이는 서로 독립적인 위험이 다수 존재하여야만 대수의 법칙[1]을 이용하여 미래 손실을 예측하고 그에 따른 보험료를 계산할 수 있기 때문이다. 그리고 동질성을 갖는다는 것은 위험이 동일한 확률분포를 갖는 확률변수이어야 함을 의미한다.

둘째로 손실발생이 우연적이고 고의성이 없어야 한다. 이는 보험계약자의 선의의 피해자 발생을 막기 위함인데, 고의나 사기의도가 개입되면 신의성실의 원칙을 위반하여 보험회사를 속이기 때문이다. 한편, 건물의 감가상각처럼 미래에 확실하게 발생하는 손실은 굳이 보험에 가입할 필요가 없다.

Footnote

1) 대수의 법칙이란 독립적으로 발생하는 사건에 대하여 관찰횟수를 대량적으로 발생시키는 확률은 일정한 값에 가까워진다는 법칙으로 통계적 의미는 '어떤 사상이 일어날 확률을 P라고 할 때 n회 시행 중 그 사상이 일어날 횟수를 r회라고 한다면, n을 크게 할수록 r/n은 P에 접근한다.' 이다.

(4) 할인계산		
연간 필요비용의 누적계산		
대학입학까지의 연수	4	
세후수익률(%)	6%	
상기 금액의 현가		46
(5) 자녀교육을 위해 현재 준비한 자산		10
(6) 필요자금 : (4)-(5)		36

• Step 7 : 자녀의 결혼비용 추산

- 30세 결혼 예정으로 비용은 약 2억 원을 예상하였으며, MMF 중 결혼자금 천만 원을 배정하였다. 현재시점으로 할인한 필요자금은 1억 4천만 원이다.

(단위 : 백만 원)

(1) 예상하는 결혼비용		200
(2) 결혼비용 조정		
결혼까지의 연수	15	
물가상승률(%)	4%	
결혼 당시의 결혼비용 종가		360
(3) 할인계산		
결혼까지의 연수	15	
세후수익률(%)	6%	
상기 종가의 현가계산		150
(4) 자녀결혼을 위해 현재 준비한 자산		10
(5) 필요자금 : (3)-(4)		140

• Step 8 : 자녀가 독립 후 배우자 은퇴 전(48~64세)까지 필요한 수입 추산

- 자녀 독립 후 혼자 생활할 경우 현재(월 2.5백만 원)의 2/3 수준을 원할 경우 필요한 금액을 현재 시점으로 할인하면 필요자금은 9천 1백만 원이다.

(단위 : 백만 원)

(1) 희망하는 배우자의 연간수입	20	
(2) 예상하는 배우자의 세후소득	20	
(3) (1)-(2)		8
(4) 계산 조정		
지급개시 시점까지의 연수	10	
물가상승률(%)	4%	
필요수입의 종가		11.8
(5) 누적계산		
은퇴 전 수입지급 횟수	17	
물가상승률(%)	4%	
세후수익률(%)	6%	
연금현가계산		164
(6) 할인계산		
지급개시 시점까지의 연수	10	
세후수익률(%)	6%	
연금현가의 현가계산		91
(7) 필요자금		91

- Step 9 : 배우자 은퇴 후 예상 생존 시까지(65~85세) 수입자금 추산
  - 은퇴 후 국민연금 등 기타수입을 연간 1천만 원으로 예상하였으며, 이를 현재 시점으로 할인하면 필요자금은 9천 9백만 원이다.

(단위 : 백만 원)

(1) 희망하는 배우자의 은퇴시점의 연간수입	20	
(2) 배우자의 은퇴 후 예상되는 연간수입(각종 공적·사적 연금 포함)	10	
(3) (1)-(2)		10
(4) 시급액 조정		
은퇴까지의 연수	27	
물가상승률(%)	4%	
필요수입의 종가		28.8

(계속)

(5) 누적계산		
은퇴 후 수입지급 횟수	21	
물가상승률(%)	4%	
세후수익률(%)	6%	
연금현가계산		475
(4) 할인계산		
은퇴까지의 연수	27	
세후수익률(%)	6%	
연금현가의 현가계산		99
(7) 필요자금		99

• Step10, 11 : 비상예비자금을 반영한 최종 생명보험 니즈 금액 결정

– 비상예비자금을 6개월분 생활비(6×2.5백만 원)로 하고, 최종적으로 필요한 생명보험 니즈 금액은 6억 7백만 원이다.

– 따라서 고객에게는 보장금액이 최소한 6억 7백만 원 이상인 생명보험 상품을 설계하되 기존계약인 정기보험이나 암보험에서 보장되는 부분을 제외해야 한다.

(단위 : 백만 원)

〈Step10〉 비상예비자금		15
〈Step11〉 생명보험 니즈를 결정한다		
(1) 각 Step에서 결정된 금액의 합계		
Step5	156	
Step6	36	
Step7	140	
Step8	91	
Step9	99	
Step10	15	
필요자금의 합계		538
(2) 사용가능한 재원(Step에서 남은 유동자산을 기재, 부채(–)면 '0')		0
(3) (1)–(2)		538
(4) 사망 시 유동성을 제공하기 위한 생명보험 니즈 (Step4가 부채(–)일 경우 기재)		69
(5) (3)+(4) : 필요한 생명보험 니즈 합계		607

3) 손해보험설계

손해보험설계는 그 다양성으로 인해 정형화된 프로세스를 설정하기가 어려우며 대체적으로 위험요소를 분석하고 이런 위험이 어느 정도 영향을 미치는지에 따라 치명적 위험, 중요한 위험, 일반적 위험으로 분류하여 각각에 대하여 처리방법을 선택하고 이를 실행하는 단계로 구분한다. 표 13-3은 손해보험의 위험평가 예시이다. 우선 인적위험, 재산위험, 그리고 배상책임위험을 구분한 다음 인적위험은 생명보험으로 설계한다. 재산위험과 배상책임위험을 표 13-3에서처럼 2천만 원 이내는 일반적 위험, 2천만 원 이상 1억 원 미만은 중요한 위험, 1억 원 이상은 치명적 위험으로 분류하기로 결정한다. 이후 해당 위험별 처리방법에 대한 대체상품과 기 가입여부를 체크한 이후 우선순위를 설정하여 실행한다. 또한 보험가입 후 고객의 위험 변경, 재산 증가 등 부보된 위험에 영향을 미치는 다양한 요소의 변경사항을 확인하고 당초 계획대로 수행되는지에 대해 평가하고 조언한다.

표 13-3 위험평가 예시

위험평가	위험노출	추정최대손실		처리방법	
		현재가액	재조달가액	위험축소	위험 이전
치명적 위험	임차보증금 미반환		1억 원	정기점검, 전세권설정, 일부 월세 전환	임차보증금 보장보험
	주택 화재, 폭발 등	9천만 원	1억 2천만 원	정기점검 및 소화기 설치	주택화재보험
	식당 화재, 폭발	3억 2천만 원	5억 5천만 원		임차자 배상책임보험
	자동차로 타인 피해유발		무 한	정기점검 및 안전운행	자동차보험
	오토바이로 타인 피해 유발		무 한		
	음식물부패로 피해		무 한	위생관리	음식물배상책임보험
중요한 위험	가족의 상해		인당 1천만 원	안전의식	상해보험
	식당화재로 휴업손해		2천 5백만 원	정기점검	휴업보상보험
일반적 위험	냉장고 파손	3백만 원	1천만 원	정기점검 및 안전운행	동산종합보험
	자동차 파손, 도난	5백만 원	8백만 원		자동차보험
	오토바이 파손, 도난	2백만 원	3백만 원		
	집기비품 파손, 도난	2백만 원	5백만 원		주택화재보험

참고 13-1

Reference

보험상품

(1) 보험상품의 기본요건

보험상품으로 존재하기 위해서는 몇 가지 기본요건이 필요하다. 첫째, 보장을 목적으로 한 상품이 구성되어야 한다. 보험상품은 사망보장 또는 저축이나 생존보장 등 무엇을 주목적으로 할 것인가에 따라 상품으로서 그 구성이 달라지며, 가입자들의 다양한 보장욕구에 따라 주보험 단독으로 판매되기보다는 별도의 특약을 부가하여 판매된다. 둘째, 위험의 동질성을 갖추어야 한다. 보험은 판매대상의 연령이나 직업 등에 따라 보험금과 보험료의 범위를 제한하여 피보험자의 동질성을 유지하는 것이 상품으로서의 중요한 요건이다. 만약 동질성을 유지하지 못한다면 보험상품으로써 의미가 없어지는데 이는 대수의 법칙을 적용할 수 없기 때문이다. 셋째, 보험기간, 납입기간, 납입방법 등을 설정해야 한다. 보험기간이란 계약이 체결된 이후부터 보장을 받을 수 있는 기간으로 10년 만기, 20년 만기 등 '연 만기'와 60세 만기 등과 같이 피보험자의 일정연령을 만기로 하는 '세 만기'가 있다. 납입기간은 보험기간보다 짧은 단기납과 보험기간과 동일한 전기납이 있으며, 납입방법으로는 일시납, 연납, 6월납, 3월납, 월납 등이 있다.

(2) 보험상품의 특징

첫째, 무형상품으로 미래지향적이다. 보험상품은 일반제조업의 유형상품과는 달리 그 형태가 없으므로 상품의 가치를 직접적으로 느낄 수 없다. 제조업 상품이 구입 즉시부터 직접 사용에 의한 만족감을 주는 현재 지향적 상품이라면, 보험상품은 불확실한 미래에 대한 보장을 주어 그 효용의 인식시점이 장래에 발생하므로 미래지향적이다. 따라서 보험상품은 자발적 수요가 창출되지 않으므로 전문적인 모집조직에 의한 판매촉진이 지속적으로 이루어 져야 하며 이를 위해 적절한 판매촉진비를 부가한다.

둘째, 효용의 수혜대상이 타인이다. 제조업의 상품효용은 1차적으로 상품을 구입한 본인이 누리는 데 비해 보험상품, 특히 보장성상품은 효용의 수혜대상이 타인이다.

셋째, 효용이 화폐가치로 평가된다. 제조업체 상품은 그 재화의 사용으로부터 얻는 만족감이라는 효용의 크기가 개개인의 주관적 선호도에 따라 상이하나, 보험상품의 급부는 화폐가치로 직접 표시됨에 따라 제조업체 상품에 비해 상대적으로 획일적이다.

넷째, 장기계약(특히, 생명보험)으로 예정기초율에 의해 가격이 결정된다. 제조업체 상품은 상품의 인도와 대금납입이 동시에 이루어져 상품구입 즉시 계약이 소멸된다. 또한 상품가격은 제조원가에 목표이윤을 부가하여 책정되고 경제학적으로 시장의 수요공급에 의해 결정된다. 보험상품은 보험기간이 길어 초회보험료 납입부터 효력이 발생하여 많게는 종신토록 효력이 지속되는 장기계약성이 있으므로 계약시점의 예정사망률, 예정이율, 예정사업비율 등 예정기초율을 토대로 하여 수입과 지출이 상등하도록 가격을 산출한다. 따라서 보험상품은 제조업체 상품에 비해 상대적으로 경직성 또는 비탄력성이 두드러진다.

다섯째, 가격 중 재료비 점유율이 높고, 상품개발비가 소액이다. 제조업체 상품원가는 일반적으로 재료비와 공정관리비로 나누어지며 공정관리비 구성이 높다. 보험상품은 판매가격 및 매출원가에 해당하는 영업보험료가 순보험료와 부가보험료로 나누어지는데 제조업체와 달리 순보험료, 즉 재료비의 비중이 크다. 제조업의 경우 기술혁신에 의한 공정관리비 절감으로 가격인하를 추구할 수 있지만 보험상품은 예정기초율의 적정성 여부에 더 비중을 두고 있으며 소액으로도 상품개발이 가능하다.

(계속)

여섯째, 이윤이 사후적으로 발생한다. 보험상품은 목표이윤을 설정하여 판매가격에 반영하는 제조업체 상품과는 달리 수지상등의 원칙에 의해 목표이윤이 존재하지 않으며 예정기초율과 실제운용 결과의 차이가 손익으로 사후에 측정된다.

(3) 보험상품 가격결정

① 결정원리

보험가격 결정은 보험의 사회성, 공공성 등으로 인하여 그 사회에 미치는 영향이 크므로 산출 시 상당한 주의가 요구된다. 통상적으로 보험 상품을 개발할 경우 보험료와 책임준비금 산출기준을 반드시 명시하여야 하는데, 이때 사용하는 가장 기본적인 원리는 대수의 법칙, 수지상등의 원칙, 급부반대급부 균등의 원칙이다.

- 대수의 법칙 : 보험사업은 다수 경제주체의 결합을 기반으로 하는 제도이므로 이의 안정성을 위해서는 동질의 위험을 갖는 보험단체 또는 위험집단이 '대수의 법칙'을 적용할 수 있을 정도의 규모로 반드시 존재하여야 한다. 이러한 대수의 법칙에 근거하여, 개개인의 우연한 사고의 발생 유무 또는 발생 시기 등은 불확실하지만 다수의 경제주체가 보험단체 또는 위험집단을 구성할 때는 우연한 사고의 발생을 예측할 수 있게 되는 것이다. 보험은 원칙적으로 장래의 발생확률을 예측할 수 없거나 계량화할 수 없는 불확실한 사건은 그 대상이 될 수 없는데, 대수의 법칙은 위험 발생확률을 측정하고 수치화를 가능하게 해 주며 과거의 경험치를 미래의 발생확률로 간주하게 해 주는 가장 기본적인 보험의 기술적, 수리적 원리이다. 한편, 확률적 정의는 다음과 같다. 대수의 법칙이란 독립적으로 발생하는 사건에 대하여 관찰횟수를 대량으로 발생시키는 확률은 일정한 값에 가까워진다는 법칙으로, 통계적 의미는 '어떤 사상이 일어날 확률을 P라고 할 때 n회 시행 중 그 사상이 일어난 횟수를 r회라고 한다면 n을 크게 할수록 $\frac{r}{n}$ 은 P에 접근한다.'이다.
- 수지상등의 원칙 : 이는 대수의 법칙에 의해 파악된 사고발생 확률을 가지고 장래 수입될 보험료의 현재가치와 장래 보험사고로 지급될 보험금의 현재가치가 일치하도록 하는 원칙이다. 한편, 이 원칙은 다음의 3가지 조건을 충족해야 한다. 첫째, 보험상품의 순보험료 총액과 지급보험금 총액의 현재가치가 일치해야 한다. 이를 수식으로 표현하면 다음과 같다. P는 순보험료, N은 보험가입자수, K는 보험사고 건수, S는 사고보험금이라면, 수지상등의 원칙에 따라 '순보험료 총액=지급보험금 총액' 이므로 $N \times P = K \times S$가 성립한다. 따라서 순보험료 P를 구하면 $P = \frac{K}{N} \times S$가 된다.

  둘째, 영업보험료의 총액과 지급보험금 및 운영경비 총액의 현재가치가 일치해야 한다. 셋째, 보험기업의 총수입과 총지출의 현재가치가 일치해야 한다.
- 급부반대급부 균등의 원칙 : 이는 보험계약자가 부담하는 보험료는 가입자 개개인의 위험도에 비례하여 장래 보험사고 발생 시 보험자가 지급할 보험금의 수학적 기대치와 일치하여야 한다는 원칙이다. 수지상등의 원칙이 한 개 종목 또는 전체 종목에서 보험가입자 전체와 보험자 사이의 관계를 파악한 것이라면, 급부반대급부 균등의 원칙은 보험자와 개개의 보험가입자 사이의 관점에서 파악한 것이다.

(계속)

② 가격 구성요소

흔히 보험계약자가 납입하는 보험료는 영업보험료라 하며 이는 순보험료와 부가보험료로 구성된다. 순보험료는 다시 위험보험료와 저축보험료로 구분한다. 위험보험료는 기본적으로 사망, 상해, 입원, 퇴직 등의 보험금 지급재원이 되는 보험료이다. 따라서 예정된 위험보험료보다 지급되는 보험금이 많이 발생하면 보험회사는 손실이 발생하게 되며, 그 반대인 경우에는 이익이 발생하게 된다. 이것을 위험율차 손익이라 한다. 위험보험료를 결정하는 요소는 예정위험율이며, 이것을 인상하면 영업보험료는 상승하게 되며, 반대로 인하하면 영업보험료는 하락하게 된다.

저축보험료는 만기보험금, 생존급여금 등의 지급재원이 되는 보험료를 말한다. 이러한 저축보험료는 보험계약 당시에 정해진 규칙[4)]에 의해 매 기간마다 적립되며, 동 금액을 운용하여 자산운용수익이 발생한다. 따라서, 매 기간에 발생한 저축보험료와 자산운용수익 합계액이 생존급여금과 지급이자보다 적게 되면 보험회사는 손실이 발생하게 되며, 그 반대의 경우에는 이익이 발생하게 된다. 이것을 이차손익이라 하며, 예정이율이 보험가격결정요소가 된다. 예정이율은 보험료의 장래 수입될 현재가치와 장래 지급될 보험금의 현재가치를 일치시키는 할인율을 말한다. 한편, 예정이율을 인상하면 보험료는 하락하게 되며, 반대로 인하하면 보험료는 상승하게 된다.

부가보험료는 보험계약을 모집, 유지 및 관리하기 위한 경비로 예정신계약비, 예정유지비, 예정수금비로 구성되며, 예정사업비라고 한다. 보험회사는 실제 지출된 사업비, 즉 실제 사업비를 예정된 사업비보다 초과하여 집행한 경우 손실을 초래하게 되며, 그 반대의 경우에는 이익이 발생한다, 이것을 사업비차 손익이라 하며 보험회사는 주기적으로 사업비지출의 효율성을 검증하고 보완하여 적정이익을 실현하고자 끊임없이 노력한다. 한편, 예정사업비율을 인상하게 되면 보험료도 자동적으로 올라가게 되며, 그 반대인 경우에는 하락하게 된다. 보험료 구성요소를 정리하면 다음 그림과 같다.

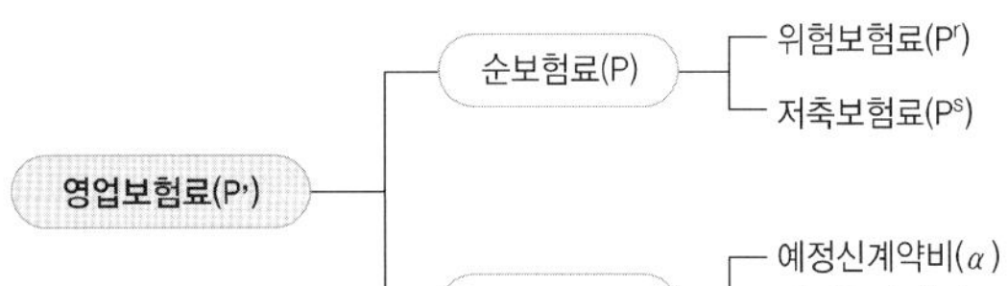

• 보험료 구성요소 •

Footnote

4) 예정이율, 공시이율 또는 약관대출이율 등이 해당된다.

PART 4

리스크 관리

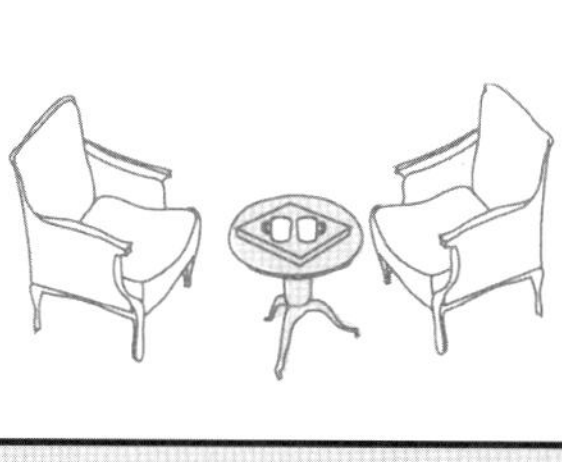

Chapter 14

리스크 관리의 중요성

1. 리스크 관리를 하는 이유

리스크는 '보유자산이 미래 불확실성의 노출로 손실이 발생하거나 또는 예상한 수익이 기대한 수준에 못 미치는 등 불리한 결과가 발생할 가능성' 이라고 정의하였다. 쉽게 표현하면 리스크란 자산의 미래 손실가능성이다. 오늘이 아니라 미래를 예상한다. 따라서 내일이 없다면 굳이 리스크를 논할 필요가 없다. 누구나 인생을 살면서 자의든지 타의든지 매순간 결정을 해야 한다. 어떤 결정은 흡족하지 않아 되돌리고 싶을 때도 있다. 그럼에도 불구하고 이미 지나간 시간을 되돌릴 수 없어 그냥 받아들인다. 시간은 자꾸 의사결정을 하도록 유인하는 장치이다. 그렇다면 매순간 의사결정 시 불완전한 정보라도 이를 토대로 하여 결정을 내리는 것이 현명하다.

리스크의 어원은 '뱃심 좋게 도전하다(to dare)' 라는 의미인 초기 이탈리아어 risicare에서 유래되었다고 한다.[1] 이런 맥락에서 리스크란 시간을 운명처럼 받아들이는 것이 아니라 시간을 선택하는 것이다. 어떤 의사결정을 할 때 선택할 수 있는 과감한 행동, 즉 인간이 얼마나 자유롭게 선택할 수 있느냐를 보여 주는 행위가 리스

Footnote

1) 또 다른 어원은 이렇다. 리스크(risk)라는 단어는 프랑스어인 'risque' 에서 유래된 것으로 17세기 중엽에 등장한 개념이며, 1830년경 영국의 보험계약에서 처음으로 사용되었다고 전해진다. 그 후 약 100년 동안은 risk와 risque라는 두 단어가 위험을 뜻하는 말로 혼용되었으며, 20세기 들어와서 risque라는 말은 다른 의미로 사용되었다고 한다. 이러한 단어들이 존재하기 전에는 위해(hazard)라는 단어가 위험에 가까운 말로 사용되었다고 한다.

크의 근원적 개념이다. 사실 리스크는 속성상 피하거나 운명에 순응하는 개념이 아니라, 기회를 포착하여 용기 있게 선택하고 판단을 내리는 쪽에 가깝다. 시간이 지나면서 그 결과는 대부분 이익 또는 손실로 귀결된다. 물론 이익도 아니고 손실도 아닌 원래의 상태로 유지될 수도 있다. 이 또한 엄밀히 말하면 시간경과에 따른 기회손실이 발생하였으므로 손실에 해당된다. 따라서 기회는 리스크라고도 할 수 있다. 그러므로 무조건 리스크를 회피 또는 포기하는 것은 그 결과의 하나인 이익을 포기하는 것과 같다. 금융세상에서 투자의 속성은 일정한 수익을 창출하는 것이다. 그러므로 수익을 내기 위해서 수반되는 리스크는 무조건 회피해서는 안 된다. 그러면 어느 정도까지 수용해야 하는가? 이를 해결하는 과정이 리스크 관리이다. 리스크 관리는 리스크를 감내할 수 있는 범위까지 수용하면서 동시에 그 범위 안에서 최대한 수익을 창출하는 모든 행위를 말한다. '리스크를 수용한다.'는 것은 보유자산 가운데 리스크에 노출되어 있는 자산을 추출하고 그 자산이 미래 일정 기간 동안 끼칠 예상손실을 계산한 다음 그 손실액을 보유하고 있는 종자돈(금융기관은 자기자본이 해당됨)으로 감내할 수 있다는 의미이다. 이를 위해서는 먼저 리스크를 계산해야 한다. 리스크는 투자자산의 변동성, 즉 표준편차로 측정한다. 투자자산의 과거 수익률데이터만 있으면 산출공식에 의해 리스크를 구할 수 있다. 그러므로 보유자산의 과거 수익률 흐름을 파악하는 것이 아주 중요하다.

쉬운 예를 들어 보자. 여러분이 주식에 투자하고 싶었는데 마침 수중에 1,000만 원이 있다고 하자. 그런데 500만 원은 나의 돈, 즉 자본이고, 500만 원은 남의 돈, 즉 부채이다. 총 1,000만 원을 한꺼번에 주식을 매입하면 부담스러워서 검토 끝에 그 중의 일부인 700만 원만 매입하였다. 매입주식의 과거 5년 동안 일별 수익률 데이터를 입수하여 표준편차를 계산하였더니 일일기준으로 4.5%였다. 주식매입으로 인한 리스크는 다음과 같이 계산할 수 있다.

주식리스크 = 노출자산 700만 원 $\times$ 일별표준편차 0.045 $\times$ $\sqrt{14}$ (주식보유기간 14일)
= 1,178,622원

매입한 주식의 리스크는 약 118만 원이며, 이는 주식을 구입해서 2주간 보유했을 때 입을 수 있는 최대손실액을 의미한다. 실제로 2주 이내 최대 손실이 발생한다 치더라도 자기자본인 종자돈에서 모두 커버할 수 있다. 500만 원 자본에서 예상손실액

118만 원을 차감하더라도 382만 원이 남게 되므로 이후 재투자 여부를 판단할 수 있으며, 설령 손실이 발생하더라도 심리적인 안정감을 갖는다. 남는 금액 382만 원을 리스크버퍼(risk buffer)라고 한다. 한편 리스크버퍼가 소진되는 최대한도의 노출자산을 위 식을 이용해서 다음과 같이 계산할 수 있다.

$$\text{최대한도 노출자산} = \frac{5{,}000{,}000\text{원}}{0.045 \times \sqrt{14}} = 29{,}695{,}694\text{원}$$

즉, 최대한도로 약 3천만 원의 주식을 매입할 수 있다. 이 경우 보유기간 동안 예상했던 손실이 발생한다면 종자돈 500만 원은 하나도 남지 않게 된다. 그리고 이 경계선을 넘으면 부도에 이른다. 물론 확률적인 계산이기 때문에 실제손실은 예상손실보다 많거나 적거나 할 수 있다. 그럼에도 이런 사전작업은 투자의사결정시 많은 도움을 준다. 대부분의 일반사람들은 확률에 근거한 수치가 실제투자에서 무슨 의미가 있겠냐고 반문할 것이다. 그러나 실제로 적용해 보면 투자의사결정 시 훨씬 자유로움을 느낀다. 심지어는 그렇지 않았을 때의 상황과 비교하면서 보다 현명한 투자판단을 하려고 노력하는 자신에 대하여 뿌듯함을 느낀다. 그만큼 미래의 예상흐름을 구체적으로 감지하고 있기 때문이다. 실제 투자과정에서도 손실보다는 이익이 발생하는 경우가 많은데 이는 심리적으로 안정되어 있어 주식시장을 포함 전체 금융흐름을 객관적으로 볼 수 있기 때문이다.

한편, 투자 대비 리스크를 고려한다면 최대 3천만 원 한도에서 본인의 리스크 성향에 따라 취사선택할 수 있다. 처음에 투자한 700만 원은 리스크 한도 대비 23.6%를 선택한 것으로 리스크버퍼는 76.4%이다. 따라서, 본인이 공격적인 스타일이라면 좀 더 비율을 올려서 최대 70%까지 선택할 수 있다. 이것은 단순한 숫자놀음이 아니다. 그렇다고 실제로 발생하지도 않는다. 단지 미래의 가능성을 예측하는 수단일 뿐이다. 그러나 아무런 기준 없이 선택한 것에 비하면 훨씬 현명한 방법이다. 만약 누군가가 이러한 방법으로 투자했는데도 불구하고 손실이 발생하였다면 어쩔 수 없다. 지금까지 수많은 선각자들이 무수한 시행착오 끝에 그나마 이 방법이 최선의 방법이라고 제시하였던 것이지 완벽하지는 않다. 따라서 이후에도 끊임없이 본인에게 적합한 최선의 리스크 관리수단을 개발해야 한다. 그렇지 않으면 리스크 관리가 실질적인 투자관리가 아니라 형식적인 수단으로 전락해 버리고 만다.

지금까지 대부분 사람들은 리스크를 무조건 나쁘거나 회피해야 할 대상으로 치부하였다. 따라서 일단 생기면 무조건 줄이거나 없애 버리는 것이 최선이라고 판단하였으며 이런 과정을 리스크 관리라고 생각하였다. 이렇게 된 주된 이유는 위험(danger)과 리스크(risk)의 용어혼선에서 비롯된 것이라 할 수 있다. 위험과 리스크는 전혀 다른 개념이다. 위험은 말 그대로 누구에게든지 전혀 도움이 안 된다. 주변에 위험한 일로 손해가 발생한 경우를 수시로 목격할 수 있다. 그러나 리스크는 그 결과가 좋을 수도 있고 나쁠 수도 있다. 영어의 리스크를 단순히 위험이라고 번역하면서 리스크조차도 위험처럼 안 좋고 나쁜 것이라고 하는 경향이 있는 듯하다. 투자세계에서는 안정적이면 좋고, 위험한 것은 나쁘다는 사고를 버려야 한다. 투자세계에서 리스크는 내가 좋아하거나 싫어하는 호불호(好不好)를 명확히 표현하는 대상이다. 이런 과정에서 리스크를 더 좋아하거나, 조금만 좋아하거나, 아주 싫어하거나 혹은 싫으면서도 좋아하는 다양한 형태의 리스크 취향(risk appetite)이 나타난다. 일반적으로 보통사람이라면 리스크가 많은 것을 싫어한다. 만약에 리스크가 큰 만큼 어떤 보상, 즉 리스크에 걸맞은 프리미엄을 얹어 준다면 기꺼이 부담할 수도 있을 것이다. 그리하여 리스크프리미엄이 적정한지, 그리고 그것을 본인이 수용해도 되는 건지 판단하는 것이 리스크 관리의 궁극적인 이유이다.

만약 누군가가 현재 1억 원의 여유자금을 가지고 있고 이를 반드시 투자해야 한다고 하자. 우선 당장 투자대상을 선택해야 한다. 은행 정기예금이나 국공채처럼 안정적인 곳에 넣어 두면 좋지만 기대만큼 수익률이나 이자가 낮다. 그렇다면 주식에 투자[2)]하여 보다 높은 수익을 기대할 수 있으나 자칫하면 수익은 그렇다 하더라도 원금까지 잃을 수도 있어 주춤거린다. 이처럼 안정과 위험의 양 극단에서 서서히 적당한 중간단계를 고민한다. 이는 투자금액을 각각 나누어 양쪽에 동시에 투자하는 것으로 어떤 비율로 나눌지가 관건이다. 비율은 해당 자산의 리스크와 기대수익 간의 조합으로 얼마든지 계산할 수 있다. 문제는 투자성향이다. 본인이 좀 더 주식에 가깝다면 주식 비중을 올리면 된다. 아니면 예금에 가깝다면 예금비중을 올리면 된다. 이런 판단과정을 리스크 관리라고 할 수 있다. 투자전략 또는 포트폴리오 전략의 핵심은 리스크와 수익의 상반관계를 적절히 조합하는 것이므로 리스크 관리와 무관하지 않다. 사실 투자자 자신도 모르게 오래 전부터 리스크 관리를 해 왔던 것이다. 단지

Footnote

2) 직접투자든지 펀드를 이용한 간접투자든지 상관없다.

표 14-1 리스크를 감안한 성과지표

구 분	A투자사	B투자사
투자규모 수익률 비용률	1,000억 원 12.0% 9.0%	2,000억 원 10.0% 9.0%
순익(A) 회계적 순익률	30억 원 3.0%	20억 원 1.0%
수익률의 변동성 리스크 금액(B)	10.0% 100억 원	2.0% 40억 원
리스크 감안 성과(A/B)	30.0%	50.0%

-비용관리에서 수익-리스크 관리로 전환되었음을 알 수 있다. RAROC는 1970년대 후반 미국의 투자은행인 뱅커스 트러스트(Bankers Trust)에 의해 처음 사용되었다. 그 전까지 사용되었던 자산수익률(ROA ; Return on Asset)이나 자기자본수익률(ROE)은 자산의 개별적인 리스크는 고려하지 않고 수익률만 계산하였기 때문에 해당사업 부문의 리스크가 얼마이고 과연 적정인지, 또 그만큼의 적정한 자본을 배분하고 있는지 등 적절한 정보를 전혀 주지 못하였다. 그러나 RAROC은 위험조정 기준에 따라 해당 자산의 리스크를 계산하고 그에 맞추어 자본을 배분하고 관리하기 때문에 만약의 경우에 발생하는 자본금 부족사태는 사전에 충분히 방어할 수 있게 된다.

Chapter 15

금융기관 리스크 관리

1. 금융기관 리스크 관리 절차

1) 리스크 인식(identification)

지금까지의 리스크 역사를 살펴보면 리스크는 시간의 흐름에 따라 변화해 왔다. 또한 시대발전에 따라 리스크 원천은 다양하게 확산되어 그 처음과 끝이 어딘지 모를 정도로 복잡하게 되었다. 그러다 보니 본인 주변에 있는 모든 환경이 리스크를 유발하는 요인으로 보이기도 한다. 리스크는 눈에 확 띄는 금융거래에 국한되지 않고, 어느 정도 불확실하거나 손실가능성이 있는 모든 시도나 행위 자체를 포함한다. 관건은 이런 상황이 본인한테 어느 정도 관련이 있는가이다. 개인마다 처한 상황에 따라 리스크를 보는 시각이 달라지기 때문이다. 뿐만 아니라 본인이 속한 조직이나 국가에 따라 달라지기도 한다. 시간이 지남에 따라 언제든지 변할 수 있으므로 미래 흐름도 고려해야 한다.

리스크 인식은 단순히 느끼는 것이 아니라 구조적으로 파악하는 데 의의가 있다. 이를 범주화 또는 계층화라고 한다. 예를 들어 본인이 속해 있는 조직의 경우를 살펴보자. 우선 재무적인 계약이나 거래행위에서 발생할 수 있는 리스크인데, 이것이 가장 보편적인 리스크인식 영역이다. 또한 전략적인 판단과정에서 도사리고 있는 리스크도 중요하다. 조직의 비즈니스는 전략적인 사고에서 출발하므로 이 영역은 고위층에 갈수록 더욱 중요하다. 그리고 사업기간 중에 별도로 추진하는 프로젝트도 중요한 리스크 원천이다. 그 외 경영 전반에서 수시로 발생하는 사업운영상의 리스크, 환경 및 기술상의 리스크, 브랜드 및 평판에서 발생하는 리스크, 조직 내 인적자원에서 도사리고 있는 리스크 등이다.

다양한 리스크 범주를 그냥 단순히 느끼거나 그때마다 즉흥적으로 해결하면 리스크 인식에 전혀 도움이 안 된다. 또한 리스크를 구체적으로 분류하지 않거나 정확히 인식하지 못한다면 리스크 관리는 형식적으로 갈 수밖에 없다. 흔히 리스크를 명확히 인식하지 않고 일을 추진하다 보면 서로 삐걱거리게 된다. 왜 이렇게 진행했냐고 물어 보면 오히려 본인이 생각한 리스크는 이런 것이었는데 뭐가 잘못되었냐고 반문하는 경우가 빈번하다. 그러면 추진했던 일을 중지하고 또 다시 리스크가 무엇이며 당신과 내가 인식한 리스크가 이것이다라고 명쾌하게 공유하면서 일을 재추진해야 한다. 당연히 조직생산성이 떨어질 뿐만 아니라 불필요한 비용까지 집행된다. 리스크의 분명한 인식과 분류는 리스크 관리 프로세스에서 가장 필수적이며 중요한 첫 단계이다. 그럼에도 자주 간과하는 것이 오늘날의 현실이다.

또한, 리스크 범주를 개략적이나마 중요도순으로 나열할 필요가 있다. 첫 단계부터 순위를 염두에 두고 리스크 관리를 하다 보면 상당히 효율적이고 최종 단계에서는 리스크별 집중도가 확연히 달라짐을 알 수 있다. 이것은 리스크별 통합관리 측면에서도 중요하다. 일상에서 개별적으로 리스크를 관리하는 것이 아니라 모든 리스크를 동시에 관리해야 하기 때문에 리스크별 영향력에 따라 우선순위를 정하면 된다. 리스크를 계층화하면 지나치게 많은 리스크를 관리하는 일을 피할 수 있게 된다.

2) 리스크 측정(measuring)

리스크 측정 단계는 전체 리스크 관리 단계에서 가장 복잡하다. 측정모델이 대부분 복잡한 수학모형에 기초하여 만들어졌기 때문이다. 특히 미래 시나리오별로 테스트하는 경우에는 금리, 주가, 환율 등 다양한 경제변수를 무작위로 추출하여 각 요인 간의 상관관계를 반영하므로 더욱 복잡하다. 리스크를 측정하다 보면 보완하거나 더 나은 방법을 적용하기도 하는데 측정 도중에 기준을 변경해서는 안 된다. 이는 일관성을 유지해야 한다는 의미이다. 예를 들어 시장리스크는 가장 쉬운 방법으로 측정하고, 운영리스크는 계산하기가 너무 복잡하여 본인의 주관적인 방법을 적용하여 계산한다면 상대방이 인정하지 않는다. 리스크 측정결과를 전체 조직원이 이해하고 수긍해야만 다음 단계인 모니터링의 기준이 되는 리스크 허용한도를 설정할 수 있다. 그러면 한도에 따라 각 개인이나 조직단위별 예산이 배정되고, 그에 따른 개인별 성과평가와 조직평가가 이루어진다. 따라서 리스크 측정값에 대하여 전체 조직원이 인정하지 않으면 나중에 조직 간 충돌이 일어나거나 끊임없이 불화의 소지로 남게 된다.

리스크를 계량화하기가 어렵다면 심도와 빈도를 이용해서 정량화하면 된다. 심도는 주로 재무적 영향, 즉 재무상태, 시장점유율, 영업이익 혹은 주가에의 영향 등으로 재무적 손실금액을 나타낸다. 빈도는 확률적인 발생횟수를 말한다. 심도와 빈도를 이용하여 리스크를 정량화하는 예를 표 15-1에 나타냈다.

표 15-1에서 해당 리스크는 심도와 빈도를 곱하여 산출한 다음, 금액의 순서대로 리스크 관리 우선순위를 결정하면 된다. 그림 15-1처럼 시각적 도구를 이용하여 리스크를 산출하면 어떤 리스크가 중대한지 아닌지를 결정할 수도 있다. 이는 지금 당장 중대한 리스크가 무엇인지 알 수 있기 때문에 리스크 관리를 더욱 효율적으로 할 수 있게 해 준다. 이런 절차가 없다면 단지 관리하기 쉽다는 이유로 낮은 리스크에 중점을 두고, 어려운 리스크는 뒷전에 놓기 십상이다. 대체로 인간의 속성은 낮은 리스크를 선호하게 마련이다.

표 15-1 심도와 빈도의 정량화(예시)

심 도	빈 도
재무상태의 영향을 무시해도 좋은 경우 → 대략 몇 백만 원	25% 미만의 발생가능성
재무상태에 대한 작은 영향 → 대략 5천만 원 이하	25%~50% 발생가능성
재무상태에 대한 큰 영향 → 대략 5천만 원에서 몇 억 원 내외	50%~75% 발생가능성
재무상태에 대한 중대한 영향 → 대략 몇 십억 원 내외	75% 초과 가능성

그림 15-1 리스크 우선순위

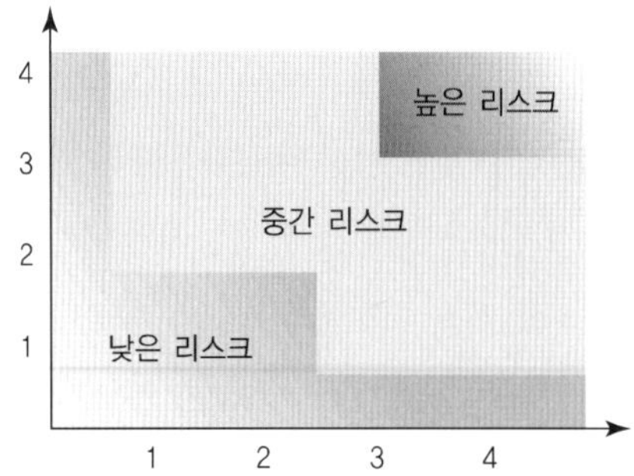

3) 리스크 모니터링(monitoring)

리스크를 인식하고 이를 측정하여 전체 조직원이 합의한 리스크 허용한도를 설정하였다면 주기적으로 리스크 노출액이 허용한도를 초과했는지 여부를 모니터링해야 한다. 모니터링과정은 처음에는 진지할지 몰라도 시간이 지나면서 상당히 지루한 작업이 될 수 있다. 시장리스크의 경우 매일 모니터링하는 지표는 주가, 환율, 금리이며, 이들 변화에 따라 일일 시장리스크 금액을 계산한다. 대체로 일일 변동성은 아주 큰 금융사건이 발생하지 않는 한 미미하게 변동한다. 따라서 리스크 금액을 계산하면 전일 대비 큰 변동이 없으며 이런 보고서를 매일 작성하여 보고한다는 것은 상당히 지루해진다. 또한, 보고서를 받아 보는 최고경영자 역시 특이한 사항이 없으면 보지 않고 그냥 넘겨 버리곤 한다. 그럼에도 불구하고 리스크 관리 담당자는 반드시 주기적으로 리스크를 모니터링해야 한다. 모니터링 결과, 이상 징후가 없다는 것을 파악하는 것도 중요하지만, 이러한 일을 매일매일 빠짐없이 수행하는 것도 중요하다. 간혹 리스크 관리 담당자들은 때때로 큰 사건이 터져 주었으면 하고 바란다. 이런 상황에서 정기 리스크 관리 보고서가 빛을 발하기 때문이다. 우리나라는 1997년 IMF가 터지면서 대부분의 금융기관들이 그때서야 리스크 관리 제도를 도입하여 관련규정과 조직을 구성하고 리스크 관리 업무를 가동하였다. 만약 IMF가 없었다면 리스크 관리의 필요성을 인식하지 못했을 지도 모른다. 리스크 관리 입장에서 보면 IMF가 발생한 것이 오히려 다행인 셈이다.

4) 리스크 통제(controlling) 및 보고(reporting)

리스크 관리의 마지막은 노출된 리스크를 통제하고 이를 보고하는 단계이다. 이는 바로 앞 단계인 모니터링 결과에 따라 초과한 해당 리스크를 줄이거나 헤지하거나, 아니면 추가로 리스크를 승인하는 등의 조치를 취하고 상부 라인(line)에 보고하는 단계이다. 간략한 보고체계를 살펴보자. 우선 리스크 관리부서는 해당 리스크별로 모니터링 주기를 설정한다. 시장성리스크는 매일, 신용이나 금리리스크는 월단위로 모니터링하고 그 결과를 취합해서 리스크 관리위원회(RMC ; Risk Management Committee)에 보고한다. 리스크 관리위원들은 보고서의 특이사항 분석을 요구하거나 추가자료를 수시로 요청한다. 리스크 관리부서는 관련자료를 분석하거나 모니터링 결과에 대한 후속 데이터를 축적한다. 일단 허용한도를 초과한 지표가 발견되면 그 원인을 분석하고 리스크 관리위원회에 보고하기 전에 먼저 일선부서에 통보한다. 일선부서는 일정 기간 내에 개선계획서나 대응방안을 수립하여 리스크 관리부서와 협의한 후 상부에 보고한다. 이를 적기시정조치라 하며 그림 15-2에 도식화하였다. 만약 일선 부서가 통제조치를 인정할 수 없다고 반박하거나 업무 자체를 해태한다고 해서 리스크 관리부서가 해당부서나 임직원의 근무태만을 이유로 벌칙을 가할 수 없다. 리스크 관리부서는 단지 리스크 관리규정에 따라 위반사실을 통보하고 이를 조치하도록 요구하는 것 밖에 없다. 벌칙은 내부통제를 담당하고 있는 준법감시부서에서 하도록 되어 있다. 리스크 관리부서가 제대로 모니터링하지 않는 도덕적 해이가 발생할 경우 준법감시부서가 그에 대한 벌칙을 가한다.

그림 15-2 적기시정조치 흐름도

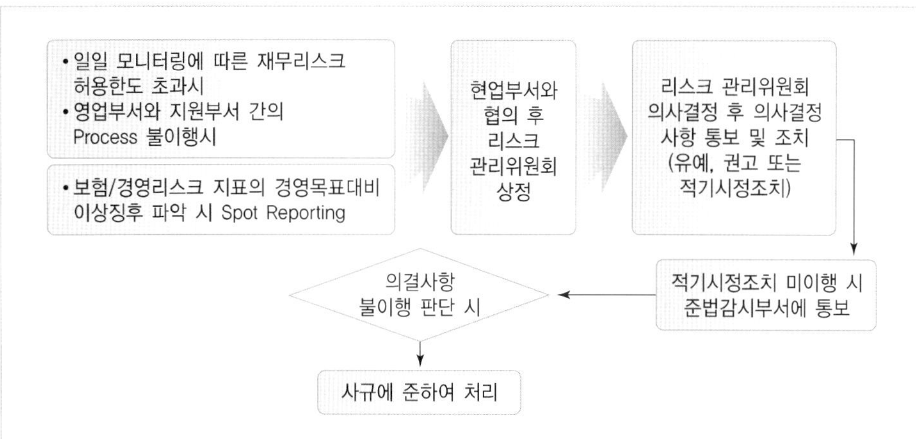

이상과 같이 리스크 관리는 리스크 인식 → 리스크 측정 → 리스크 모니터링 → 리스크 통제 및 보고 순으로 진행된다. 일반 개인들은 처음에는 리스크 관리를 규칙에 따라 잘할지 몰라도 일정시간이 지나면 상당히 지루하게 느낀다. 스스로 오랫동안 통제하지 못하는 도덕적 해이가 나타나기 때문이다. 한다손치더라도 대충 해 버리고 만다. 사실 효과를 느끼지 못하는 것이 오히려 정상이다. 그럼에도 실제 투자세상에서 한번이라도 손실경험이 있는 사람이라면 이런 현실을 극복하고자 노력할 것이다.

심리용어 중에 '자기통제 오류'가 있다. 이는 사람들이 뜻하는 바를 이루려고 노력은 하지만, 그러한 노력을 방해하는 환경에 휩쓸려 자신을 통제하지 못하는 잘못을 말한다. 예컨대 다이어트를 열심히 해서 살을 빼려는 사람이 밤참의 유혹을 견디지 못한다거나, 열심히 공부해서 좋은 성적을 내겠다는 학생이 게임의 유혹을 이기지 못하는 것 등이다. 흔히 자기통제 오류는 전통적인 경제모델인 기대효용이론에 반대되는 현상이다. 기대효용이론에 의하면 효용의 극대화를 위해서 사람들은 저축을 하고, 다이어트를 위해 밤참을 먹지 않고, 게임을 하지 않고 공부를 해야 한다. 그러나 현실은 그렇지 못하다. 인간의 자기통제 오류로 인해 리스크 관리를 절차대로 하기에는 많은 제약변수가 도사리고 있다. 심리학자에 의하면 자기통제오류를 극복하는 가장 좋은 방법은 규칙을 세우고 준수하는 것이라 한다. 예를 들어 급여통장에서 자동이체로 강제 저축하는 것, 한 달 지출에서 변동지출의 폭을 제한하는 것 등이 있다. 리스크 관리도 스스로 규칙을 정해 꾸준히 시행하면 그 효과가 나타나는데, 이는 최종적으로 손실보다는 이익이 나는 투자결과로 귀결된다.

2. 금융기관 리스크 한도관리

리스크 한도관리는 우선적으로 노출된 모든 리스크량을 계산할 수 있어야 가능하다. 또한 동일한 기준으로 모든 리스크를 계산해야 한다. 이는 리스크 측정방법의 하나인 VaR를 통해서 가능하며 개별리스크별 합산이 되기 때문이다. 개인이나 금융기관을 포함한 모든 기업들이 리스크 관리를 하는 최종 목표는 종합 리스크 한도관리이다. 개별리스크별 관리는 기업 전체 입장에서는 큰 의미가 없다. 가령 시장리스크는 리스크 한도에 들어오고 신용리스크는 리스크 한도를 초과한다고 해서 신용리스크를 무조건 한도 이내에 들어오도록 관리하는 것은 좋은 방법이 아니다. 기업 전체 입장에서는 전체 수익 극대화라는 최종목표에 부합되면 개별단위에서 발생한 리스크 초과는 얼마든지 수용 가능하기 때문이다.

리스크 한도관리는 조직단위별 매출을 지향하는 영업행위를 단순히 제한하고 통제하는 것이 아니라 개별사업본부의 의사결정을 최소한으로 간섭하면서 회사 전체의 예상최대손실을 허용범위 이내로 들어오도록 관리하는 것이 1차 목적이다. 다음은 개별사업본부를 지원하고 리스크 측면에서 모니터링하여 회사 전체 수익 극대화를 달성하는 것이 2차 목적이다. 그러나 리스크 한도관리는 실무적으로 상당히 어렵다. 자산을 직접 운용하는 일선 부서와 리스크 관리부서 간의 불필요한 갈등이 수시로 나타나기 때문이다. 따라서 상호 간의 역할을 인정하는 문서규정이 있어야 하는데 주로 리스크 관리규정에 명시해 둔다.

리스크 한도관리는 크게 사전적 관리와 사후적 관리로 나뉜다. 사전적 관리는 노출(exposure) 한도관리, VaR 한도관리, 민감도(sensitivity) 한도관리로 세분화된다. 사후적 관리는 손실한도 관리와 손절매(loss-cut)관리가 대표적이다. 이중 일반개인들에게도 중요한 노출과 민감도, 그리고 손절매한도 관리에 대하여 살펴보겠다.

노출한도는 간단히 운용금액을 전체 금액에서 제한하는 것이다. 보통 특정시장 또는 상품의 매입규모를 자산운용규정이나 리스크 관리규정에 명시해 두는 것이 일반적이다. 이는 특정상품이나 특정시장에 포트폴리오가 편중되는 것을 방지하는 데 있다. 특정상품에 과도 투자 시 예상되는 유동성리스크 등 부차적인 리스크도 제어할 수가 있다. 그러나 이는 한도관리 시점에서 시장변동성의 변화에 즉각 대응하지 못한다는 점, 투자결정에 대한 지나친 제재 수단으로 악용될 수 있다는 점, 서로 성격이 다른 자산 간에 리스크의 절대규모를 비교하기 곤란하다는 단점을 내포하고 있다. 표 15-2는 실제 금융회사에서 운용하고 채권익스포저 한도관리의 예시이다.

민감도 한도관리의 대표적인 수단은 주식의 베타(β)이다. 이는 보유주식의 베타 한도를 사전에 정하여 놓고 일정 기간 동안 목표베타를 초과한 종목을 변경하거나 운용금액을 줄이는 방법을 통하여 목표치 이내로 들어오게 하는 방법이다.

표 15-2 채권익스포저 한도관리(예시)

구 분	동일인 채권취득	동일계열기업군 채권취득
한 도	300억 원~500억 원	500억 원

표 15-3 손절매 한도관리(예시)

구 분	⊿15% 이내	⊿25% ~ ⊿15%	⊿25% 초과
한 도	Fund Manager 재량	Monitoring Point	Loss Cut

이러한 방법은 지표 또는 단위변화에 따른 손실예측이 쉽게 가능하다는 장점이 있는 대신 세부적인 분석은 한계가 있다는 단점이 있다.

다음은 투자 세상에서 흔히 볼 수 있는 손절매 한도관리이다. 이는 보유종목별 시장가격을 매입가격과 비교하여 손실금액을 모니터링하여 보유 여부를 결정하는 방법이다. 대표적으로 매입가 대비 몇 % 이상 손실이 발생하면 처분하도록 하는 방법이다. 표 15-3은 실제 금융기관에서 매일 손절매 한도관리를 하는 예이다. 손절매 규칙이 잘 지켜지기 위해서는 리스크 관리규정에 손절매 지침을 구체적으로 명시하여 자산운용 부서와 불필요한 갈등을 사전에 차단하는 것이 중요하다. 손절매를 더욱 이성적으로 할 수 있는 수단은 기계적인 손절매이다. 시스템이 알아서 자동적으로 손절매를 하는 것인데, 대부분 트레이딩시스템에 장착되어 있다.

흔히 주식시장에서 손실을 최소화할 수 있는 투자기법으로 손절매가 자주 거론된다. 손절매는 해당 주식이 일정수준 이상 손실이 발생하면 바로 주식을 처분하는 행위이다. 주식매입 전에 손절매 목표를 세워 놓고 손실이 그 이상이면 바로 처분하면 되는 것이다. 전혀 어려운 방법이 아니다. 그러나 실제로는 어려운 일이다. 손실이 나면 개인이든 회사든 심리학에서 말하는 두 가지 요인 때문에 주식을 팔지 못하고 손실을 키운다. 손실회피와 보유효과 때문이다. 누구나 손실이 나면 인정하려고 들지 않는다. 손실발생 이유가 생각하지도 못한 곳에 있다고 스스로 합리화하거나 시간이 지나면 손실을 회복할 수 있을 것이라고 새로운 호재만 고집하는 등 쉽게 손실에 대해 인정하지 않는다. 이는 손실을 회피하고 싶은 심리적인 욕구 때문이다. 주식투자를 해 본 사람들은 한번쯤은 이러한 경험을 했을 것이다. 보유효과도 마찬가지이다. 이익이 난 종목은 더 큰 이익을 바라고, 손해를 본 종목은 곧 반전할 것이란 기대를 안고 보유하려는 경향이 강하다. 대체로 투자와 연관된 심리현상을 극복하는 것은 쉽지 않다. 그럼에도 끊임없이 노력해야 한다. 투자세상에서 살아남기 위해서는 달리 방법이 없기 때문이다.

3. 금융기관 리스크 관리 사례(A보험회사)

1) 개요

금융기관의 리스크 관리는 우선 리스크 관리조직과 리스크 담당조직으로 구분하여 전사적으로 진행된다. 리스크 관리조직은 무엇보다 회사 전체적으로 리스크를 감내할 수 있는 수준을 결정하고 그에 따라 조직단위별로 리스크 허용한도를 설정한다. 매일 또는 매월 개별리스크를 측정하고 그에 대한 영향을 분석하며 필요할 경우 일선부서인 리스크 담당조직에 적기시정조치를 하달한다. 또한, 손익대비 리스크의 적정성을 분석함으로써 전사적인 리스크 한도관리를 수행하여 궁극적으로 리스크와 수익의 최적화를 기한다. 반면, 리스크 담당조직은 전사적인 리스크 허용한도 내에서 자산배분전략이나 상품판매전략 등 개별적인 전략을 수립하여 시행하며 리스크를 감안한 수익창출에 기여한다. 이를 도식화하면 그림 15-3과 같다.

그림 15-3 리스크 관리 개요

구 분	Plan	Do	See	목 표	
리스크 관리 조직	• Risk Tolerance level 결정 • 개별/전체 리스크 허용 한도 설정	리스크 측정 및 Impact 분석	Monitoring 및 適期시정조치 손익대비 Risk 적정성 분석	리스크 한도관리	리스크 / Return 최적화
리스크 담당 조직	리스크허용한도 内 전략 수립 • Asset Allocation • 상품 Mix 등	Risk Adjusted Profit 창출	목표대비 손익달성도 분석	이익 극대화	리스크 / Return 최적화

2) 리스크 관리조직

금융기관의 리스크 관리조직이 효율적으로 운영되기 위해서는 다음 사항이 반드시 전제되어야 한다. 우선 이사회, 집행위원회, 리스크 관리위원회, 리스크 관리전담부서 등 리스크 관련 조직이 현업부서와 독립적으로 구성되어 운영되어야 한다. 두 번째, 고위경영진이 리스크 관리정책을 실행에 옮기기 위한 절차와 통제방법들을 승인하고 적절히 감독해야 한다. 세 번째, 전사적인 리스크 관리정보의 의사소통경로가 정립되어야 하며 보고내용이 적시에 철저히 검토되어야 한다.

리스크 관리조직의 최고의사결정기구는 이사회이다. 이사회는 당해 기관의 재무적 손실이나 주주가치의 감소에 대해서 궁극적인 책임을 져야 한다. 따라서, 모든 노출리스크를 관리하기 위하여 필요한 시스템, 업무처리방법 및 문화가 정착되도록 해야 할 의무가 있으며, 리스크 관리 전략과 정책에 대하여 공식적으로 승인하는 기구이다. 대부분 이사회의 위임을 받은 리스크 관리위원회(Risk Management Committee)가 실질적인 리스크 관리 의사결정기구이다. 리스크 관리위원회는 당해 기관이 직면한 모든 리스크들을 이해하고 관리하는 데 필요한 경험과 권한을 가지고 있으며, 리스크 관리정책 결정 및 리스크별 허용한도를 승인하고, 필요시 산하에 실무위원회를 운영한다. 리스크 관리전담부서인 리스크 관리팀은 회사 전체 리스크를 측정, 모니터링 및 통제를 하며 리스크 관리 목표가 수익창출을 지원하는 역할에 중점을 두는지에 따라 Profit center와 Cost center로 구분한다. 그림 15-4는 A보험회사의 리스크 관리조직 체계를 나타낸 것이다.

그림 15-4 리스크 관리조직 체계도

3) 리스크 관리체계

(1) 관리 프로세스

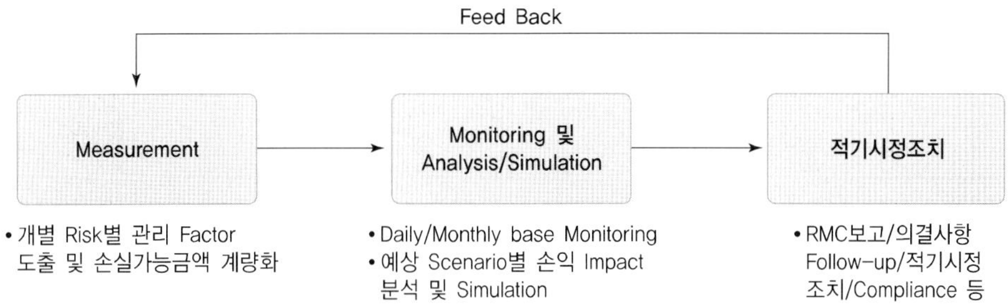

(2) 관리 Factor

<table>
<tr><th colspan="3">대상 리스크</th><th>Factor</th></tr>
<tr><td colspan="3">보험 Risk</td><td>• 설계사 활동인원
• 상품 Portfolio/유지율/정착율/예정유지비율
• 월납초회/계속보험료/사망보험금
• 공시이율 등 수신금리(시장금리의 하향(저금리) 예측 등 중장기 Risk 관리)
• 보험부담이율 등(고금리상품 만기분석을 통한 Risk Exposure 파악)</td></tr>
<tr><td rowspan="6">재무 Risk</td><td rowspan="2">신 용</td><td>개인/기업대출</td><td rowspan="2">신용등급별(장부가-담보가)</td></tr>
<tr><td>만기보유채권</td></tr>
<tr><td rowspan="2">시 장</td><td>상품유가증권</td><td rowspan="2">시 가</td></tr>
<tr><td>파생상품</td></tr>
<tr><td rowspan="2">금리/유동성</td><td>운용자산수익율</td><td>Spread</td></tr>
<tr><td>유동성자산</td><td>유동성비율</td></tr>
<tr><td colspan="3">경영 Risk</td><td>• 지급여력(Solvency Margin)
• IT장애/노사분규/민원 등</td></tr>
</table>

(3) 모니터링 및 분석

구 분		주요내용
Monitoring	Daily	• 시장성자산/유동성 Risk 관리 현황 추이 및 Loss-cut 대상 점검 • 보험영업 지표변동 추이 점검 • 조기경보체계 구축·운영
	⬇	
	Spot Report	• Risk 관련 Issue 발생시 분석/대응방안 수립 및 보고 • 지급여력·손익 Impact 종합분석/개별 Risk Check/적기시정 조치 시달 및 Follow-up
	⬇	
	Yearly	연간 실적 분석 및 차년도 Forecasting
Analysis/Simulation		시나리오별 지급여력/당기손익 Impact 분석 및 Simulation

4) 개별리스크 관리지표

(1) 신용리스크

구 분		대상 및 Calculation	허용 한도
관리 대상		신용/보증보험/부동산 담보대출 등 약관대출을 제외한 개인/기업대출과 만기보유 목적의 모든 채권	
개인대출	대손율	법정 대손충당금÷대출총액×100	1.5% 이내 * 3개월 추세 연속 악화 시 조기경보 Signal
	연체율	30일 초과 연체자산금액÷대출총액	10% 이내
기업대출	고정 이하 대손 증가율	고정 이하 대손충당금 증가액÷대출평잔	2% 이내
만기보유 채권	손실예상금액	(액면금액×신용등급별 연간 부도율) 신용등급별 연간 부도율 : 한신평 공시자료	3개월 추세 연속 악화시 조기경보 Signal
	동일인 채권취득한도	신용등급 AA- 이상	600억 원 이내
		신용등급 BBB- 이상 AA- 미만	400억 원 이내

(2) 시장리스크

구 분		대상 및 Calculation	허용 한도
관리 대상		상품유가증권(주식/채권) 및 선물/옵션/스왑 등 파생거래	
주 식	Fund 평가손익 비율	Fund 평가손익÷Fund 설정금액 (Fund별 구분 관리)	Δ20% 이내
	Loss-cut Rule	Fund에 편입된 개별종목의 평가손실 제한 (Fund별 구분 관리)	Δ25% 이내
채 권	평가손익비율	대상채권 전체의 평가손익÷장부가액	Δ3% 이내
	Loss-cut Rule	개별 채권의 평가손실 제한	Δ3% 이내
파생 상품	Loss-cut Rule	거래 유형별 평가손실 차등 제한 (거래시 case-by-case 검토)	-

(3) 금리 및 유동성리스크

구 분	대상 및 Calculation	허용 한도
운용자산수익율/ 평균예정이율 Spread	운용자산수익율-평균예정이율	0%P 이상
단기 유동성 비율	단기유동성÷법인영업을 제외한 월평균 지급보험금	40% 이상

Chapter 16

일반 개인의 리스크 관리

1. 개인들은 주로 어떤 리스크에 노출되는가?

금융기관, 특히 은행은 탄생하면서부터 다양한 리스크를 측정하고 이를 분류하여 체계화함으로써 리스크 관리시스템이 경영 전반에 퍼지게 되었고, 모든 임직원들에게도 이의 중요성을 철저하게 교육시켜 몸에 익히도록 훈련시켜 왔다. 리스크 관리가 은행수익과 직결되기 때문이었다. 은행수익의 기본골격은 불특정 다수의 소액예금을 유치한 대가인 조달이자에서 모인 자금을 운용하는 대출수익과의 차이, 즉 예대마진이다. 만약 어떤 행원이 기업대출서류를 심사할 때 관련서류를 부득이하게 잘못 판단하는 실수를 저질러 그 기업에 대출해 준 원리금의 일부를 못 받게 되는 경우가 발생한다면 그동안 벌어 들였던 이익이 모두 손실로 변해 버린다. 이는 은행의 수익악화로 직결된다. 따라서, 은행경영의 모든 영역이 리스크 관리라 해도 무방하다.

한편, 일반 개인들의 자금거래 유형은 실로 다양하다. 각각의 상황과 형편에 따라 리스크 대처기법이 다르므로 이 관리는 오직 개인이 스스로 알아서 수행해야 한다. 일반 개인들에게 적합한 리스크 관리 노하우를 체계화한다는 것은 불가능한 일이며, 개인들에게 노출되는 리스크 유형을 구분하는 것 자체가 무의미해질 수 있다. 그러나 재무적인 거래에 국한해서는 어느 정도 윤곽을 파악할 수 있다. 대체적으로 개인과 개인의 거래 또는 개인과 금융기관 간의 거래에서 주로 발생하는 리스크는 신용리스크와 유동성리스크, 시장리스크가 대부분이다. 아래 사례를 통하여 개인들에게 자주 노출되는 리스크 유형을 살펴보자.

A씨는 2003년 한창 적립식펀드 열풍이 불 때 아내와 상의 후 오랜 고민 끝에 월 100만 원 적립식펀드에 가입하였고 이후 5년 간 꾸준히 불입하였다. 시간이 흘러 어느덧 만기가 되었고 환매금액을 확인해 보니 불입원금 6,000만 원, 투자수익 4,000만 원으로 모두 1억 원이었다. 연 19%나 되는 꽤 큰 수익을 올린 것이다. 그런데 투자상담사나 증권사의 추천보고서, 심지어 아내까지 환매하지 말고 계속 불입하도록 권유하였다. 이유는 간단하다. 환매해 봤자 마땅히 재투자할 곳이 없었고, 나름 금융시황이 좋아 추가손실이 날 것 같지 않기 때문이었다. 그는 고민 끝에 계속 유지하기로 하였는데 공교롭게도 한 달이 지나고 나서 주식시장이 상승하기 시작하였다. 국내경제뿐만 아니라 세계 경제 특히 미국 경기가 살아나면서 세계적인 유동성장세가 시작되었던 것이다. A씨는 재차 고민 끝에 1년 정도 투자하기로 마음먹고 은행에서 주택담보 3,000만 원, 마이너스 신용대출 1,000만 원 합하여 4,000만 원을 추가로 펀드에 가입하였다. 이번에는 그간의 경험을 살려 적립식보다는 1년 거치식으로 가입하였다. 2008년 들어 여름이 지나고 가을 초입에 느닷없는 미국발 금융위기가 터졌고 전 세계적으로 급속히 확산되면서 모든 나라의 금융시장은 초토화되었고 A씨의 펀드뿐만 아니라 주택가격마저 떨어지기 시작하였다. 이후 1년 정도는 억지로 버텼지만 더 이상 심리적으로 견딜 수가 없어서 환매하기로 하고 창구에 문의해 보니 펀드는 1억 원으로 추락하였고, 보유한 집의 가격은 금융위기 전보다 약 30%가 하락하였다. 앞으로 어떻게 해야 할지 막막할 뿐이다.

위의 사례에서처럼 대부분의 사람들은 투자할 마음이 급히 동하면 본인의 형편보다는 일단 돈을 벌고 싶은 욕심에 남의 돈이라도 빌린다. 특히 집을 구입할 때는 거의 모든 사람들이 집을 담보로 자금을 차입하여 구입자금을 충당한다. 일단 보유부동산담보, 인적보증담보 또는 순수신용을 통해 자금차입을 한 경우에는 그 즉시 신용리스크에 노출된다. 신용리스크는 차입자금에 대한 이자를 제때 불입하지 못하거나 도중에 급한 사정이 생겨 만기 시에 차입금을 상환하지 못함으로써 생기는 손실이다. 통상 이자를 3개월 이상 연체하게 되면 바로 신용불량자가 되는데, 이렇게 되면 다른 어떠한 신용수단을 사용하지 못하게 되어 정상적인 생활이 어렵게 된다. 결과적으로 본인과 가족의 물질적, 정신적 피해는 엄청날 수밖에 없다. 설령 다른 수단을 동원하여 이자를 납입하더라도 만기에 원금상환이 어렵게 되면 또다시 다른 데서 자금을 차입하여 상환해야 하는 악순환이 반복된다. 이 경우 유동성리스크에 노출된다. 유동성은 흔히 신용리스크에 노출되고 나서 곧바로 나타나는 것이 일반적이다. 그리고 보유한 집값이 떨어지면서 본인의 자산가치가 하락하는 시장리스크에도 노출된다.

이렇듯 대부분의 사람들은 금융거래를 시작하는 즉시 신용리스크에 노출되고, 유동성리스크, 시장리스크 순으로 노출된다. 신용리스크는 그 특성상 개인보다는 거래규모가 큰 금융기관에 자주 노출된다. 따라서 금융기관의 신용리스크 관리는 아주 철저하다. 계약 초기 사전 대출심사부터 대출 이후 모니터링까지 모든 데이터를 데이터베이스화(data base)하여 실시간으로 전산조회가 가능하도록 시스템을 갖추고 있다. 그만큼 수익에 미치는 영향이 크기 때문이다. 신용리스크는 과거 발생경험에 비추어 볼 때 다른 리스크에 비해 발생빈도는 낮으나 한번 발생하게 되면 그 영향력, 즉 심도가 상당하다. 그 분포도 이익과 손실이 똑같이 영향을 받는 것이 아니라 비대칭으로 손실 쪽이 길게 늘어난다. 신용리스크는 한번 발생하면 회복하기가 어려운 만큼 파급효과가 크다.

유동성리스크는 주로 신용리스크에 노출된 후에 나타난다. 따라서, 그 전에 발생하였던 신용리스크를 조기에 수습할 수 있으면 얼마든지 극복할 수 있다. 어느 정도 시간을 갖고 해결할 수 있는 시차가 존재하므로 사전에 준비만 철저히 해 두면 충분히 해결할 수 있는 리스크이기도 하다. 그럼에도 불구하고 유동성리스크가 한번 발생하게 되면 리스크 발생 이전으로 회복하기에는 상당히 어려운 처지에 놓일 수 있게 된다. 바로 개인의 평판이나 이미지에 큰 손상을 입히기 때문이다.

시장리스크는 개인들의 노출리스크 중 그 빈도가 가장 많은 리스크이다. 특히 주식시장은 누구든지 쉽게 참여할 수 있기 때문에 시장리스크 노출빈도가 가장 많은 영역이다. 한편, 온라인을 통한 주식거래가 대중화되면서 이 영역은 실시간으로 시장리스크에 노출된다. 무엇보다 자기 돈보다는 남의 돈으로 레버리지를 이용할 경우에는 반드시 사전에 리스크 관리 절차를 밟아야 한다.

2. 개인에게 리스크 감각이 생기지 않는 이유

대부분의 개인들은 어떤 투자를 고려할 때 사전에 투자에 따르는 리스크를 꼼꼼하게 따지거나 고려하지 않는 경향이 다분하다. 어디에 어떠한 리스크가 있는지 정확하게 모르거나 알아도 굳이 리스크를 고려할 이유가 없다고 속단하기 때문이다. 어쩌면 노출된 리스크가 별 게 아니라고 간주할 지도 모른다. 이렇게 되는 이유를 살펴보자.

첫 번째는 사회경제적인 환경이다. 우리나라는 1997년 IMF 외환위기 이전까지만 해도 대부분의 사람들은 리스크가 무엇이고 리스크 관리를 왜 하는지조차 몰랐다. 심지어 대기업이나 금융기관조차도 특별한 리스크 관리 기법 없이 기존의 경영방식을 유지했을 뿐이다. 대부분 투자하면 이익이 났기 때문이었다. 이런 경영환경이 리스크 관리의 필요성이나 중요성을 방치한 것이다. 우리나라는 1950년 6·25전쟁 이후부터 1990년대 중반까지만 해도 개발도상국치고는 상당히 비약적인 발전을 해 왔다. 매년 수출이 증가하면서 해당 기업의 주가는 지속 상승하였고 나라 전체의 경제도 지속 상승하였다. 상승 무드는 1970년대, 1980년대, 1990년대 중반까지 지속되었다. 이런 상황에서 굳이 노출된 리스크를 인식하고 관리해야 할 필요성을 못 느낀 것이다. 일반 개인들도 전통적인 유교관이 형성된 가족주의 체제에서 성장하였기 때문에 가장은 성실하게 일하면서 일정 금액을 저축하고 이후 집을 구입하고 자녀를 양육하고 노후에는 자식에게 기대는 것이 인생의 계획이었다. 그러니 투자에 관한 마인드가 형성되지 않았으며 주로 은행을 통한 정기적금이나 정기예금 위주의 자산 증식이 대부분이었다. 그럼에도 충분히 기대수익이 발생하였다. 따라서 굳이 또 다른 리스크를 감수하면서까지 투자를 고려할 필요가 없었던 것이다.

그러나 IMF 외환위기가 터지면서 모든 금융사고 체계가 뒤죽박죽되어 버렸다. 금융기관, 특히 은행은 절대 망하지 않는다고 생각한 고정관념이 깨지면서 투자에 관한 기본원칙도 무너진 것이다. 주식이나 부동산 등 대표적인 실물자산에 투자하면 무조건 돈을 번다는 생각도 흔들렸다. 가만히 앉아서는 기대 이상의 수익을 얻을 수 없다는 것을 느낀 것이다. 경험이 많은 투자자들은 더 나은 수익을 추구하기 위해 다소 무리한 포트폴리오도 마다하지 않았다. 그러면서 점차 금융상품에 내재된 리스크가 보이기 시작하였다. 엄밀히 말해 역설적이지만 IMF로 인해 리스크 관리의 중요성을 깨우친 것이다. 그들은 우리나라에 구제금융을 지원하면서 그 대가로 부실기관

정리와 금융선진제도 도입, 특히 리스크 관리시스템을 도입하라고 요구하였다. 그래서 대부분의 금융기관들은 글로벌 스탠더드(global standard)에 부합되는 금융리스크 관리시스템을 도입하였다. 감독 당국도 그때부터 리스크 관리 위주의 감독체제로 변하였다. 덩달아 일반 개인들도 리스크 관리의 필요성을 느끼기 시작하였다. 실제로 리스크 관리의 중요성은 2008년 미국의 서브프라임(Subprime) 사태가 촉발되면서 본격적으로 전 세계 모든 금융투자자에게 인식되었다.

두 번째, 투자할 때 나타나는 심리적인 습관이다. 리스크 관리 입장에서 리스크를 효율적으로 관리하지 못하는 가장 큰 장애물은 심리적인 요인이다. 리스크 관리는 전적으로 미래의 불확실한 기대수익을 관리하는 것이다. 그러나 대부분의 사람들은 심리적으로 미래의 저축이나 이익보다는 현실에서의 소비와 이익에 관심이 더 많다. 이를 심리학적으로 시간선호현상이라 하며 불확실한 미래의 이익이나 효용보다는 당장의 현실에서 느끼는 이익이나 보상에 우선시한다는 의미이다. 이런 현상은 투자뿐만 아니라 일상생활에서도 흔히 발견되는데 대표적으로 저축과 소비를 들 수 있다. 연구결과에 의하면 통상 경제적으로 여유가 생기면 미래의 소비재원, 즉 저축을 선호하는 경향이 있다고 하며, 가까운 미래가 불확실하다고 느끼게 되면 저축을 멈추고 그 대신 현재의 소비를 늘리는 시간선호가 급상승하게 된다고 한다. 결국 리스크 관리는 미래의 불확실성을 관리하는 것인데, 이런 시간선호 현상으로 인해 리스크 관리를 해야 할 필요성을 못 느낀다. 흔히들 예상하지 않았던 이익을 눈앞에 보게 되면 당초에 계획했던 의지가 무너지게 된다. 즉 미래의 이익보다는 당장의 이익에 우선시하게 되는데, 이는 눈에 보이는 것을 선택하는 것이 쉽고 대가도 확실하기 때문이다. 그러나 장기적으로 보면 이러한 시간선호로 인한 근시안적인 의사결정은 최종적으로 손실을 가져올 개연성이 높다.

시간선호 현상을 극복하는 방법은 개인마다 차이가 있는데, 이는 개인의 선택기준이 다르기 때문이다. 예를 들면 '오늘 30분 더 잘 것인가, 아니면 일어나 책을 읽을 것인가'를 고민한다고 해 보자. 상식적으로 자투리 시간에 자기개발을 하면 나중에 그만큼 성과가 돌아올 것이라 판단한다. 그렇지만 어떤 사람은 지금 30분 더 자는 것이 소중하다고 판단한다는 것이다. 이처럼 개개인의 의식구조에 따라 판단기준은 다르지만 보편적으로 볼 때 변화에 대한 과감한 선택과 그 선택을 믿고 꾸준히 밀고 나가는 것, 실패를 두려워하지 않고, 더 큰 성공을 위한 발판으로 삼는 것 등은 불확실한 것에 대한 선택이므로 상당히 어려운 일이다. 하지만 그 선택으로 인한 결과는 반드시 충분한 보상으로 연결된다는 것을 과거의 경험을 통해 충분히 알 수 있다.

다음으로 중요한 심리현상은 낙관주의 편향이다. 사람들마다 성격의 유형은 각양각색이지만 대체로 사람들은 미래를 낙관하는 경향이 있다. 특히 투자행위에서는 더욱 그렇다. 이런 현상 때문에 투자자는 다른 투자자보다는 리스크에 덜 노출되었다고 합리화하거나 단순히 긍정적으로 시장을 바라보게 된다. 이러한 편향은 초보자들을 쉽게 투자시장에 참여하도록 유혹한다. 이들은 주변에서 들려오는 중요 정보나 증권시장에 떠도는 루머, 작전투기세력의 회유, 펀드매니저의 상담이나 관련보고서를 통하여 쉽게 투자를 결정하곤 한다. 투자 시 요구되는 최소한의 분석은 기업의 재무제표를 이용한 경제 기초여건 분석이다. 물론 이러한 분석은 애널리스트들이 보다 전문적으로 수행한다. 그러나 그들은 궁극적으로 회사에 종속되어 있는 신분이기 때문에 객관적인 검증에는 한계가 있을 수밖에 없다. 더 큰 문제는 분석 자료를 보면서 가능하면 부정적 정보를 무시하고 투자자 자신의 입장에서 긍정적으로 재해석한다는 것이다. 자기 자신을 합리화함으로써 투자자의 감정이나 성격이 낙관적이고 근면 성실하다면 대부분 성공할 것이라 판단하고 그렇지 않을 경우에는 다른 명분을 만들어 투자실패를 인정하지 않는다. 우리 주변에서 자주 목격되는 현상 중 하나이다. 투자 세계에서는 사람의 좋고 나쁨이 문제가 되지 않는다. 사전에 준비가 되어 있느냐 그렇지 않느냐의 차이일 뿐이다.

또한, 눈에 띄는 심리현상이 바로 군중심리이다. 군중심리는 심리학적 용어로 '동조현상' 이라 하는데, 금융시장의 역사를 살펴보면 군중심리에 편승한 다양한 투자 열풍이 되풀이되고 있음을 알 수 있다. 우리나라도 예외는 아니다. 1980년대 중반 부동산투자 열풍, 2000년대 초반 IT닷컴주 열풍, 2003년부터 시작된 펀드 열풍 등이 대표적인 사례이다. 돌아보면 상식 이하의 행동을 서슴지 않았던 비이성적 사태에 많은 사람들이 몰려들었던 이유는 무엇일까? 바로 군중심리 때문인 것이다. 이는 한 사람 한 사람이 개인으로서 시장을 바라볼 때는 탐욕과 공포를 이기지 못해 자신만의 공포심과 흥분 속에서 시장의 추세를 따르지만, 결정적인 판단을 내릴 시점에서는 자신의 생각이 아닌 주변 사람들의 생각을 따른다는 의미이다. 결국 인간 스스로 합리적인 상황을 예측하고 판단할 수 있다는 전제하에 도출된 전통적 금융경제이론들은 현실과 동떨어질 수밖에 없다. 그러므로 우리는 투자심리에 기초한 사례들을 살펴보고 왜 그런 현상이 발생했으며 어떻게 해결되었는지 알 필요가 있는 것이다. 투자시장에서 한 발짝 물러나 투자자 자신의 심리를 냉정하게 들여다보고 아울러 개인의 심리변화가 투자패턴에 어떤 영향을 미치는지 파악한다면 자신의 투자포트폴리오를 항상 유리하게 가져갈 수가 있다.

세 번째가 바로 위험과 리스크를 혼동하는 데 있다. 흔히들 리스크라 하면 무조건 피하는 것으로 간주하였다. 그러나 적당한 리스크는 좋은 것이다. 왜냐하면 리스크는 예상(기대)보다 달라질 가능성을 표시하므로 결과가 예상보다 더 좋을 가능성과 더 나빠질 가능성을 모두 포함하는 반면, 위험은 예상보다 항상 결과가 더 나빠질 가능성만을 의미한다. 리스크는 부담하는 대가로 기대수익이라는 보상을 받게 되지만, 위험은 부담함으로써 받게 되는 대가가 거의 없다. 리스크를 너무 추상적인 의미로 사용하다 보니 현실적으로 와 닿지 않는다. 그럴 만도 한 것이 리스크는 미래의 불확실성을 계산하기 때문이다. 누구나 당장의 불확실성(손실)을 직시하지 미래까지 내다보지 않는다. 왜냐하면 눈에 보이는 것만이 확실하고 투명하기 때문이다. 이처럼 리스크의 정확한 의미만 알아도 투자의 세계가 그리 녹록지 않다는 것을 알게 된다. 실제 대부분의 사람들이 나름대로 투자하기 전에 직·간접적으로 사전지식을 습득하거나 해당 정보를 얻어 최선의 수익을 내고자 노력한다. 그럼에도 불구하고 대부분 좌절하게 되는 이유는 투자의 가장 기본적인 전제인 수익과 리스크는 함께한다는 명백한 진리를 잊어버리기 때문이다. 따라서, 투자에 앞서 좀 더 객관적으로 리스크를 고려하는 자세가 필요하다. 처음부터 그런 자세를 잡기는 쉽지 않지만 지속적으로 투자동향이나 흐름을 파악하다 보면 어느새 스스로 리스크를 고려하게 되어 보다 구체적이고 과학적으로 리스크를 측정하게 된다.

마지막으로 리스크를 제대로 알려 주는 매체가 없기 때문이다. 금융에 관한 이론서나 대부분 재테크 관련 책들은 투자이익을 우선시한다. 리스크에 대한 언급은 항상 뒷전으로 밀려 있다. 그러다 보니 리스크 관리에 관한 저변 확대가 안 되었고, 무엇보다 지금까지 해 왔던 투자결과가 우연이든 노력에 의한 것이든 대부분 이익이 발생하다 보니 이익 근저에 숨어 있는 리스크를 파악할 필요를 못 느낀 것이다. 사실 리스크를 파악하지 않고 수익을 얻었다면 공짜로 점심을 얻어먹은 것이다. 투자세계에서 공짜 점심이 없다는 것은 누구나 알고 있는 사실이다. 언젠가는 그 공짜만큼 뱉어 내야 한다. 시간이 흐를수록 뱉어 내야 하는 금액은 많아질 수밖에 없다.

우리나라 금융기관들은 IMF 외환위기가 발생하고 나서 리스크 관리의 중요성을 알게 되었고 그로부터 10년이 지난 2008년 미국 서브프라임 사태가 터지면서 일반 개인들도 무언가 크게 잘못되었구나 하면서 리스크 관리의 중요성을 깨닫기 시작한 것이다.

3. 개인이 리스크 관리할 때에 유의할 사항

일반 개인들이 리스크를 관리한다고 해서 직접 리스크를 계산하여 그에 맞는 상품을 선택하거나 이를 주기적으로 모니터링해서 리스크 허용범위를 벗어나면 바로 조치를 취하는 등 일련의 행위를 수행하라는 뜻이 아니다. 이런 일은 전문기관에 맡기면 된다. 다만 최소한이라도 금융세상에서 리스크 관리의 중요성이나 필요성을 분명히 인식하자는 것이다. 2000년대 이후부터 금융패러다임이 확실히 변하였기 때문이다.

첫 번째, 2000년대 들어 가계 부문의 재무리스크 노출 규모가 지속적으로 증가하였다. 이는 개인들이 리스크 관리를 해야 하는 직접적인 이유이다. 전 세계적으로 가계자산 중 예금비중이 줄어드는 대신 시장리스크에 민감한 주식, 펀드, 채권의 비중이 늘어나는 추세이다. 그만큼 금융자산의 이동이 활발해지면서 수익률 경쟁이 치열해지다 보니 적정수익률을 확보하기가 어렵게 되었다. 본인 판단하에 신규투자처를 발굴할 수밖에 없는 상황이 도래한 것이다. 우리나라는 아직도 주택에 대한 보유심리가 강해 가계자산 중 부동산이 차지하는 비중이 상당히 높다. 하지만 이러한 추세도 수그러질 전망이고 2015년 이후에는 더욱 빨라질 것으로 보인다.

우리나라 퇴직연금의 선호도가 확정급여형[1]보다는 확정기여형[2]으로 변하고 있다. 물론 아직까지는 과거의 퇴직금과 유사한 안정적인 확정급여형의 비중이 높지만 본인 책임하에 퇴직자산을 운용하는 확정기여형의 비중은 꾸준히 늘 수밖에 없다. 확정기여형의 상품운용도 주식과 채권의 혼합형이 대세이다. 삶의 질이 향상되면서 개인의 수입이 늘어나게 되고 그 규모도 기대 이상으로 커지면서 보유자산에 내재된 리스크가 어떻게 영향을 미치는지 관심을 갖게 되었다. 우리나라는 2011년부터 베이비부머의 은퇴가 본격화되었는데 은퇴를 대비한 은퇴자금 설계에서도 리스크 관리는 아주 중요하다. 국내 대부분의 은퇴설계 근간은 은퇴 이후 필요자금을 설정해 놓은 다음 이를 달성하기 위해서는 매년 어느 정도의 수익률이 필요한지 계산하고 그

Footnote

1) 확정급여형은 근로자의 근속기간 및 급여 수준에 따라 퇴직금이 사전에 결정되는 제도로 근로자가 퇴직 시 받을 수 있는 퇴직금이 '계산식'에 의해 정해져 있고 기업이 퇴직 자산을 운용하므로 그 수익과 운용의 책임이 기업의 몫이 된다. 이는 근로자가 퇴직 시 수령할 퇴직급여가 사전에 확정되는 점에서 기존의 퇴직금 제도와 유사하다. 매년 정기적으로 사용자가 부담하는 금액은 사용자 책임하에 운용되며, 근로자가 퇴직 시 근로자 개인퇴직계좌로 이전이 가능하다. 동 형태는 주로 장기 근무한 경우 선택하면 유리하다.

2) 확정기여형은 기업이 부담할 부담금이 사전에 확정되는 제도로 기업은 노사합의에 따라 정한대로 '정해진 부담금'을 퇴직연금 사업자에게 납입하고 근로자가 그 부담금을 직접 운용하기 때문에 본인의 운용실적에 따라 퇴직금이 달라질 수 있는 제도이다. 이는 사용자가 부담해야 할 금액을 사전에 정하고 근로자 개인별 계좌에 적립되며 근로자 책임하에 운용되는 형태이다. 따라서 퇴직급여 수준이 확정되지 않는다. 이는 이직이 빈번하거나 연봉제를 실시한 기업 등에서 적합한 유형이다.

에 따른 포트폴리오를 구축하도록 설계해 준다. 하지만 이 방법의 가장 큰 문제는 포트폴리오를 구축하고 실행하는 과정에서 내재된 리스크가 얼마인지 계산하지 않는다는 점이다. 잠재리스크가 자신이 감내할 수 없는 수준이라면 은퇴설계는 아무 의미가 없다.

두 번째, 미국 금융위기로 인하여 개인들의 투자인식이 변했다. 2007년 들어 미국의 서브프라임 사태가 불거지기 시작하다가 2008년 9월에 리먼브러더스 투자은행이 파산했다는 소식에 세계 금융시장은 일제히 혼란에 빠졌다. 말 그대로 패닉이었다. 1929년 미국 대공황이후 무려 80년 만에 나타난 금융혼란이었다. 미국 서브프라임 사태는 지금까지 발생하였던 금융혼란과 확연히 달랐다. 그간의 금융 사태는 1차 금융상품, 즉 대출, 예금 등의 거래과정에서 거품이 조성되고 이러한 거품이 결국 폭발하면서 발생하였다. 그러나 서브프라임 사태는 1차 금융상품을 기초자산으로 2차, 3차 등 연속해서 발행된 파생상품의 거품이 조성되면서 터진 사건이다. 지금껏 보지 못했던 한 가지 상품에 다양한 이해관계자가 얽혀 있어 한번 사건이 터지면 핵폭발처럼 그 파급효과가 커진 것이다. 물론 희생의 대다수가 일반 개인투자자였다. 이제는 금융시스템 전체가 매트릭스처럼 세분화되어 있어 본인이 선택한 상품이 다른 상품과 연계되는 복합금융화 시대이다. 미국 서브프라임 사태는 지금까지 발생하였던 금융위기하고는 차원이 다를 수밖에 없었다.

서브프라임(subprime)은 '최고급의 다음 가는' 이라는 의미로 신용능력이 다소 떨어진다는 뜻이다. 모기지는 주택을 담보로 한 대출이다. 따라서, 서브프라임 모기지는 신용능력이 낮은 채무자를 위한 주택담보대출인 셈이다. 상식적으로 저신용 대출은 금융기관에서 꺼려한다. 그런데 미국 내 금융기관들이 모기지대출상품을 다량 판매한 것은 특별한 기술이 있어서가 아니라 단순히 미국 내 집값이 계속 오를 것이라고 판단했기 때문이었다. 웬만한 사람이라면 그 당시 집값이 오를 수밖에 없었음을 알고 있었다. 중앙은행 격인 '연방준비제도 이사회' 가 경기부양을 위해 금리를 계속 내렸고 그래서 시중에 돈이 넘쳐 부동산으로 몰렸다. 덩달아 남미 이민자와 흑인들까지 가세하여 평생 소원이던 집을 구입하는 이른바 '미국판 드림(dream)' 현상이 확산되면서 너도나도 담보대출로 집을 구입하였다. 계속해서 집을 지어도 그 수요를 따라가지 못했다. 당연히 집값이 오를 수밖에 없었다. 점차 사람들은 '집을 사면 오르고, 오르니 다시 사고' 하는 머니게임에 빠져 들었다. 이런 분위기를 금융기관이 놓칠 리없었다. 설령 신용등급이 기준치보다 모자라도[3] 대출은 얼마든지 가능하였고 심지어는 주택가격 전액을 융자해 주는 파격적인 행사도 자주 있었다. 그런데 금융기관은 고정수입 한 푼 없는 대출채무자가 서브프라임 대출금으로 자동차를 구입하고 쇼핑을 하는 등 흥청망청 탕진해도 전혀 걱정하지 않았다. 대출이자가 연체되면 즉시 집을 가압류시켜 시중에 팔면 대출금을 충분히 회수하고 남았기 때문이었다. 이 모든 것은 집값이 꾸준히 올랐기 때문에 가능하였다. 반대로 주택가격이 떨어지면 파산은 불 보듯 뻔하였다. 문제는 여기서 그친 것이 아니다. 모기지대출 상품을 이용한 새로운 금융상품들이 추가로 개발되어 판매되었다. 대출상품은 금융기관이 채권자이고 일반 개인은 채무자이다. 채권자인 금융기관은 만기까지 이자를 받는데, 원금을 회수하려면 만기[4]까지 기다려야만 했다. 그러나 증권화 또는 유동화로 만기 이전에도 원금 회수가 가능해졌다. 2000년대 이후 은행 위주의 전통적인 금융기관들은 투자은행들의 시장 확충에 방어하고 기존의 수익기반을 더욱 견고히 하고자 대출 위주 영업에서 유동화를 통한 증권영업으로 변경하였다. 그러면서 1차 대출상품보다 2차, 3차 등 다차원 금융상품 판매에 주력하였다.

증권화로 인해 서브프라임 대출채권이 주식처럼 누구나 쉽게 사고팔 수 있게 된 것이다. 가만히 있는 대출이 움직일 수 있는 증권으로 변한 것이다. 더구나 증권화된 상품에 다른 상품, 즉 자동차할부채권이나 상업어음 채권 등을 추가하여 다시 사고팔았다. 또한, 기존 금융상품보다 상대적으로 수익률이 높다 보니 이런 상품에 전 세계의 기관투자자와 개인투자자들이 투자하였다. 결국 서브프라임 모기지사태가 터지면서 전 세계로 확산되었고, 이로 인해 피해를 본 사람들은 대부분 일반투자자였다. 만약 증권화만 아니었어도 서브프라임 사태는 미국 내부의 문제로 끝났거나 충격의 강도가 현저히 약했을 것이다.

세 번째, 수익지상주의를 표방한 금융기법이나 금융상품 설계과정이 갈수록 지능화되고 상품포장술도 현란하다는 점이다. 2000년대 들어서면서 헤지펀드나 사모펀드 등 대규모 집합투자 형태가 개인 및 기관투자자의 매력적인 투자수단으로 등장하였다. 그러자 기존 투자은행 외에 전통적인 상업은행까지 가세하여 경쟁은 더욱 치열해졌다. 점차 수익 위주의 투자행태가 확산되면서 심지어 고수익을 위해서라면 어

Footnote

3) 실제 대부분의 서브프라임 대출자의 신용등급은 엄청나게 낮았다. 단지 서류상으로만 거짓 기재했을 뿐이다. 물론 대출자가 한 게 아니라 중간에 대출브로커들이 속인 것이었다. 그들은 신용등급이 중요한 것이 아니라 오로지 대출중개 수수료밖에 안 보였기 때문이다. 이것도 서브프라임 사태가 터진 큰 원인이었다.

4) 모기지론은 보통 30년이 만기임

떠한 리스크도 부담한다는 수익만연주의가 기승을 부렸다. 서브프라임 모기지사태가 그 전형이다. 더불어 전산기술의 발달과 금융의 세계화로 세계 어느 곳에서도 금융상품 정보가 실시간으로 공유되어 즉각적으로 투자의사결정이 가능해졌다. 상품개발자[5]의 현란한 금융기법이 빛을 보기 시작한 것이다. 대부분의 펀드매니저는 서브프라임 모기지담보증권이 증권화로 인하여 리스크가 높은 상품에서 안정적인 채권으로 변경되어 동 상품에 내재된 리스크는 충분히 커버된다고 선전하였다. 더불어 상품개발자는 전통적인 투자자산을 보기 좋게 다듬어서 투자자의 입맛에 맞게 가공해 주었다. 이런 것이 가능한 이유는 대용량 컴퓨터가 도입되면서 금리와 주가, 환율 등 모든 금융경제지표의 미세한 변화도 추적할 수 있었기 때문이다. 그들은 더욱더 복잡하고 구조화된 금융상품을 광범위하게 선보였다. 복합상품의 판매 포인트는 리스크를 철저히 헤지하여 최적수익률을 추구할 수 있도록 설계되어 있어 완벽에 가까울 정도로 기대수익률을 얻을 수 있다는 것이다. 문제는 산출과정을 자세히 설명해 주지 않는다는 데 있다. 어쩌면 최초 상품개발자 외에는 어느 누구도 상품개발과정을 알 수 없을 수도 있다. 그만큼 상품이 복잡하게 구성되었기 때문이다. 아름답게 포장하는 기술만 있을 뿐이다.

한편, 일반투자자들 주변에는 최소한 한두 명의 금융전문가가 있기 마련이다. 이들은 끊임없는 상담기법 훈련과 지식습득으로 일반투자자들의 가려운 곳을 긁어 주곤 한다. 그들은 금융시황이나 예측에 대하여 항상 고민하기 때문에 남들이 들으면 귀에 솔깃할 정도로 상담실력을 갖추고 있다. 금융소비자가 어느 정도 알 것 같으면 다시 새로운 기법으로 무장한다. 그러니 금융소비자는 늘 당할 수밖에 없다. 이를 극복하는 방법은 스스로 금융상품에 내재된 리스크를 추려 낼 줄 아는 혜안을 갖추는 것이다. 리스크 관리는 과거처럼 금융기관이나 일부 자산가들이 공유하는 특수한 분야가 아니다. 투자자라면 누구든지 관심을 갖고 투자과정에서 필수적으로 검토해야 할 분야이다. 〈투자의 네 기둥(The Four Pillars of Investing)〉을 집필한 윌리엄 번스타인(William Bernstein)은 단도직입적으로 역설한다. 그는 "자산을 운용하는 펀드매니저들의 수익률의 좋고 나쁜 것은 거의 전적으로 운에 따른 것이지 기술 때문이 아니다. 따라서 최고의 수익률을 올려 줄 종목이나 뮤츄얼 펀드, 헤지펀드, 혹은 증권브로커를 찾아내려고 애써 봐야 전혀 도움이 되지 않는다."라고 하였다. 심지

Footnote

5) 이들은 주로 미국항공우주국(NASA)에 근무하였다가 월스트리트로 자리를 옮긴 물리학자와 수학자들이 대부분이었다. 이들을 퀀트(quant)라 하며 흔히 금융상품을 계량적, 수학적 기법으로 분석하는 전문가들이다.

어 그는 이런 말도 서슴지 않는다. "투자자들은 딱 두 가지 부류로 나뉜다. 앞으로 시장이 어떻게 될지 알지 못하는 투자자와 자신이 알지 못한다는 사실조차 모르는 투자자이다. 하지만 이보다 더 한심한 세 번째 부류가 있으니 다름 아닌 시장전략가이다. 이들이 밤낮없이 하는 일은 자기 회사가 정치, 경제, 투자와 관련된 각종 데이터를 신중하게 분석해 시장의 방향을 예측할 수 있다는 점을 고객에게 확신시키는 것이다. 하지만 결국 그들이 알고 있는 것은 두 가지 뿐이다. 하나는 다른 사람들처럼 그들 역시 시장이 내일 어떻게 될지 모른다는 것이고, 또 하나는 그들의 운명이 스스로 얼마나 아는 체를 잘 하느냐에 달려 있다는 점이다."

20세기 후반 금융경제학의 대가인 유진파마(Eugene Fama)를 위시한 금융전문가들이 공통적으로 발견한 사실은, 과거를 무대로 해서 종목선정이나 시장의 타이밍을 잡는 성공적인 투자전략을 찾아내는 것은 쉽지만, 미래를 무대로 해서는 그런 투자전략 가운데 어느 것도 먹혀 들지 않는다는 것이다. 이제부터라도 금융상품 속에 내재된 리스크를 축소해서 설명하거나 거의 확실시되는 투자전략으로 미래의 기대수익률을 제시하는 이와 같은 투자컨설팅은 리스크를 관리하는 사람에게는 전혀 적합하지 않다는 것을 확실히 알아야 한다.

1 OO보험회사 리스크 관리규정(예시)

제1장 총 칙

제1조(목적)

이 규정은 경영상 발생할 수 있는 제반 리스크를 보험, 신용, 가격변동, 금리 및 유동성, 경영리스크 등으로 분류하고 이들을 관리하고 통제하기 위한 제반 조직 및 관리방법을 규정함을 목적으로 한다.

제2조(용어의 정의)

① "리스크"라 함은 경영활동 및 이를 둘러싼 제반환경이 예측치 못한 불리한 방향으로 이탈할 가능성을 말한다.

② "리스크 관리조직"이라 함은 상기 분류된 리스크(이하 "관리대상리스크"라 한다.)를 측정, 모니터링, 조정 및 통제하는 조직을 말한다.

③ "리스크담당조직"이라 함은 해당 리스크의 허용한도 내에서 이익관리 활동을 수행하는 개별사업단위 조직을 말한다.

④ "보험리스크"라 함은 이상사태의 발생이나 경제환경 등의 변화에 의해 보험료 설정 시 예상한 수준을 초과하여 보험금 등이 지급되는 경우로 다음의 위험을 말한다.

1. 가격설정리스크 : 예정이율, 예정위험율, 예정사업비율 설정 오류로 손실이 발생할 위험
2. 상품포트폴리오리스크 : 상품포트폴리오의 부적정성으로 예상마진이 축소될 위험

⑤ "신용리스크"라 함은 거래상대방의 계약불이행에 의해 대출원리금 또는 투자원리금 등을 당초 약정대로 회수할 수 없게 될 위험을 말한다.

⑥ "가격변동리스크"라 함은 금리, 주가, 지가 등의 변동으로 보유자산가치가 불리하게 변동될 위험을 말하며, 이중 환율변동으로 외화표시 자산·부채의 가치가 불리하게 변동될 위험을 "환리스크"라 말한다.

⑦ "금리·유동성리스크"라 함은 자산·부채의 기간 불일치로 이자수익이 불리하게 되거나 예기치 않는 자금이 유출되어 지급불능상태에 이르는 경우로 다음의 위험을 말한다.

1. 금리리스크 : 자산·부채의 금리재설정기간 불일치와 금리의 변동으로 인하여 이자수익이 불리하게 변동될 위험
2. 유동성리스크 : 자산·부채의 만기불일치 또는 예기치 않은 자금의 유출로 이를 충당하기 위한 장기투자자산의 매각, 자금차입 등에 의해 손실이 발생하거나 지급불능상태에 빠질 위험

⑧ "경영리스크"라 함은 경영관리, 법률, 사무, 전산 등 경영 전반에 걸쳐 발생하는 위험을 말한다.

1. 경영관리리스크 : 필요한 경영체계의 정비지연, 의사결정의 실패 등 경영상의 전략적 측면에서 발생할 위험
2. 법률리스크 : 법적규제 준수여부에 따라 발생할 위험
3. 사무리스크 : 직원의 업무처리상 과실 또는 부정행위와 업무절차 오류, 기준설정 오류로 인해 발생할 위험
4. 전산리스크 : 프로그램 오류, 시스템 오류, 전산설비의 오류 등으로 부터 발생할 위험

제3조(리스크 관리목적)

리스크 관리의 목적은 다음과 같다.

① 리스크 허용한도 내에서 수익을 극대화한다.

② 경영의 안정성, 재무 건전성 확보로 계속기업으로서의 성장기반을 확보한다.

제4조(리스크 관리 기본원칙)

리스크 관리의 기본원칙은 다음과 같다.

① 리스크와 수익이 조화를 이루도록 한다.

② 적정한도를 초과한 리스크는 그에 상응한 수익성이 담보되더라도 제거한다.

③ 리스크 허용수준은 사업목적 및 전략에 부합되게 결정한다.

④ 경영성과는 리스크를 반영하여 측정·평가한다.

제5조(적용범위)

법령 또는 정관에 규정이 없는 한 경영전반의 리스크 관리에 관한 사항은 이 규정이 정하는 바에 따른다.

제2장 리스크 관리조직

제6조(리스크 관리위원회)

경영상 발생할 수 있는 위험의 효율적 감독 및 정책수립 등 리스크 관리 업무를 총괄하기 위해 리스크 관리위원회(이하 "위원회"라 한다)를 설치한다.

제7조(리스크 관리위원회의 기능)

위원회는 다음 각 호의 사항을 심의 및 의결한다.

1. 리스크 관리 기본방침의 수립에 관한 사항
2. 리스크 한도 설정에 관한 사항

3. 상품별, 부서별 거래한도 승인에 관한 사항
4. 프라임레이트(prime rate) 등 금리체계 결정에 관한 사항
5. 신상품 가격결정에 관한 사항
6. 지급여력 비율 등 경영 제지표관리 및 대책 수립에 관한 사항
7. 기타 리스크 관리에 필요하다고 위원장이 인정하는 사항

제8조(리스크 관리위원회 운영세칙)

위원회의 구성 및 운영은 리스크 관리위원회 운영세칙에 따른다.

제9조(리스크 관리실무협의회)

① 위원회는 리스크 관리 업무를 총괄적으로 담당하고, 리스크의 관리, 통제 및 보고 등 위원회를 보조하기 위해 위원회 산하에 리스크 관리 실무협의회(이하 "실무협의회"라 한다)를 설치, 운영한다.

② 실무협의회의 구성 및 운영은 리스크 관리 실무협의회 운영세칙에 따른다.

제10조(리스크 관리부서)

① 리스크 관리 업무를 총괄적으로 담당하고, 리스크의 관리, 통제 및 보고 등 위원회를 보조하기 위해 리스크 관리 부서를 설치·운영한다.

② 경영여건상 별도 조직의 운영이 어려울 경우, 리스크 관리의 독립성을 유지할 수 있는 부서에 업무를 위임할 수 있다.

제11조(리스크 관리부서의 업무)

① 리스크 관리부서는 다음 각 호의 업무를 수행한다.

1. 전체 리스크의 종합적인 분석 및 대응전략 수립
2. 리스크 관리 시스템 운영
3. 관련 부서에 대한 위원회의 결정사항 통지 및 사후관리
4. 기타 리스크 관리에 필요한 사항

② 리스크 관리부서는 관련 부서에 필요한 자료의 제출을 요구할 수 있다.

제12조(리스크 관리 전문인력 육성)

리스크 관리와 관련하여 새로운 제도 및 기술의 도입을 위해 리스크 관리 전문인력 육성에 적극 지원한다.

제3장 리스크 관리업무

제13조(리스크 관리 체계)

① 리스크 관리부서는 모든 거래에서 발생하는 리스크를 효율적으로 관리할 수 있는 체계를 구축한다.

② 리스크별로 담당부서를 지정하여 해당 리스크를 관리할 수 있다.

③ 담당부서는 관련 부서에 리스크 관리에 필요한 자료의 제출을 요구할 수 있다.

④ 리스크 관리부서는 각 담당 부서의 관리현황을 통보 받아 전체 리스크를 주기적으로 점검하고, 그 결과를 위원회에 보고한다.

제14조(리스크 허용한도의 설정)

① 위원회는 상품 또는 담당 부서별로 리스크 허용한도를 결정한다.

② 담당 부서장은 제①항의 한도 내에서 세부 운영기준을 정하고, 그 내용을 리스크 관리부서에 통보하여야 한다.

제15조(리스크 허용한도의 예외승인)

① 담당 부서장은 제14조 제①항의 리스크 허용한도를 초과하여 거래하고자 하는 경우에는 한도초과 사유, 초과금액 및 기간 등을 명시하여 위원회로부터 사전 승인을 받아야 한다. 다만, 불가피한 사유로 사전 승인을 받지 못한 경우, 그 사유를 명시하여 지체 없이 위원회의 사후 승인을 받아야 한다.

② 담당 부서장은 리스크 허용한도를 초과하여 거래하였거나, 한도의 예외승인 또는 변경이 있는 경우 리스크 관리부서에 통보하여야 한다.

제16조(내부관리 및 통제)

거래업무, 리스크 관리업무 및 회계관리 업무를 다음 각 호와 같이 분리·운영한다.

① 실무협의회 담당 부서(이하 "리스크 담당부서"라 한다)는 주기적으로 리스크 관리부서에 리스크 현황 및 변동사항을 통보하여야 하며, 리스크 관리부서는 거래사항을 확인하고 정당성 여부를 평가한다.

② 리스크 관리 부서는 리스크 관리 총괄 및 조사 분석 업무를 수행한다.

제17조(리스크 관리업무의 전산화)

리스크 관리를 위한 통합시스템을 구축하기 위하여 지속적으로 인력과 자원을 배분하여 개발, 운영한다.

제4장 부문별 리스크 관리

제1절 보험리스크 관리

제18조(보험리스크 관리대상 및 담당부서)

① 보험리스크 관리대상은 별도로 정하는 바에 의한다.

② 보험리스크의 관리는 상품개발부서에서 담당하고 계리, 영업기획부서에서 지원 및 협조한다.

제19조(보험리스크 관리원칙)

담당부서는 다음 각 호의 리스크 관리원칙을 준수하여야 한다.

1. 상품관리 관련지침을 수립하고 이를 준수한다.
2. 상품에 대한 리스크 허용한도를 준수한다.
3. 예정기초율은 안전마진을 포함 적정수준을 유지한다.
4. 신상품의 개발 시에는 예상 손익분석을 통해 평가를 한다.
5. 상품별 포트폴리오를 적절하게 유지한다.

제20조(보험리스크 관리업무)

① 담당부서는 정기적인 상품(군)별 이원분석을 시행하고 그 결과에 따라 상품포트폴리오를 조정한다.

② 담당부서는 예정기초율의 적정성 및 책임준비금 적립액의 적정성 여부를 주기적으로 검토한다.

③ 담당부서는 이상 재해 또는 급격한 금리변동 시 손익에 미치는 영향 및 대응책을 수립한다.

제2절 재무리스크 관리

제1관 신용리스크 관리

제21조(신용리스크 관리대상 및 담당부서)

① 신용리스크 관리대상은 다음 각 호와 같다.

1. 대출(신용대출, 담보대출 및 후순위대출 포함)
2. 채권(무담보채권, 후순위채권, 금융채 포함)
3. 무담보상업어음할인
4. 기업어음
5. 기타 신용리스크를 내포하고 있는 각종 거래

③ 신용리스크의 관리는 여신심사 및 융자부서에서 담당하고, 법인영업부서에서 지원 및 협조한다.

제22조(신용리스크 관리원칙)

담당부서는 다음 각 호의 리스크 관리원칙을 준수하여야 한다.

1. 여신심사규정, 대출규정 및 세부지침을 수립하고 이를 준수한다.
2. 대출채권에 대한 리스크 허용한도를 준수한다.
3. 자산운용은 적정 포트폴리오를 구성하여 운용하고 편중여신을 지양한다.

제23조(신용리스크 관리업무)

① 담당부서는 업종별 또는 동일집단에 대한 신용의 집중을 통제하여 리스크를 분산시킬 수 있도록 다음 각 호의 기준을 설정하여 운용한다.

1. 고객별 신용한도 설정
2. 고객별 신용등급 평가기준 설정
3. 주체별, 업종별 포트폴리오 설정

② 담당부서는 부실여신의 사전예방을 위하여 신용분석시스템과 부실조기경보시스템을 구축·운영한다.

③ 담당부서는 여신거래처에 대한 신용정보 관리와 통계자료 축적을 위해 거래 유형별로 정보를 관리한다.

④ 담당부서는 리스크 허용한도와 손실발생액 및 손실예상액을 비교·분석한 결과의 대책을 수립·시행한다.

⑤ 담당부서는 부실채권 발생에 따른 대응조치 및 조기정리방안을 수립·시행한다.

제2관 금리리스크 관리

제24조(금리리스크 관리대상 및 담당부서)

① 금리리스크 관리대상은 금리부자산 및 부채로 한다.

② 금리리스크의 관리는 재무기획부서에서 담당한다.

제25조(금리리스크 관리원칙)

담당부서는 다음 각 호의 리스크 관리원칙을 준수하여야 한다.

1. 금리리스크 내부관리지침을 수립하고 이를 준수한다.
2. 자산·부채의 금리리스크 허용한도를 준수한다.
3. 조달 및 운용금리는 안전마진을 포함 적정 수준을 유지한다.

제26조(금리리스크 관리업무)

① 담당부서는 정기적으로 자산, 부채의 금리 및 만기구조 분석을 시행한다.

② 담당부서는 정기적으로 향후 금리의 시나리오별 예측을 시행한다.

③ 제①항, 제②항의 결과에 따라 금리리스크 실무협의회에서는 정책성 금리 등 금리리스크 관련 제반사항을 심의·의결한다.

④ 담당부서는 급격한 금리변동 시 회사손익에 미치는 영향 및 대응책을 수립한다.

제3관 가격변동리스크 관리

제27조(가격변동리스크 관리대상 및 담당부서)

① 가격변동리스크 관리대상은 다음 각 호와 같다.

1. 국내 주식
2. 국내 채권
3. 파생금융상품
4. 기타 가격변동부 신상품 등

② 가격변동리스크의 관리는 투자부서에서 담당하고, 부동산관리부서에서 지원 및 협조한다.

제28조(가격변동리스크 관리원칙)

담당 부서는 다음 각 호의 리스크 관리원칙을 준수하여야 한다.

1. 유가증권 운용규정 및 세부지침을 수립하고 이를 준수한다.
2. 국내 주식, 채권, 파생금융상품 등에 대한 리스크 허용한도를 준수한다.
3. 가격변동리스크와 관련된 거래는 시가에 의한 손익평가를 한다.

제29조(가격변동리스크 관리업무)

① 담당부서는 상품별 또는 담당자별 세부 운용기준을 설정하여 운용한다.

② 담당부서는 거래의 정당성과 손익평가의 적정성을 주기적으로 점검한다.

③ 담당부서는 시장상황의 변화에 대한 위기상황 분석을 통해 적절한 대책을 수립하고 이를 관리한다.

제4관 환리스크 관리

제30조(환리스크 관리대상 및 담당부서)

① 환리스크 관리대상은 외화표시 자산·부채로 한다.

② 환리스크의 관리는 투자부서에서 담당한다.

제31조(환리스크 관리원칙)

담당부서는 다음 각 호의 리스크 관리원칙을 준수하여야 한다.

1. 환리스크 관리 관련 세부지침을 수립하고 이를 준수한다.
2. 환리스크에 대한 허용한도를 준수한다.
3. 환리스크와 관련된 거래는 시가에 의한 손익평가를 한다.

제32조(환리스크 관리업무)

① 담당부서는 상품별 또는 담당자별 세부 운용기준을 설정하여 운용한다.

② 담당부서는 거래의 정당성과 손익평가의 적정성을 주기적으로 점검한다.

③ 담당부서는 시장상황의 변화에 대한 위기상황 분석을 통해 적절한 대책을 수립하고 이를 관리한다.

제5관 유동성리스크 관리

제33조(유동성리스크 관리대상 및 담당부서)

① 유동성리스크 관리대상은 조달·운용되는 자금으로 한다.

② 유동성리스크의 관리는 재무기획부서에서 담당하고, 경리, 투·융자, 영업지원부서에서 지원 및 협조한다.

제34조(유동성리스크 관리원칙)

담당 부서는 다음 각 호의 리스크 관리원칙을 준수하여야 한다.

1. 유동성리스크 내부관리지침을 수립하고 이를 준수한다.
2. 유동성 허용한도를 준수한다.
3. 유동성을 고려하여 자산 포트폴리오를 운용한다.

제35조(유동성리스크 관리업무)

① 담당부서는 정기적으로 유동성을 파악하고, 다음 각 호를 고려하여 대책을 강구한다.

1. 장단기 자금수급계획
2. 유동성리스크에 대비한 단기유동성 자산의 보유 수준

② 담당부서는 정기적으로 자금 포지션 상황을 경영진에게 보고하여야 한다. 담당부서는 자산배분 시 시장유동성을 고려한 자산배분의 우선순위를 결정한다.

③ 리스크 관리부서는 이자율에 민감한 자금의 조달·운용상황을 정기적으로 분석하여 대책을 수립한다.

④ 리스크 관리부서는 정기적으로 자산·부채의 기간 불일치 상황을 분석하여 대책을 수립한다.

제36조(위기상황 대책)

담당부서는 유동성 부족 등의 위기상황에 대한 다음의 대비책을 강구한다.

1. 자금차입계획 수립
2. 정부채권 등 유동성 자산의 매각계획
3. 유동화 기간별 매각 대상자산의 관리

제3절 경영리스크 관리

제37조(경영리스크 관리대상 및 담당부서)

① 경영리스크의 관리대상은 경영 전반에 걸쳐 발생하는 리스크로서, 경영관리리스크, 법률리스크, 사무리스크 및 전산리스크 등으로 한다.

② 경영리스크 관리는 감사부서에서 담당하고, 준법관리부서에서 지원 및 협조한다.

제38조(경영리스크 관리원칙)

경영리스크는 각 리스크별로 내부 관련규정에 의하여 관리한다.

제39조(경영리스크 관리업무)

정기적인 내부감사 및 점검을 통하여 경영리스크를 관리한다.

제5장 부 칙

제40조(세부운영)

이 규정에 따라 관리하는 리스크별 세부운영에 관하여 필요한 사항은 별도로 정한다.

부 칙

제1조(시행일)

① 이 규정은 ○○년 ○월 ○일부터 시행한다.

2 OO보험회사 리스크 관리 시행세칙(예시)

제1편 총 칙

제1조(목적)

이 세칙은 리스크 관리규정에서 정한 바에 따라 각 리스크에 대한 관리체계에 관한 사항을 규정함을 목적으로 한다.

제2조(관리체계)

각 리스크의 기본관리는 관리규정 및 내부통제제도의 구축, 리스크 측정, 허용한도 설정, 리스크 통제, 성과측정의 순으로 행한다.

① 규정제정 및 내부통제는 리스크 관리 관련 업무내용을 명확하게 규정하여 관련 부서에 책임과 권한을 부여하는 방식으로 행한다.

② 허용한도는 경영목표의 달성을 위해 리스크 보유에 대한 기준 및 적정범위를 규정하는 방식으로 설정한다.

③ 리스크 통제는 위험 허용한도의 범위를 벗어나는 리스크를 적정 수준으로 조정하는 방식으로 행한다.

④ 성과측정은 리스크 관리의 적정성 검토 및 실현수익 대비 리스크 보유량이 적정 수준인지 측정하는 방식으로 행한다.

제2편 부문별 리스크 관리체계

제1장 보험리스크 관리체계

제1절 관리대상 및 규정

제3조(보험리스크 관리대상)

보험리스크의 관리대상은 판매하는 모든 보험상품으로 한다.

제4조(관리규정)

① 상품개발부서는 상품관리 관련지침을 수립하여 리스크 관리위원회(이하 "위원회"라 한다)의 승인을 받아 이를 준수한다.

② 관련지침에는 보험가격산정의 기본원칙, 예정기초율의 설정기준 및 절차, 기초율의 적정성에 대한 평가방법, 상품포트폴리오 평가에 관한 사항을 명시한다.

③ 재보험부서는 출·수재와 관련하여 재보험관리관련 지침을 작성하여 준수한다.

④ 재보험관리 관련지침은 출수재의 기본원칙 및 절차, 위험보유한도, 출·수재 방식 등을 명시하여 준수한다.

⑤ 계약선택부서는 계약선택 규정상에 직종별 보험가입한도 및 위험률 배수를 명시하여 준수한다.

⑥ 제①항 내지 제⑤항 규정의 내용을 위반 또는 내용의 변경 시에는 위원회에 보고하여야 한다.

제2절 내부통제제도

제5조(내부통제기능)

① 상품개발부서는 상품개발 및 인가 품의 시 기초율의 적정성에 관한 분석사항을 위원회에 보고하여야 한다. 단, 인가의 시의성이 필요하다고 판단되는 경우는 상품판매 품의 시 보고할 수 있다.

② 영업기획부서는 상품포트폴리오와 관련하여 사업 연도 개시 전에 적정 상품판매 구성비를 설정하여 위원회의 승인을 받아 시행하여야 한다.

③ 계리부서는 매반기 상품별 이원분석을 시행하고 그 결과 상품 포트폴리오의 검토의견을 상품개발부서 및 리스크 관리부서에 통보하여야 한다.

④ 상품개발, 영업기획부서는 제③항의 결과를 바탕으로 상품 포트폴리오의 조정 및 시행안을 작성하여 위원회에 보고하여야 한다.

⑤ 제②항 내지 제④항과 관련하여 상품개발, 영업기획부서는 별도의 위원회를 설치·운영할 수 있다.

제6조(대표계리인)

① 대표계리인은 보험리스크와 관련하여 수리적인 사항을 검토하여 의견을 제시할 수 있다.

② 제①항과 관련하여 대표계리인은 관련부서에 필요한 자료를 요구할 수 있다.

제3절 리스크 유발요인별 관리

제7조(예정기초율의 적용)

① 예정기초율의 적용은 상품관리 관련지침상의 예정기초율의 적용범위를 준수한다.

② 제①항의 예정기초율의 적용범위에 관한 사항은 예정기초율 적용의 상하한선 및 안전마진수준, 상품별 위험보장수준의 최저한도, 위험률 개발 시 안전할증의 부과 등으로 한다.

③ 예정기초율의 적용범위는 과거 경험과 미래 예측을 바탕으로 합리적으로 설정·운영한다.

제8조(예정기초율의 적정성 관리)

① 예정기초율 적용의 적정성은 상품 판매전에 시나리오별 수익성 시뮬레이션을 통해 기초율 간의 조화를 유지할 수 있도록 한다.

② 상품별 이원분석을 실시하여 기초율의 적정성을 사후적으로 점검하고, 그 검토결과를 상품개발 시에 반영토록 한다.

③ 상품의 신규 또는 변경 판매 시에 예정기초율의 적정성을 판단할 수 있도록 다음 각 호를 기재하여 위원회에 보고하여야 한다.

1. 위험보험료, 저축보험료, 부가보험료의 수준 및 구성비, 유사상품 대비표
2. 기초율의 적용종류와 수준
3. 위험종류별 위험보험료 수준
4. 상품의 판매 전 수익분석 결과
5. 기타 예정기초율의 적정성 판단에 필요한 사항

제9조(상품의 수익성 관리)

① 신상품 판매 시에는 수익성 분석을 실시하여 기초율의 적정성 및 판매 여부를 결정한다.

② 상품의 수익성 분석은 다양한 시나리오별 분석을 실시하여 리스크 양을 파악하고, 리스크를 분산할 수 있도록 한다.

③ 시나리오별 상품 수익성분석은 다음 각 호의 적용 시 손익을 검토하여 리스크 량의 측정 및 리스크의 분산을 반영한다.

1. 자산운용수익율의 급격한 하락
2. 실제위험율의 급격한 상승
3. 영업제도상 성적의 최고한도 적용
4. 유지율의 급격한 상승 또는 하락
5. 회사 경험율의 적용

④ 상품개발부서는 상품개발 및 인가 품의 시 손익분기(BEP) 판매량의 예상건수 및 수입보험료, 목표판매량 및 예상손익 등을 검토하여 위원회에 보고하여야 한다.

⑤ 리스크 관리부서는 제④항의 시행에 따른 결과를 점검하여 매분기별 위원회에 보고하여야 한다.

제10조(상품포트폴리오 관리)

① 상품포트폴리오의 관리는 리스크 유형별로 안정성과 수익성을 고려하여 적정 상품판매비율 관리방식으로 한다.

② 상품포트폴리오와 관련하여 검토항목은 다음의 각 호를 포함한다.

1. 보험기간별 상품구성 현황

2. 보험기능별 상품구성 현황
3. 예정이율별 상품구성 현황
4. 위험담보별 위험보장 현황
5. 상품별 손익 현황

제11조(이원분석)

① 계리부서는 이원분석을 통하여 손익의 세부 원인분석을 시행하여 그 결과를 관련 부서에 제공하고 시행 방안을 수립토록 한다.

② 매월 총량 이원분석을 시행함을 원칙으로 하며, 매반기 상품별, 위험종목별 등 세부적인 이원분석을 실시하여 보험리스크 관리의 기초자료로 제공한다.

③ 계리부서는 지속적인 분석체계(상품별 손익배분 등)의 개선 및 시스템의 개발·보완을 통하여 보험리스크를 관리·분석할 수 있는 정보를 제공한다.

④ 리스크 관리부서는 위험요소의 총괄관리를 실시하여 변동성 파악 후 이상징후 발생 시 위원회에 보고한다.

제12조(재보험의 관리)

① 재보험부서는 위험담보별 위험률차손익율, 보유건수, 보유금액 등을 고려하여 출재관리한다.

② 직종별, 연령별, 위험종류별, 지역별 위험보유금액 및 사차손익 현황을 분석하여 리스크 분산방안을 수립·시행한다.

제13조(제수당 규정과 비용의 관리)

① 영업기획부서는 판매채널별, 상품별 비용관리를 지속적으로 실시하여 손익 및 리스크 관리부서에 제출하여야 한다.

② 리스크와 관련된 영업제도의 변경 시 다음 각 호의 사항을 포함한 손익의 변동 가능액에 관한 시뮬레이션 결과를 위원회에 보고하여야 한다.

1. 위촉인원수의 변화
2. 정착율의 변화
3. 생산성의 변화
4. 유지율의 변화
5. 중장기상품 구성비율의 변화
6. 기타 손익에 영향을 미치는 항목의 변화

제14조(기타)

그 외 책임준비금 산출지침과 계약자배당 내부지침을 마련 시행한다.

제4절 위험관리지표

제15조(리스크 관리지표)

보험리스크의 관리지표는 다음 각 호의 사항으로 한다.

1. 월납환산 초회수보 및 총수보대비 예정기초율별 지표
2. 월납환산 초회수보 및 총수보대비 순수저축성상품의 점유율
3. 상품별 목표 판매량의 달성도

제16조(보조지표)

이원별 손익한도 또는 손익비율을 보조지표로 사용한다.

제5절 리스크 허용한도 및 통제

제17조(허용한도의 설정)

리스크 허용한도는 경영계획 시 손익의 변동성을 감안하여 리스크 관리부서에서 설정, 위원회의 승인 후 확정하며, 필요시 분기 단위로 조정할 수 있다.

제18조(통제 및 경보발령)

허용한도를 이탈시 원인분석, 대책 및 시행안 수립 보고, 위원회 명령의 순으로 행한다.

제6절 성과측정

제19조(성과측정)

보험리스크의 성과측정은 리스크 허용한도의 준수 여부 및 수준에 의거 판단한다.

제2장 신용리스크 관리체계

제1절 관리규정 및 내부통제제도

제20조(관리규정)

① 여신심사 및 융자부서에서는 신용리스크 관리 관련지침을 수립, 위원회의 승인을 받은 후 이를 준수하며 관리지침에는 상품별, 여신처별, 신용등급별 거래한도와 거래규모별 전결규정, 거래 후 보고체계, 사후관리체계 등을 명시한다.

② 기업대출채권의 신용등급 및 여신공여한도는 여신심사위원회에서 결정한다.

③ 융자부서는 개인대출채권 거래상대방의 해당직업군, 직급, 연봉, 연체유무, 보험가입비율 등 체계적인 개인신용정보 관리시스템을 구축, 운영하며 이를 토대로 개인신용등급 및 여신공여한도를 설정, 운영한다.

④ 관리지침의 변경은 위원회의 사전 승인을 받은 후 제(개)정한다.

제21조(내부통제)

① 여신심사부서는 총 대출채권에 대하여 여신공여한도 준수 여부를 주기적으로 점검해야 하며, 공여한도와 대출잔액 현황을 매월 리스크 관리부서에 제출하여야 한다.

② 여신심사부서는 신규적격업체 선정 및 공여한도 변경건 발생 시 리스크 관리부서에 관련내용을 통보하여야 한다.

③ 대출채권의 신용등급 및 여신공여한도는 연1회 결정함을 원칙으로 하며, 결정 후 제반사항을 리스크 관리부서에 제출, 조정을 거쳐 위원회에 보고한다.

④ 여신공여한도를 초과하는 거래 시 여신심사위원회를 거쳐 위원회의 사전승인을 득한 후 의사결정에 따라 실행하여야 한다.

⑤ 신용등급 및 여신공여한도의 조정은 필요시 위원회의 합의를 거쳐 각 해당위원회(또는 부서)에서 조정한다.

⑥ 경리부서는 여신거래내역과 자금의 출납, 회계처리내역을 대조·확인하여야 하며, 이상 발생시 리스크 관리부서에 통보 후 원인규명 및 필요조치를 취해야 한다.

제22조(포트폴리오 분산 관리)

① 대출채권의 투자는 분산투자를 원칙으로 한다.

② 리스크 관리부서는 포트폴리오의 적정규모에 대한 허용범위 및 편중여신의 허용한도를 규정하고 위원회의 승인을 거쳐 여신심사, 융자부서에 통보한다.

③ 융자부서는 매월말 대출채권 포트폴리오 현황을 리스크 관리부서에 제출하여야 한다.

④ 리스크 관리부서는 포트폴리오 분산의 허용범위 이탈 및 편중여신규모 초과 시 이를 위원회에 보고하고 한도의 조정 또는 여신규모 축소 등의 필요조치를 시행한다.

제23조(통계자료관리)

대출채권 관련 통계자료는 여신심사부서의 지원을 받아 융자부서에서 시계열로 관리하며 다음의 요소를 포함한다.

1. 기업대출 : 신용등급, 신용등급별 부도율, 신용등급의 변동확율, 부도 시 회수율 등
2. 개인대출 : 개인신용등급, 등급별 대손율, 연체율, 회수율(경험치), 담보현황 등

제24조(부실 조기경보 시스템)

① 여신심사부서는 여신심사위원회의 의사결정 지원 이외에 거래상대방에 대한 각종 재무·비재무정보를 이용한 부실조기경보시스템을 구축, 활용한다.

② 부실조기경보시스템에 의한 부실가능 여신처를 선별하여 여신심사위원회에서 정기적인 재검토 후, 요주의관찰, 신규여신중단, 추가담보설정, 기존여신회수 등의 단계로 구분하고 이를 융자부서에 통보, 각 단계에 상응하는 조치를 취한다.

第25條(부실채권의 관리)

① 융자부서는 부실채권을 부실화 단계별로 분류하고, 이의 현황을 리스크 관리부서에 제출하여야 한다.

② 융자부서는 제①항의 현황에 상응한 대책을 수립, 실행하며 그 실행결과를 주기적으로 리스크 관리부서에 통보하여야 한다.

제2절 리스크 측정

第26條(리스크 관리지표)

신용리스크의 최대손실가능금액을 산출, 리스크를 계량화하여 관리지표로 활용하는 것을 원칙으로 하며 여건에 따라 보험감독규정에 의한 대손충당금 추정치를 사용할 수 있다.

第27條(보조지표)

대출채권의 금액기준, 건수기준 연체율을 보조지표로 사용한다.

제3절 리스크 허용한도

第28條(허용한도의 설정)

리스크 허용한도는 경영계획 시 자산배분량을 감안하여 리스크 관리부서에서 설정, 위원회의 승인후 확정하며, 필요시 분기단위로 조정한다.

제4절 리스크 허용한도의 통제

第29條(통제)

대손충당금 설정 허용한도를 구간별 구분 후 대손충당금 추정치가 구간 이탈 시 이에 상응하는 경보를 발령·통제한다.

① 융자부서는 제23조의 요소를 근간으로 대손충당금 필요금액을 산출하여 리스크 관리부서에 제출하고 적절한 대응방안을 수립, 시행한다.

② 리스크 관리부서에서는 융자부서로부터 제출받은 대손충당금 필요금액을 기설정된 리스크 허용한도와 비교, 분석 후 위원회에 보고, 필요조치를 취한다.

제5절 성과측정

第30條(성과측정)

신용리스크의 성과측정은 다음의 기준에 의거 판단한다.

① 대손충당금 설정비율의 위험 허용한도 준수 여부

② 대손충당금을 반영한 대출채권 수익률의 적정성 여부

제3장 금리리스크 관리체계

제1절 관리규정 및 내부통제제도

제31조(관리규정)

① 재부기획부서는 금리리스크 관리 관련지침을 수립, 위원회의 승인 후 이를 준수한다.

② 관리지침에는 금리리스크 관리에 관한 제반사항들과 각 관련부서별 금리의 결정 및 조정, 상품부리이율의 결정 등에 관한 기준을 포함한다.

③ 관리지침의 변경은 위원회의 사전 승인을 받은 후 제(개)정한다.

제32조(내부통제제도)

상품부리이율, 약관대출금리, 일반대출금리의 조정은 관련부서의 손익분석 시행 후, 금리리스크실무협의회의 심의, 의결을 거쳐 위원회의 승인을 득한 후 시행하여야 한다.

제2절 리스크 측정

제33조(리스크 관리지표)

자산·부채의 기간구조 및 금리재설정 기간의 불일치 정도를 측정지표로 사용하고, 이의 조정으로 리스크헤지를 수행하는 자산·부채 종합관리기법의 활용을 원칙으로 한다.

제34조(보조지표)

자금소요계획 및 상품판매계획, 금리시나리오를 감안한 시나리오별 손익시뮬레이션 모형을 개발, 활용한다.

제3절 리스크 허용한도

제35조(허용한도의 설정)

리스크 허용한도는 경영계획 시 자산배분량을 감안하여 리스크 관리부서에서 설정, 위원회의 승인 후 확정하며, 필요시 분기단위로 조정한다.

제4절 리스크 허용한도의 통제

제36조(통제 및 경보발령)

금리리스크의 허용한도를 구간별 구분 후 실제값이 구간 이탈시 이에 상응하는 경보를 발령, 통제한다.

제5절 성과측정

제37조(성과측정)

금리리스크의 성과측정은 다음의 기준에 의거 판단한다.

① 관리지표의 위험 허용한도 준수 여부

② 이차마진의 적정성 여부

제4장 가격변동리스크 관리체계

제1절 관리규정 및 내부통제제도

제38조(관리규정)

① 투자부서는 유가증권 운용규정 및 세부지침을 수립, 위원회의 승인을 받아 이를 준수하며 유가증권 운용규정에는 상품별, 담당별 거래한도, 거래규모별 전결규정, 거래 후 보고체계, 손절매기준 등 내부관리지침을 명시한다.

② 유가증권운용규정 및 세부지침의 변경은 위원회의 사전 승인을 받은 후 제(개)정한다.

제39조(내부통제제도)

① 투자부서는 유가증권시가평가시스템을 운영하여야 한다.

② 투자부서는 매일의 주식거래내역을 경리부서에 제출하고, 총주식의 종목별 시가평가현황을 리스크 관리부서에 제출하여야 한다.

③ 투자부서는 채권의 거래 시 거래내역을 경리부서에 제출하고, 매월 말 보유채권의 시가평가현황을 리스크 관리부서에 제출하여야 한다.

④ 투자부서는 파생금융상품의 거래 시 거래내역을 경리부서에 제출하고, 보유기간 중의 포지션가치를 일단위로 리스크 관리부서에 제출하여야 한다.

⑤ 경리부서는 접수된 거래내역과 자금의 출납, 회계처리내역을 대조·확인하여야 하며, 이상 발생 시 리스크 관리부서에 통보 후 원인규명 및 필요조치를 취해야 한다.

⑥ 리스크 관리부서는 접수된 거래 및 시가내역을 시계열데이터로 집적하고, 리스크 량을 계측, 허용한도의 준수여부를 통제한다.

제40조(포트폴리오 분산 관리)

① 유가증권은 상품별, 종목별 분산투자를 원칙으로 한다.

② 리스크 관리부서는 유가증권 포트폴리오의 적정성을 주기적으로 검토하여 위원회에 보고하고, 의사결정사항을 투자부서에 통보, 적정포트폴리오를 유지토록 한다.

제41조(통계자료관리)

① 투자부서에서는 가격변동리스크를 야기하는 요인에 대한 주기적인 분석 및 전망을 수행하며, 이의 결과를 리스크 관리부서에 주기적으로 제출하여야 한다.

② 제출자료는 주가지수, 채권금리, 파생금융상품지수의 추이와, 향후 전망에 대한 거래자의 의견을 포함하고 있어야 한다.

제2절 리스크 측정

제42조(관리지표)

가격변동리스크의 최대손실가능금액을 산출, 리스크를 계량화하여 관리지표로 활용하는 것을 원칙으로 한다.

제43조(보조지표)

보조지표로 시가율의 변동성과 시장변동성의 이격정도를 단일지수모형을 활용하여 평가하고, 포트폴리오의 조정을 시행한다.

제3절 리스크 허용한도

제44조(허용한도의 설정)

리스크 허용한도는 경영계획 시 자산배분량을 감안하여 리스크 관리부서에서 설정, 위원회의 승인 후 확정하며, 필요시 분기단위로 조정한다.

제4절 리스크 허용한도의 통제

제45조(통제 및 경보발령)

최대손실가능금액의 허용한도를 구간별 구분 후 최대손실가능금액 비율이 구간 이탈 시 이에 상응하는 경보를 발령, 통제한다.

제5절 성과측정

제46조(성과측정)

가격변동리스크의 성과측정은 다음의 기준에 의거 판단한다.

① 최대손실가능금액 비율의 위험 허용한도 준수 여부

② 시가 및 평가손익을 반영한 유가증권 수익률의 적정성 여부

③ 보유주식 시가 수준의 시장변동 반영 시 적정 수준 여부

제5장 유동성리스크 관리체계

제1절 관리규정 및 내부통제제도

제47조(관리규정)

① 재무기획부서는 유동성관리 관련지침을 수립, 위원회의 승인 후 이를 준수한다.

② 관리지침에는 유동성 현황 및 전망의 보고주기, 보고체계, 유동성을 고려한 자금배분기준, 시나리오별 유동성예측 및 보고체계, 유동성 조기경보제도, 위기상황 시 대책 등의 내용을 포함하며 세부규정은 리스크 관리부서와 협의하여 수립한다.

③ 관리지침의 변경은 위원회의 사전 승인을 받은 후 제(개)정한다.

제48조(내부통제제도)

재무기획부서는 자금조달 및 운용상황, 유동성 보유현황, 향후 전망에 대한 종합적인 관리 및 보고체계를 갖추고 주기적으로 리스크 관리부서에 다음과 같이 통보하여야 한다.

① 재무기획부서는 일별, 월별 자금수급 현황 및 계획을 리스크 관리부서에 제출하여야 한다.

② 리스크 관리부서는 자금계획 수립 시 재무기획부서에 적정 유동성한도 및 자산배분의 방향을 제시할 수 있으며, 재무기획부서는 이를 감안, 자금계획을 수립, 위원회에 보고하여야 한다.

③ 재무기획부서는 경험률을 활용한 자산·부채의 만기구조 분석과 이를 통한 시나리오별 유동성 전망 및 대응방안을 수립, 매분기마다 위원회에 보고하여야 한다.

제49조(자산·부채 만기불일치의 분석, 관리)

① 리스크 관리부서는 자산·부채의 만기구조를 즉시 산출가능한 시스템을 구축한다.

② 리스크 관리부서는 자산·부채의 만기불일치 규모분석 및 대책 수립 후 위원회에 보고한다.

제50조(자산·부채의 금리민감도 분석, 관리)

리스크 관리부서는 보유자산을 금리민감자산, 금리비민감자산, 부채를 금리민감부채, 금리비민감부채로 구분하고, 각 그룹별 금리민감도에 따라 시장금리의 변동이 유동성에 미치는 영향을 분석하여 위원회에 보고한다.

제51조(현금화 가능자산 관리)

① 재무기획부서는 현금화 가능자산의 규모를 주기적으로 파악하고, 이의 현황을 리스크 관리부서에 제출하여야 한다.

② 현금화 가능자산은 처분 시 손실정도와 현금화 가능 기간에 따라 구분하여 관리한다.

③ 리스크 관리부서는 적정 유동성한도, 향후 유동성전망 등을 고려하여 현금화 가능자산 규모의 조정을 재경부서에 요구할 수 있다.

제2절 리스크 측정

제52조(리스크 관리지표)

자산·부채의 만기불일치규모로 측정함을 원칙으로 한다.

제53조(보조지표)

지급보험금 예상액 대비 유동성자산비율을 보조지표로 사용한다.

제3절 리스크 허용한도

제54조(허용한도의 설정)

① 허용한도는 금리리스크 관련 허용한도와 연계하여 결정한다.

② 유동성자산의 적정 보유한도는 보험계약준비금대비 일정비율에 따라 단기유동성자산 및 기타 준비자산의 보유규모를 차등 산출하여 경영계획 시 설정하고 분기 단위로 조정한다.

제4절 리스크 허용한도의 통제

제55조(통제)

자산·부채 만기불일치규모 및 유동성비율 허용한도를 구간별 구분 후, 구간 이탈 시 이에 상응하는 경보를 발령, 통제한다.

제5절 성과측정

제56조(성과측정)

유동성리스크의 성과측정은 다음의 기준에 의거 판단한다.

① 유동성비율의 위험 허용한도 준수 여부

② 기간 중 유동성 과다보유 규모와 이로 인한 기회비용 수준

③ 유동성 부족에 따른 이의 충당비용(현금화에 따른 자산매각손실) 수준

제6장 경영리스크 관리

제57조(경영리스크 관리)

① 경영관리부서는 손익계획, 지급여력 확보계획 등 주요 경영목표 수립 시 이를 사전에 리스크 관리부서와 협의하고, 주기적 차이분석 및 결과를 공유하는 유기적 체계를 구축한다.

② 대규모 투자안(사옥의 건설, 부동산 투자, 전산설비, 기타 자본적 지출 등)의 의사결정은 리스크 관리부서와 사전 협의를 거쳐 위원회의 승인을 득해야 한다.

③ 기타 경영전략상 의사결정 오류의 파급효과가 지대할 것으로 판단되는 사안은 위원회의 합의를 득한 후 실행함을 원칙으로 한다.

④ 담당부서는 회사 내부 관련규정에 의한 내부통제제도의 적정성을 주기적으로 점검한다.

제58조(법률리스크 관리)

① 담당부서는 법무, 세무, 기타 금전거래에 관한 소송·분쟁 등의 현황 및 경과를 주기적으로 파악하며, 해당 부서는 매 분기 단위로 이를 리스크 관리부서에 제출하여야 한다.

② 재무기획부서는 보험감독규정 제한비율 이행여부를 분기단위로 리스크 관리부서에 제출하여야 하며, 제한비율의 초과 예상시 이를 리스크 관리부서에 통보하고 필요한 조치를 취한다.

③ 투자부서는 파생금융상품 및 기타 부외거래 시 제반 계약서류의 법적 유효성을 확보한다.

제59조(사무리스크 관리)

① 계약심사부서는 계약선택, 보험금 지급규정 및 지침을 명확히 수립하고, 이를 준수한다.

② 금전거래 관련 부서는 거래(혹은 현금 출납)한도별 전결규정, 금고관리 규정 등을 명확히 수립하고, 이를 준수한다.

③ 감사부서는 사무리스크를 정기적으로 감시, 감독하며 리스크 관리부서와 유기적인 체계를 구축한다.

제60조(전산리스크 관리)

① 전산담당부서는 사내 각종 전산시스템(Hard-ware, Soft-ware)의 정기적 점검을 수행하며, 최소 반기 1회 이상 점검현황을 라인 보고 및 리스크 관리부서에 제출하여야 한다.

② 전산담당부서 및 경리부서는 펌뱅킹시스템, 즉시이체시스템, 은행간 PC이체시스템 등 자금이체시스템의 정기적인 점검을 실시하며, 시스템 오류 시 이에 대한 대응체계를 명확히 수립·시행한다.

제3편 리스크 관리위원회 정기 보고

제61조(정기보고)

리스크 관리부서는 매 월간 단위로 리스크 정기보고서를 위원회에 보고하고, 위원회 결정사항을 해당부서에 통보, 이행여부를 점검한다.

부 칙

제1조(시행일)

① 이 세칙은 ○○년 ○월 ○일부터 시행한다.

3 OO보험회사 리스크 관리위원회 운영세칙(예시)

제1장 총 칙

제1조(목적)

이 세칙은 경영상 발생할 수 있는 위험의 효율적 감독 및 정책수립 등 리스크 관리업무를 총괄하기 위하여 설치한 리스크 관리위원회(이하 '위원회'라 한다)의 구성 및 운영에 관한 사항을 정함을 목적으로 한다.

제2조(주관부서)

이 위원회의 주관부서는 리스크 관리부서로 한다.

제2장 구성 및 기능

제3조(구성)

리스크 관리위원회(이하 "위원회"라 한다)는 위원장, 부위원장 각 1명과 약간의 위원으로 구성하되, 필요에 따라 대표이사 사장이 구성원을 조절할 수 있다.

1. 위원장 : 대표이사 사장
2. 부위원장 : 리스크 관리 담당 임원
3. 위원 : 감사, 자산운용담당임원, 개인영업담당임원, 법인영업담당임원, 전략사업담당임원
4. 간사 : 리스크 관리 부서장

제4조(기능)

위원회는 다음 각 호의 사항을 심의 및 의결한다.

1. 리스크 관리 기본방침의 수립에 관한 사항
2. 리스크 한도 설정에 관한 사항
3. 상품별, 부서별 거래한도 승인에 관한 사항
4. 프라임레이트(prime rate) 등 금리체계 결정에 관한 사항
5. 신상품 가격결정에 관한 사항
6. 지급여력 비율 등 경영제지표관리 및 대책 수립에 관한 사항
7. 기타 리스크 관리에 필요하다고 위원장이 인정하는 사항

제3장 회 의

제5조(소집)

① 소집은 월1회 정기적으로 위원장이 행하며 중요사안 발생 시 위원장 또는 위원 2인 이상의 발의로 소집할 수 있다. 단, 정기회의 또는 수시 회의의 소집이 곤란한 경우에는 회의를 소집하지 아니하고 서면으로 대체할 수 있다.

② 회의를 소집할 때에는 회의에 부의할 사항을 소집일 1일 전에 각 위원에게 통지하여야 한다. 단, 부득이한 경우에는 당일 구두 통보할 수 있다.

제6조(의사의 운영)

① 위원장은 위원회 총괄책임자로서 위원회의 원활한 운영을 도모한다.

② 부위원장은 위원장을 보좌하여 위원회의 의사운영을 담당하고, 위원장 부재 또는 유고 시 그 직무를 대행한다.

③ 위원회의 부의안건은 제출한 위원이 설명함을 원칙으로 하며 필요에 따라 관련 임원 또는 부서장에게 설명하게 할 수 있다.

제7조(의결)

① 위원회는 재적위원 2/3 이상 출석으로 개회한다.

② 안건은 출석위원 과반수 찬성으로 의결한다.

제8조(의결권의 제한)

위원장은 심의사항과 관련이 있어 심의의 공정성을 기하기 어렵다고 인정되는 위원에 대하여 회의출석 및 의결권의 행사를 제한하여야 하며, 제7조 제2항의 의결정족수 산정에서 제외할 수 있다.

제9조(행정사무)

위원회의 간사업무는 리스크 관리 담당부서장이 수행하며 간사는 의사록을 작성, 관리하여야 한다.

제4장 부 칙

제10조(준용)

이 세칙에서 규정하지 않은 사항은 위원회 규정을 준용한다.

부 칙

제1조(시행일)

① 본 세칙은 ○○년 ○월 ○일부터 시행한다.

참
고
문
헌

■ 국내 전문서적

김석동·강병호, 『금융시장론(제9개정판)』, 박영사, 2009.
김인준·이영섭, 『국제 금융론(제2판)』, 율곡출판사, 2009.
김재인, 『금융리스크관리』, 다산출판사, 2010.
김종선·김종오, 『현대금융의 이해』, 학현사, 2009.
김진호, 『리스크의 이해』, 경문사, 2005.
김학은, 『화폐와 금융(불확실성의 경제학)』, 박영사, 2007.
문창권, 『국제비즈니스 위험관리』, 청목출판사, 2008.
방영민, 『금융』, 법문사, 2006.
『금융의 이해』, 법문사, 2010.
서영수, 『핵심 보험이론과 실무』, 한국학술정보, 2009.
『최신 금융보험의 이해』, 교문사, 2010.
서영수 외 3인, 『리스크와 재무설계』, 서울사이버대학교 출판부, 2008.
성용모, 『글로벌 경제시대의 외환관리론』, 형설출판사, 2009.
원재환·김도성, 『금융환경 변화와 금융위험관리』, 서강대학교 출판부, 2008.
차명준, 『증권과 펀드투자의 이해』, 삼영사, 2008.
차명준·정무권, 『자본시장법하의 증권투자』, 한티미디어, 2009.
최건호, 『금융수학의 방법론』, 경문사, 2009.
허고광, 『새로운 금융시장』, 박영사, 2008.

■ 국내 일반서적

김경훈, 『금융시장을 지배하는 핵심키워드 83』, 원앤원북스, 2008
김대중, 『주식투자의 99%는 위험관리다』, 원앤원북스, 2008.
김중구, 『위험관리가 미래의 부를 결정한다.』, 원앤원북스, 2007.
김항주, 『현명한 투자자가 알아야 할 돈에 관한 진실』, 청림출판, 2009.
김현기, 『실전! 투자행태학』, 한스컨텐츠, 2010.
나선·이명로, 『똑똑한 돈(Smart Money)』, 한빛비즈, 2009.
박경철, 『시골의사의 부자경제학』, 리더스북, 2006.
박경철, 『시골의사의 주식투자란 무엇인가 2 : 분석 편』,웅진씽크빅, 2008.
서영수, 『ALM 전략 시뮬레이션(working paper)』, 금융연수원, 2001.
유인금·김정태, 『한눈에 보는 파생상품』, 팜파스, 2008.
윤수영, 『세속 경제학』, 삼양미디어, 2009.

윤창현, 『4천만의 이슈경제학』, 세경출판사, 2008.
이영환, 『위험의 경제학』, 율곡프레스, 2006.
장득수, 『투자의 유혹』, 흐름출판, 2006.
정승현, 『경제학의 탈을 쓴 자본주의』, 환매, 2009.
최운화, 『거대한 착각』, 이콘, 2009.

■ 번역서적

게랄트 브라운베르거 외, 오승구 옮김, 『한 권으로 읽는 경제위기의 패턴』, 웅진윙스, 2008.
구라쓰 야스유키, 강신규 옮김, 『세계 금융 어떻게 볼 것인가』, 한스미디어, 2008.
고지마 히로유키, 김경원 옮김, 『확률의 경제학』, 살림Biz, 2004.
나심 니콜라스 탈레브, 차익종 옮김, 『블랙스완(The BLACK SWAN)』, 동녘사이언스, 2008.
누리엘 루비니·스티븐 미흠, 허의준 옮김, 『위기경제학』, 청림출판, 2010.
데이브 캔사스, 박혜원 옮김, 『월가의 끝나지 않는 도박』, 웅진씽크빅, 2009.
랜들 빌링슬리, 남상구 옮김, 『위험없이는 수익도 없다』, 럭스미디어, 2008.
로버트 쉴러, 정지만·황해선·도은진 옮김, 『새로운 금융질서(21세기의 리스크)』, 민미디어, 2003.
마이클 모바신, 정명수 옮김, 『미래의 투자』, 위즈덤하우스, 2007.
모토야마 요시히코, 김영근 옮김, 『금융권력』, 전략과 문화, 2009.
밀턴 프리드먼, 김병주 옮김, 『화폐 경제학』, 한국경제신문, 2009.
버튼 G. 맬킬, 이건·김홍식 옮김, 『시장변화를 이기는 투자』, 국일증권경제연구소, 2009.
브누아 B. 만델브로트·리처드 L. 허드슨 지음, 이진원 옮김, 『프랙털 이론과 금융시장』, 열린책들, 2010.
아론 브라운, 안진환 옮김, 『월스트리트의 포커페이스』, 북폴리오, 2006.
아베 요시히로, 김정환 옮김, 『세계 금융의 미래』, 엘도라도, 2009.
야마모토 미토시, 이서연 옮김, 『심리학이 경제학을 만나다』, 토네이도, 2007.
앤드류 홈스, 안진환·배현 옮김, 『스마트 리스크(Smart Risk)』, 비즈니스맵, 2008.
에가와 유키오, 김형철 편역, 『21세기 경제괴물 서브프라임의 복수』, 선암사, 2008.
오바타세키, 정택상 옮김, 『버블경제학』, 이아소, 2009.
윌리엄 번스타인, 박정태 옮김, 『투자의 네 기둥』, 굿모닝북스, 2009.
존 몰딘, 윤양석 옮김, 『월가의 부자경제학』, 네모북스, 2005.
피터 L. 번스타인, 안진환·김성우 옮김, 『리스크(리스크관리의 놀라운 이야기)』, 한국경제신문사, 1997.

피터 L. 번스타인, 안진환 옮김, 『위험, 기회, 미래가 공존하는 리스크』, 한국경제신문사, 2008.
피터 L. 번스타인, 강남규 옮김, 『투자 아이디어 에볼루션』, 이손, 2007.
찰스 R. 모리스, 송경모 옮김, 『미국은 왜 신용불량 국가가 되었을까?』, 예지, 2008.
천즈우, 조경희 · 한수희 옮김, 『자본의 전략』, 에쎄, 2009.

■ 기타 유관기관 및 web site

금융감독원, 『보험회사 리스크평가제도 해설서』, 2007.
『시장과 함께하는 리스크관리 콘서트』, 2006.
미래에셋생명 · 교보생명 · AIA생명, 『리스크관리 제 규정 및 리스크관리 실무자료』

국제결제은행(BIS) : http://www.bis.org
금융감독원 : http://www.fss.or.kr
한국금융연구원 : http://www.kif.re.kr
한국은행 : http://www.bok.or.kr

ㅈ

저자소개

서영수

고려대학교 이과대학 수학과 졸업
성균관대학교 경영대학원 보험경영학 석사
성균관대학교 경영학 박사(보험재무 전공)
보험계리사, 보험중개사
AIA생명 리스크관리 담당임원 역임

• 현재

아시아·유럽미래학회 상임이사
한국취업진로학회 상임이사
우정사업본부 리스크관리 분과위원
서울사이버대학교 금융보험학과 교수

• 저서 및 논문

최신 금융·보험의 이해, 교문사, 2010.
핵심 보험이론과 실무, 한국학술정보, 2009.
리스크와 재무설계(공저), 현우사. 2008.
한국투자자의 투자심리 학습을 위한 e-Learning 콘텐츠 개발에 관한 연구, 유라시아학회, 2011.
미국 서브프라임 금융위기에 따른 EU 대응방안 및 시사점, 유라시아학회, 2009.
생명보험 상품의 해약옵션가치 평가에 관한 연구, 한국금융학회, 2005.

금융과 리스크 관리

2012년 8월 1일 초판 인쇄
2012년 8월 6일 초판 발행

지은이 서영수
펴낸이 류제동
펴낸곳 (주)교 문 사

디렉터 양계성
책임편집 모은영
본문디자인 에바다에딧
표지디자인 이혜진
제작 김선형
영업 정용섭 · 이진석 · 송기윤

출력 현대미디어
인쇄 동화인쇄
제본 과성제책사

우편번호 413-756
주소 경기도 파주시 교하읍 문발리 출판문화정보산업단지 536-2
전화 031-955-6111(代)
팩스 031-955-0955
등록 1960. 10. 28. 제406-2006-000035호

홈페이지 www.kyomunsa.co.kr
E-mail webmaster@kyomunsa.co.kr
ISBN 978-89-363-1294-7 (93320)

값 18,000원
* 저자와의 협의하에 인지를 생략합니다.
* 잘못된 책은 바꿔 드립니다.